新编语言的故事

主　编　于根元
副主编　崔　乐

创于1897
商務印書館
The Commercial Press
2012年·北京

图书在版编目(CIP)数据

新编语言的故事/于根元主编. —北京：商务印书馆，2012
ISBN 978-7-100-09212-8

I. ①新… II. ①于… III. ①语言学—通俗读物 IV. ①H0-49

中国版本图书馆 CIP 数据核字(2012)第 105602 号

新编语言的故事
于根元 主编

商 务 印 书 馆 出 版
（北京王府井大街 36 号 邮政编码 100710）
商 务 印 书 馆 发 行
北京市白帆印务有限公司印刷
ISBN 978-7-100-09212-8

2012 年 10 月第 1 版　　开本 787×960 1/16
2012 年 10 月北京第 1 次印刷　　印张 28
定价：56.00 元

目　　录

“知识富豪”的社会义务

——序《新编语言的故事》

李宇明

上学,也叫读书,因为上学就是读书。但是我,也许可以说我这一代人,曾经经历过上学没书读的时期。

我老家地处豫南的穷乡僻壤,方圆几十里没有出过大文化人。小学和中学时代,除课本外几乎就没有课外书。初中和高中,正赶上“文化大革命”,学校的图书室本无多少藏书,那时也贴上了封条。偶尔能从学友处借得《烈火金刚》《保定外围神八路》《红岩》《野火春风斗古城》之类的小说,也只能躲到宿舍里伴着灰暗的煤油灯偷偷地贪婪地阅读,常常熏得两鼻孔都是煤油灯的烟墨,但感觉却如同偷吃“禁果”。

1977 年,是 20 世纪教育史永远都会提到的年份。那年恢复了高考,我侥幸跨入大学门,但仍是没有什么书读。上课没课本,老师讲,学生记。暑假、寒假常不回家,从图书馆借来“文革”前出版的文学史等教科书,一部一部地抄下来。后来书店开始有书卖了,像王朝闻的《美学概论》、李泽厚的《美的历程》，大家听到新书消息，夜里三四点爬起来，跑到书店门口排长队。拿钱买了书，嘴巴得受苦，两三天得忍着只吃馒头不吃菜，但心里却洋溢着幸福。

我现在仍然认为，饥饿能够产生幸福感。肚子饥饿，有点吃的就幸福；精神饥饿，看本小说、看场电影就幸福。

就是在这种"幸福"中，我买到了一本名为《语言漫话》的书，1981年上海教育出版社出版的。用报纸包上书皮，凑着桌沿在书脊上写上书名，翻开扉页写上某某藏书、何时何地购书等字样，然后就幸福地读起来。书中语言的故事深深吸引了我，并使我对枯燥的语言学产生了兴趣，以至于后来走上语言学道路。

后来才知道，写这些故事的，竟是我国屈指可数的一批语言学家，发起者就是中国社会科学院语言研究所的于根元、张朝炳、韩敬体、杨耐思等先生。他们当年在班车上聊天，希望为青年人写点东西，激发他们学趣，点旺事业薪火。坐而能谈，起而即行。1980年出铅印本《语言的故事》，之后改名《语言漫话》出版，之后复名《语言的故事》重版。现又约人写成《新编语言的故事》，以崭新面目再次面世。一部讲语言故事的普及读物，三十余年不断修订再版再写，有人珍藏而不弃，还引导多人走上学术研究道路，奥妙何在？

语言乃人类须臾不能离开之物，语言能力乃人类最为重要之能力。人人对语言熟悉而充满兴趣，言谈交际中常常迸发出语言智慧的火花。看看现今的网络语言和网民行为，就知道人们对语言兴趣有多浓厚，人们的语言智慧有多发达。而故事，是最具魅力的通俗文学，用故事讲语言,自然是闻者喜见者乐,有读者,有销路。此可谓奥妙之一。

语言学曾被人称为玄学,也有人说是无用之学。北京女作家叶广芩,写了一部长篇小说《采桑子》,之后拍成电视连续剧。小说讲述满族贵胄后裔民国以来的生活,有一人物是金家二格格,其子女有教员,有工程师,还有个当了语言研究员,都被人嘲笑说是“啃死工资的穷酸”。语言研究员作为“穷酸”的典型之一,虽是小说,也窥露出社会的态度。做语言学也许苦些、穷些,但语言学对社会确实有用。有位市教委的朋友告诉我,她在澳大利亚的女儿要生孩子,而她恰好刚退休,就去帮女儿带孩子。母女俩有个困惑,不知道让刚出世的小家伙先学好汉语呢,还是先学好英语?其实她们这是在做家庭语言规划,语言学能够帮她们解困释惑,做出合适的语言规划。语言学有用,这本用故事讲语言学的书,自然就有历史的延伸力。此可谓奥妙之二。

科学知识的社会化,就是科普。科普不是谁都能做、谁都能做得好的。要把专业性很强的科学知识通俗地讲出来,实非易事。《语言的故事》是大家做科普,讲得生动,说得到位。讲得生动能吸引人,说得到位就读后有得。此可谓奥妙之三。

2010 年 9 月,媒体热炒世界两大巨富比尔·盖茨、巴菲特来中国,将与 50 名中国富豪共赴“慈善晚宴”,有人承诺死后“裸捐”以响应“巴比宴”,有人担心“劝捐”而惧怕“巴比宴”。一时间,有了财富应如何回馈社会,成为社会热议的话题。这使我联想到知识分子的社会义务。知识分子是知识拥有者,高级知识分子是“知识富豪”,知识富豪如何用知识回馈社会,尽社会义务,也是值得思考、值得议论的。

《语言的故事》和《新编语言的故事》的作者们，用行动给出了他们的答案。我们应当向这些语言学的“知识富豪”学习。

2011年10月29日
序于北京惧闲聊斋

唤醒沉睡的语言

中国传媒大学　于根元

许国璋先生在《〈马氏文通〉及其语言哲学》(《中国语文》1991 年第 3 期)里介绍《马氏文通》后序首段的一个思想:"世界上一切人种,不论肤色,天皆赋予心之能意,意之能达之理。"并且认为这"叫人想到今人所说语言是'与生俱来'的(innateness)学说"。许国璋认为这个论说,"今天的学者耳熟能详。然则马氏在一百年前得现代语言理论风气之先,是中国语言学的骄傲"。我赞成马氏和许氏的这个思想。

有的人遇到意外,他原有的一部分生活的记忆沉睡到大脑的深部去了,跟这部分生活的记忆有关的一部分语言也沉睡到大脑的深部去了。这部分语言唤醒的时候,跟这部分语言有关的生活的记忆也唤醒了。

早的时候,我看过一部电影叫《鸳梦重温》,是说一个人总觉得他忘掉了一段重要的经历,他很痛苦,他总在苦苦地把那段他觉得原来有的记忆找回来。1997 年秋天我跟我的几个硕士生谈起这件事,我那时候的硕士生黄晓蕾说:英国小说家詹姆斯・希尔顿成年的时候出版了小说《机缘》,在西方很畅销。1942 年美国好莱坞拍成电影,著名演员罗纳德·考尔曼和格丽尔·嘉逊主演，在我国多次上演，叫《鸳梦重温》。黄晓蕾把小说的有关内容给我整理了出来。

小说写这样一件事。一战期间，一名年轻的英国步兵上尉瑞纳在战争中头部受重伤，失去知觉，成为德军俘虏。他苏醒后失去了对自己身世的记忆。后来，通过俘虏交换，他被移到英国精神病院治疗，受尽折磨。1919 年停战日那天，他溜出医院，得到一位闯荡江湖的女演员波拉的同情。经波拉悉心照料，逐渐恢复健康，但是受伤前的生活对他来说仍是一片空白。两人婚后寄住伦敦一位牧师家中。瑞纳靠写作为生，生活日渐好转。半年后，他去利物浦一家报社跟一位编辑洽谈，途中被汽车撞倒，造成昏迷。苏醒后，恢复了对战前自己身世的记忆，却又忘掉了跟波拉同甘共苦的那段生涯。

他返回自己原来的家园，先入剑桥大学学习，后来又协助振兴家业，成为工业巨子和议员。但是他总觉得自己有三年生活经历在记忆上是段空白，为此怅然，郁郁寡欢。他竭力追忆思索。这期间，波拉改名汉斯莱小姐，一直在瑞纳身边做秘书，默默地等待他恢复记忆。由于汉斯莱小姐聪明能干、细心体贴，在事业上的协助，几年后瑞纳娶汉斯莱小姐为妻，但是他不知道汉斯莱曾经是他的妻子。

20 年之后，二战爆发前夕，由于偶然的机会，瑞纳记忆的闸门突然被撞开。他沿着从精神病院出走后的路，追寻故人，凭吊旧址，终于同波拉鸳梦重温。

小说对瑞纳失去记忆的描写很特别。下面两段话是瑞纳对自己记忆能力的描述：

……我有时觉得自己——如果这样说不算太荒谬的话——自己有一半是另外一个人。一些琐碎的事儿——一种声调啦，一股香味啦，报纸上的一个名字啦，看见一样东西或者一个人啦，都会叫我想起点什么来——可是那到底叫我想起什么，我至今都没来得及抓住！——这是记忆里的一星磷火，在它消失之前又没法让人捕捉到。

哦，对了——只是一幢四间房间的工人住所——那样的房子何止万数。

一个寒冷的冬天，我们站在门口等待开门，我可以看见客厅窗户上的纱窗后面映出壁炉里熊熊的黄色火光。这也并没有什么特殊的地方，可是——很难形容我当时的感觉，就仿佛那所房子正在等待我——欢迎我从黄昏寒冷的户外走进那温暖如春的炉火光亮中去——一种回归家园的气氛。

下面这段是一位心理学专家对瑞纳失去记忆的分析：

我一直期望他的记忆力最终会全部恢复——这儿一点，那儿一点——最后像一把开锁的钥匙，或者像拼花板玩具的最后几块，整个画面一下子显现出来。不过我猜想这种情况尚未发生。

下面是瑞纳最终恢复记忆的描写：

我瞧着他的眼睛，尽量不激动地说："您现在就跟我第一次见到您凝视着一座山那个时候一样，因为您觉得自己认出它——停战纪念日那天，您当时坐在火车里朝窗外眺望。”

“停战纪念日，”他重复道。接着他轻声又近乎信口而出地说，“我当时正在医院里……我指的是第一个停战日——停战那天。真正停战那天。”他忽然抓住我的衣袖。“是啊，我记起来了——我当时是在麦尔伯里！”

“麦尔伯里”，像一把开锁的钥匙，像拼花板玩具的最后一块，瑞纳一想起这个地名，他那段遗忘的记忆的整个画面一下子显现出来了。

电影的情节有些改动，特别是瑞纳恢复记忆的过程：瑞纳很意外地来到他失去记忆时候住过的小镇，重温了过去的街道、楼房、商店，特别是来到了他和波拉曾经住过的小屋前。沿着院子的门进去，很自然地拿出口袋里的钥匙。这串钥匙他总是带在身上，他不知道它从何而来，他只是凭感觉认为它很重要。他去开门，这时候从背后响起了波拉温柔的声音：“门锁锈了，该上油了。”他们住在这座小屋的时候门锁锈过，波拉说过这样的话。瑞纳终于想起来了。

波拉温柔的声音：“门锁锈了，该上油了。”像一把开锁的钥匙，像拼花板玩具的最后一块，瑞纳一想起这句话，他那段遗忘的记忆的整个画面一下子显现出来了。这一句话的被唤醒，唤醒了瑞纳好多年生活的记忆，唤醒了他半个生命，或者说把他这半个人跟那半个人合起来了。

中国的文艺作品里也有类似的情节。我说到电视剧《刘老根》里的有关情节，我那时候的博士生刘艳春又看了光盘把有关情节给我整理了出来：

电视剧《刘老根》(二)第19集说:刘老根用龙泉山庄做抵押从银行贷了3000万元,派许嘉去南方订购建葡萄酒厂的设备。许嘉半个多月没有音讯,刘老根觉得不妙,去银行查对,这才知道自己的汇票是假的,龙泉山庄中了圈套,遭到了暗算。他喝了几杯闷酒,大哭起来,刘老根疯了!后来,他醒着的时候,拿剪子绕着头、后背,剪所谓缠在身上的钢丝,不停地剪着,剪着……刘老根不会说话了,别人对他说话,他都听不见,别人要他吃喝一类的话或许他还能听得见,或许也听不见,理解的是别人的体态等的意思,因为他连女儿山杏哭着叫他爸爸他都没有反应,他大概连爸爸是何物都不知道了,他几乎成了废人。

第22集说:丁香这时候跟刘老根结婚了。

洞房之夜,丁香说:“……你不明白拉倒,我明白就行,我等你20多年了,唉,今年整整23年了,23年等回来一个疯子。……”刘老根依然剪着,剪着……丁香唱起了《王二姐思夫》:“我闷坐绣楼,眼望京城思想起二哥张相公。”刘老根不剪了,剪子在手中不知不觉合上了丁香唱的二人转的节奏。丁香停下来,刘老根也停下来,继续剪着,剪着……丁香继续唱:“二哥他进京赶考,一去六年整啊,人未回来,信也未通。”从“人未回来”处,老根又开始剪着剪子应和着节奏。丁香停,老根也停,还是剪着,剪着……

这时候丁香很平和地问:“你爱听我唱啊?”刘老根不回答,继续剪着,剪着……

丁香大段地唱："二哥你走一日，我墙上画一道呀，你走两日我墙上画一双。二哥你一去六年整，我横三竖四画满墙。王二姐泪悲啼呀，从外边跑过一群鸡，公鸡它在前边儿咕咕地叫啊，它咯儿了咯儿了叫母鸡。可叹那连毛的畜生都有疼妻的意呀，可是你刘老根儿不认你的妻呀。"这一段里，丁香唱，刘老根用剪子应和着节奏，丁香停，刘老根也停，又想绕头剪唱到末尾一句，丁香流下了眼泪。

丁香顿了顿说："老根儿，咱俩年轻时唱的那个——"丁香唱道："工地上人欢马跃，红旗展哪。"丁香用手打着拍子，老根剪着剪子应和。丁香唱："社员们——"刘老根开口接着唱起了："改土造田热火朝天哪——"丁香唱："姑娘们挑着土篮儿一路小跑儿哇——"刘老根唱："小伙子抡起大镐劈掉半拉山哪——"丁香唱："出大力流大汗为的是夺高产——"刘老根唱："为革命做贡献我累点儿也心甘哪。"这时候丁香喊了一声："老根！"把刘老根的剪子抢下，激动地说："我是你媳妇儿，我是丁香，你认不认识呀！老头子，你好了，你好了！老根儿呀，你这病能治了，老根儿，你能好！"丁香抱住刘老根，悲喜交加。老根被唤醒了。电视剧里响起音乐……第二天一早，老根和丁香、山杏从房中出来……刘老根已经好了。

刘老根疯了的时候，他原有的生活记忆和语言几乎都沉睡了，留下了些许感应点。丁香关于思夫的一段唱，碰到了他的一个感应点，但是这个点的感应信号太微弱。后来丁香关于同刘老根年轻时候跟青年男女一起无忧无虑痛痛快快劳动建设家乡的一段唱，碰到了刘老根最关键的感应点，刘老根向往劳动，向往做事，但是要无忧无虑痛痛快快。丁香这一段唱唤醒了刘老根大脑里原有的那段唱和与此有关的生活的记忆,唤醒了刘老根与此有关的生活记忆的语言。

中国电影《非常爱情》《足球大侠》和电视剧《激情燃烧的岁月》里也有类似的情节。

许多语言学家说人的语言是与生俱来的。原始人以来的语言积淀在现代人的身上了。人们后天学习语言其实是唤醒已经积淀了的语言。我也赞同这样的说法。如果正是这样的话,我们现代人实在是个大富翁,我们拥有了原始人以来的人类的语言的积淀。不过积淀里好的跟不好的我们都继承下来了,继承下来的都是在我们大脑深部沉睡着的,要一一唤醒。我们清醒的人也有许多语言是在我们大脑深部沉睡着的,要不断一一唤醒。人们相互用语言交际,都是在彼此进一步相互唤醒语言。彼此要像波拉唤醒瑞纳、丁香唤醒刘老根、亲人同事朋友等唤醒海若那样,充满爱心、耐心,找到对方最灵敏的感应点,用高层次的语言唤醒高层次的语言。我们的语言教师,更是要充满爱心、耐心,找到对方最灵敏的感应点,用高层次的语言唤醒学生高层次的语言。因为,唤醒高层次语言的同时,一定意义上是唤醒了高层次的生命。

我更赞成"语言全息发展论"。关于发展——充而用之,来自孟子的启发。《孟子・公孙丑上》接着"人皆有善"说:"凡有四端于我者,知皆扩而充之矣。……苟能充之,足以保四海。苟不充之,不足以事父母。"(《十三经注疏》下册 2691 页,中华书局,1980)这一方面是人的能动,比一般的后天激活或者唤醒还积极一些。加上事物不完全是预先规定好的,是留了改变、发展的余地的。

卖花女的故事

中国对外翻译出版有限公司　孙曼均

卖花女伊莉莎·杜利特尔容貌美丽，聪明乖巧，却家境贫寒，言谈粗鲁，讲一口粗俗的伦敦西区土语。她每天到街头叫卖鲜花，赚点钱补贴家用。一天，她与语言学家希金斯教授在避雨时偶然相遇，伊莉莎甜美的嗓音引起了希金斯的注意。教授夸口，他能教伊莉莎说真正的英语，使她成为操着贵族口音、出没于上流社会的千金小姐。教授的朋友皮克林上校和他打赌，如果伊莉莎以贵夫人的身份出席6个月后举办的大使游园会而不被人识破真相，那么皮克林愿意承担一切试验费用。希金斯教授欣然接受挑战，他从最基本的字母发音教起，对伊莉莎开始了严格的训练。

6个月后，希金斯满怀信心地带伊莉莎和皮克林一起出席希腊大使举办的招待会。当伊莉莎出现在大家面前时，人们纷纷停止了交谈，伊莉莎温文尔雅的话语和高贵优雅的举止深深吸引了在场的每一位宾客。希金斯教授终于成功了：一个乡下女孩变成了雍容华贵的上流社会名媛。希金斯教会了伊莉莎语言、风度和气质，使她认识到了自己的价值;而高傲的希金斯也被丘比特的箭射中,爱上了他所造就的小姐。

这是1964年由华纳公司投资拍摄的好莱坞电影《窈窕淑女》中的故事。奥黛丽·赫本扮演伊莉莎。华美的布景、豪华的服饰、优美的画面、令人心驰神荡的歌舞以及奥黛丽·赫本的精彩表演,使这部电影有如诗般美丽,感动了亿万观众,赢得八项奥斯卡大奖,成为音乐电影史上的不朽杰作。

电影故事的情节看似荒诞不经,其中却蕴涵着语言学知识。语言是一种社会现象。在我们生活的社会中,由于社会分工的不同存在着各色各样的人群,他们由于性别、年龄、职业、阶层、生活方式、文化水平、宗教信仰、社会地位等的不同,或由这些因素构成的社区交际习惯的影响,形成了各种小团体,在这些小团体中会自然地或人为地出现一些特殊的语言成分,这就是语言学所说的社会方言。社会方言是语言分化的结果,是同一种语言因社会的社群分化而表现出的小社团用语,是某一社会团体或者某一社会阶层通用的语言。社会方言并没有独立的语言系统,因此,一般情况下,社会方言并不会妨碍人们之间的交际。但是,在语言风格、表达方式以及一些特殊词汇的使用上常常呈现出种种差异,最常见的差异主要是在词汇方面,其次是发音色彩。我们常说,什么样的人说什么样的话。透过一个人使用的语言,如发音、用词、用语风格等,我们可以推测这个人所受的教育、所从事的职业甚至所属的社会阶层。一般说来,一个受过良好教育的人常表现为说话得体、谈吐文雅、用词准确、表达流畅,而言谈粗俗的人则多被视为缺乏文化教养。一个人所使用的社会方言往往能够透露出说话者的年龄、性别、职业、阶层、文化程度、宗教信仰、社会地位等社群特征。

在社会方言中最易引起人们注意的便是行业语,不同行业之间都存在着或多或少的差异,各行各业由于交际的需要会使用一些专门的词语。如电影行业的“蒙太奇、推、拉、摇”等,教育行业的“下课、下班”等。这些行业语虽然很常见,但它们是行业的内部交流语,有着与共同语不相同的特殊意义,若没有专人解释,外人很难猜明白。比如,当你看见一位老师早晨从家中出来却说去“下班”时,你可能会以为这位老师是否说错了话。如果这样认为,那就错误理解了这位老师想表达的意思了。教师行业里所说的“下班”,特指早晚自习等下到学生班级,对学生们的学习进行监督或辅导,这个含义和社会一般用语中的“下班”有着明显的区别。行业语虽然是某个行业集团的专门用语,但随着科学知识的普及、行业与社会生活关系的密切,一些行业用语逐渐具有了广泛性,引申出新的意义,从而成为许多人熟悉的普通词汇。例如,“资本、麻痹、感染、折扣、折射、副作用”等原先都是行业用语,现在都已为大众熟知。

隐语和黑话也属于社会方言,它们是某些社会集团为了隐蔽本团体进行特殊活动而创造的只有内部的人才懂的特殊用语。说到现代京剧《智取威虎山》和电影《林海雪原》,几乎无人不知、无人不晓,侠客般的杨子荣孤身入匪巢、智剿威虎山的传奇故事,更是被人们代代相传。杨子荣在威虎山上与匪徒过招,问答之间皆是黑话。上山途中一见匪徒,匪徒就用黑话“蘑菇,溜哪路?什么价?”(什么人?到哪里去?)来盘问。杨子荣用黑话跟土匪一问一答,滴水不漏。土匪以为是同伙,带他去见座山雕。座山雕一见,劈头便是一句:"天王盖地虎。"(你好大的胆!敢来气你祖宗。)这是匪徒中最机密的黑话,只见杨子荣按匪徒们回答这句黑话的规矩,从容地把右衣襟一翻,答道:"宝塔镇河妖。"(要是那样,叫我从山上摔死,掉河里淹死。)正是由于杨子荣流利的对答,才取得匪徒的信任。

又如,因性别、年龄等的不同而形成的"女国音",就是北京青春期女性口语中流行的一种特殊的发音现象,其特点是将一部分在标准北京话里应读团音的字的发音位置前移,读成尖音;即当韵母是 i 或以 i 打头时,把舌面音 j、q、x 读作舌尖前音 z、c、s。如把"界限"读作 zièsiàn。这种特殊的发音现象常见于受过一定教育、操普通话或北京话的青春期女性人群,尤其是女中小学生,在男性、青春期以前的儿童以及中年以上的女性中则罕见,故称之为"女国音"。"女国音"作为北京话里的一种口音,也属于一种社会方言,是一种主要出现在北京地区、仅见于特定性别和年龄人群的语音现象。

英国广播公司(BBC)所使用的英语发音作为通用语在全英国广播,这是标准的伦敦音,这种标准的伦敦音是受过良好教育并具有一定社会地位的象征。卖花女伊莉莎说的是方音,说话也不很得体,显得比较粗鲁无礼,这表明她出身贫寒,没有接受过系统的教育。在希金斯教授的训练下,伊莉莎通过模仿和练习,不仅学会了"贵族口音",也学会了得体的谈吐,当然还学会了得体的举止与装扮。尽管伊莉莎的身份并没有改变,却因"上流社会的语言"而以假乱真,实现了麻雀变凤凰式的蜕变。当代作家谌容在中篇小说《人到中年》(《收获》1980 年第 1 期)里,塑造了一个装腔作势的"马列主义老太太"——秦波的艺术形象。小说用白描手法,描写了她在医院里的表演:看病,她点名要最好的医生,还必须是共产党员,否则,"让一个普普通通的大夫给焦部长做手术,这是不是有些考虑不周";动手术,她要求组织专门的手术小组,制订手术方案,否则就是轻敌,"轻敌思想往往造成失败,这是我们党历史上有过的";治疗,她要求医院保证不出问题,否则就是没有"对革命负责,对党负责"。她的话语总是充溢着革命的词语、冠冕堂皇的理由和貌似亲切的语气。她开口就是"我的同志呀",满口都是"应该加强政治思想工作""大家都是革命同志"等假话、空话、套话。秦波的语言是特定历史背景下一种典型的社会方言——"官腔"。作者通过对特定人群使用的"官腔"加以选择、提炼和加工,概括出这一群体在语言表达上的共同特点,塑造出当代文学史上一个具有群体本质特征的典型人物形象。

看来,语言不愧为人的"第二张面孔"。它既是一个人性格、品性、身份等诸多社会信息的自然流露,也可以通过后天的学习而改变。

猩猩学语

中国传媒大学外国语学院　张　彤

不论是孩子还是大人都爱看动物演的电影,很多电影里的动物都会说人话。在现实生活中,很多人都见过鹦鹉学舌、八哥说话,这些聪明的小鸟背后都有主人的辛勤训练。人类训练动物说话并不仅仅是为了娱乐,还是为了弄清楚语言的起源、生理机制、社会功能、语言与思维的关联等问题。学者们对不同动物展开了实验研究。作为灵长动物,人类自然很想知道其他灵长类动物是否能像我们一样说话。人类和猩猩的基因组合十分相似,只存在1.2%的差异,和我们如此相像的近亲说话的本领如何呢?教猩猩学语言有四种主要的训练方式,我们来看一下这些方式的效果。

一、直接学说话

1951年,美国海斯夫妇(Keith & Catherine Hayes,妻子是记者,丈夫是心理学家)收养了一只很小的雌性黑猩猩,取名维基(Viki),精心照料,并且教它说话。经过6年的努力,维基学会了一点数数,会说的限于“爸爸”“妈妈”“茶杯”“起来”,但发音不准,听的人需要去猜。

(求知编译《黑猩猩和语言》,《国外语言学》1980 年第 4 期)而在海斯夫妇之前,所有教黑猩猩说话的实验几乎都一无所获。

虽然教猩猩说话的尝试没有成功,但是科学家们有了重要的发现:高等灵长动物的喉部构造与人类的存在巨大差异,不适合学习吐字发音。人们认识到了这一点,就可以用别的办法来进行实验。

二、使用手势语言

海斯夫妇把训练维基的情景拍成电影,内华达大学的心理学家加德纳夫妇(R. & B. Gardner)看到,电影中的黑猩猩手势很多、表情丰富,他们很受启发,想尝试教猩猩使用聋哑人的手势语言。1966 年,他们收养了一只 6 个月左右的雌黑猩猩,取名瓦舒(Washoe),训练它学习美国手语。经过 5 年训练,瓦舒掌握了 160 个美国手势语单词,还能够把它们组成 245 个句子。

1980 年,加德纳教授的学生罗格·福茨与妻子(Roger & Deborah Fouts)在中央华盛顿大学建立了"黑猩猩与人类交流研究所"(Chimpanzee and Human Communication Institute)。瓦舒和其他几只黑猩猩在那里安家落户。福茨夫妇继续教瓦舒学习手语。到 2007 年 10 月 30 日去世时,瓦舒已经掌握了 250 多个手语单词。不仅如此,瓦舒还把它学到的手语传授给了另外 3 只年纪在 30 岁左右的黑猩猩,它们也学会了用比画的方式相互以及与人类交流。(网址略)

在 1982 年出版的《柯柯的教育》(*The Education of Koko*, Francine Patterson、Eugene Linden 著)一书中,作者彭妮(Penny 即 Francine

Patterson)详细介绍了她1972年在斯坦福大学读博士时所做的"柯柯(Koko)项目"情况。彭妮教一岁大的雌性小猩猩柯柯手语。经过三年训练,柯柯会准确使用184个手势。到六岁半时柯柯已经正确使用过645个不同的手势,其中经常使用得恰当的手势约为375个。柯柯还会创造出一些复合名词来描绘初次见到或不知道名字的东西。例如,把鸭子说成是"水鸟"(water-bird),把甜瓜叫做"能喝的水果"(drink- fruit),把大猩猩叫做"动物人"(animal-person)。目前,柯柯已经掌握了1000多个手势,成为除人类以外最流利的语言使用者之一。

柯柯有良好的记忆力,不仅能很快掌握手势语言,而且还能回忆发生过的事情。有一次柯柯咬了彭妮一口,三天后他们就这件事进行了一次谈话。

彭妮:"你对彭妮做过什么?"

柯柯:"抓。"

彭妮:"你承认?"

柯柯:"对不起——咬——抓。"

(彭妮把手上的伤痕给柯柯看,看起来很像是抓的)

柯柯:"错咬。"

彭妮:"为么咬?"

柯柯:"因为发疯。"

彭妮:"干吗发疯?"

柯柯:"不知道。"

假如猩猩的记忆是模糊和混乱的话,他们就无法进行这样的谈话。一次,一位工作人员卡西给柯柯看它的画像,

卡西:“这是谁?”

柯柯:“猩猩。”

卡西:“猩猩是谁?”

柯柯:“鸟。”

卡西:“你是鸟?”

柯柯:“不是我,你是鸟。”

卡西:“谁是鸟?”

柯柯:“你是栗子。”

彭妮观察到,在柯柯的词汇中,“鸟”和“栗子”可能是骂人的字眼。还有一次,彭妮忙着写东西,柯柯偷偷拿起一支红蜡笔,放进嘴里嚼。彭妮发现了,问它:“你在吃蜡笔吗?”柯柯居然做了个表示嘴唇的手势语,意思是没有吃,是在抹口红,并且立刻煞有介事地用蜡笔在嘴唇上涂抹起来。柯柯不但能比较正确地使用手语词汇,用简单的句子来表达自己的意思,还能与人对话、拌嘴甚至撒谎!

三、使用符号语言

20世纪70年代起,普莱马克夫妇(David & Ann James Premack,妻子是心理学家,丈夫是研究语言的生理学家)教一只雌黑猩猩莎拉(Sarah)学一种符号语言。普莱马克夫妇发明了一套不同形状的符号,用彩色塑料材料制作出来,代表各种物体、行为和人,这些符号可以说

是词或语素。符号与意义的关系是任意的(比如用黑块儿代表黄色)。普莱马克夫妇运用行为主义的食物奖励法来训练莎拉,使它掌握了这些符号学,会了“颜色”“名称”等概念,莎拉还具有一些句法规则的能力。它能对“莎拉”“放”“苹果”“桶”(莎拉,把苹果放桶里)做出正确反应,对于稍微复杂的句式如“莎拉”“放”“苹果”“桶”“香蕉”“盘子”(莎拉,把苹果放桶里,香蕉放盘子里),莎拉也能准确无误地执行。莎拉甚至有一定的联想和抽象能力,能想到不在眼前的东西,也能数数。告诉它“莎拉在盘子里放一块糖”,当时盘子里有好几块糖,它把多余的糖全吃掉,只留一块在盘子里。(求知编译《黑猩猩和语言》,《国外语言学》1980年第4期)

2010年8月16日出版的美国《时代》周刊刊登封面文章《探索动物心智》(*Inside the Minds of Animals*),介绍一只会“识字”的雄性倭黑猩猩坎兹(Kanzi)。坎兹和其他一些同类生活在“类人猿信托”(Great Ape Trust)研究机构,那里的研究者们为它们设计了一套具有三百多种图形的符号表,这些符号代表着各种含义、想法和物品,猿类如果想和人类进行交流,它们只需要任意挑选一个代表自己想法的图形就行了。它们从一出生就开始接受口头和符号语言,将这两种语言作为日常交流方式。坎兹手里拿着“词汇表”,彩色符号代表它学过或自己挑选出来的单词,坎兹会至少384个“单词”,能以指认的方式表达想法和句子。

美国广播公司记者在采访类人猿信托研究机构时,对坎兹进行了测试。当记者说“鸡蛋”时,坎兹将手按在了“鸡蛋”的图像上;当记者说

“M 和 M”，坎兹又将手连按了两次 M。接着，坎兹开始主动和记者交流，它将手指在代表“惊讶”的图像符号上按了一下，它脸上的神情仿佛在对记者说：“你很惊讶吧？”

四、计算机辅助语言学习

1977 年，纽约学术出版社（Academic Press）出版了一部由伦堡（Duane M. Rumbaugh）主编的学术报告集《黑猩猩学语言》（*Language Learning by a Chimpanzee*），详细记载了他在“耶克斯灵长目地区研究中心”（Yerkes Regional Primate Research Center）所主持的“拉娜项目”。研究的主角是一只名叫拉娜（Lana）的雌性黑猩猩，其名字是由“语言模拟”（language analogy）的英文缩写组合而成的。拉娜项目使用以计算机为基础的电子系统，包括语汇键盘、取食机和电子计算机控制系统。语汇键盘上每个键表示一个词，键上刻有不同符号，而且颜色不同。键可以在键盘上调换位置或更新替换，这样可以使训练对象识别键上的符号，而不以键的位置来判断某个键的作用。

训练由浅入深，先使训练对象区别和掌握键钮，逐渐要求掌握常用词汇和固定句子。拉娜利用语汇键盘能以语言形式提出要求，如食物和娱乐。如果句子正确，就能满足要求，否则就得不到满足，同时系统还训练它修改句子，直到正确为止。拉娜按规定的“语法”依次按动键钮，组成句子，提出要求或回答问题。电子计算机记录并分析拉娜的句子，如果是合乎语法的进食要求，取食机就送出拉娜要吃的东西。实验人员通过显示器阅读拉娜的句子，也可以在另一套键盘上按键钮和拉娜对话。经过训练拉娜通过电子计算机获得了一种语汇和语法都很有限的基本语言,可以满足日常生活需要。

拉娜七岁性成熟后,研究人员还把一只叫哥伦布的小黑猩猩交给拉娜照料,期望拉娜将来会教哥伦布使用电子计算机语言,拉娜慈爱地抚养了这只小黑猩猩好几年。有一天夜里,拉娜在计算机上写下“你,哥伦布”几个字以后,抱着小哥伦布睡着了。这说明拉娜已经不仅能在食欲等刺激下发问和回答问题,而且已经能自发地表达思想感情了,这是很大的进步。拉娜还经常喜欢向来参观的人提问,问它叫不出名称来的东西“这叫什么”。

虽然关于猩猩学语的研究总能取得一些让人兴奋的进展,但这些显然与真正意义上的人类交际相差甚远。2009 年 11 月 12 日,英国《自然》杂志刊登了美国加利福尼亚大学等机构的研究报告,来回答一个困惑我们很久的问题:为什么人类能说话而其近亲黑猩猩却不能?答案可能在基因 FOXP2 上,人类的这个基因与黑猩猩的仅有两点小小的差异,但却赋予人类独特的语言能力。

研究人员发现,FOXP2 基因在语言功能形成过程中发挥着关键作用。这个基因会导致一种特殊蛋白质的产生,这种蛋白质又会与 DNA 结合,影响其他基因的功能。实验显示人类的这个基因与黑猩猩的只有两处氨基酸不同,但在同样的环境下,人类的 FOXP2 基因会增强 61 个基因的作用,并抑制另外 51 个基因的作用。在这些受到影响的基因中,一些与大脑发育有关,FOXP2 基因可以通过它们影响大脑中的语言功能区域和神经网络。另一些受影响的基因则关系到咽喉部位的软组织发育,FOXP2 基因可以通过它们来影响与语言功能相关的器官结构。

由于这些根本的内在差异,也许我们无法让猩猩学会人类语言,但是这些尝试仍然是很有意义的,这些试验让我们对动物的心智有更多的认识,也对我们的语言和认知有更深入的了解。

“抱外孙”

中国传媒大学　于根元

有一个例子是这样的：

> 坐在地上的孙宝英哭得更痛心，我死，我去死，老天爷，为啥不让我替云中去死呢！云中，我对不起你呀！王承坤听出了孙宝英话后面的话，别人都不一定听得出来，王承坤相信他能听出来。其实每个人都是一样，话后面的话总是大头儿，没说出的话或不能说出的话，总比一辈子已说出的话的总和多好几倍。（刘庆邦《离婚申请》，《当代》2003 年第 2 期 7 页）

我们或许可以从这里得到很多很多启发。“其实每个人都是一样，话后面的话总是大头儿，没说出的话或不能说出的话，总比一辈子已说出的话的总和多好几倍。”就拿这一点来说，我们都有体会，谁一天到晚在说话呀？就是说话多的人，也是不说话的时候多。就拿两个人语言交际来说，你一边听话一边想着要说话，一边想着他的话里的道理一边还想起听到过的有关的话和经历过的事。脑子里转得很多的。你脑子里转是思维，交际、思维也是认知。语言交际、思维、认知，没有单一的，只有侧重。语言交际、思维、认知,都是为了攀升。你们两个一边散步一边说话,总有停顿的时候吧,停顿过后又接着说,停顿之后的语言交际跟前面的交际一般是接得上的。有时候两个人语言交际是天上一句地上一句,也接得很快,谈得很热闹。对方的话头子一出来,这里就知道说的是哪年哪月说的哪件事了。停顿有时候是很长的,可以是好多好多年,都还能再谈得起来哩。好多年过去了,能谈得起来,但是彼此脑子里的东西跟好多年之前总有不同的。对方的话在彼此的脑子里会发酵,发酵也很复杂,会加上发酵人自己的许多想法,这期间发酵人又会听了别人的许多话和自己有了新的经历,所以,发酵里加上了许多成分。语言交际的攀升,是许多成果的攀升,是许多人参加的结果。语言交际,不仅仅是两个人或者几个人现时的对话,过了多少年了再对话,这时候的语言交际,是包括了这么多年一起的语言交际。从联系来说,空间和时间方面都会有很多联系,继承、吸取的何尝只是一时一事一些人呢?所以语言交际还有全息性,语言有全息性。这也是说到了一些语言攀升的理论了。

上面那个例子,我在我的《应用语言学教程》(华语教学出版社,2008)第十一章“语言全息发展理论”的思考题9里出过。第9题是:请你分析下列语言现象,并且说说所得到的启发。(192页)下面第(11)就是这个例子。(193—194页)2009年中国传媒大学应用语言学专业应用语言学的历史及理论方向的博士生入学考试的笔试里又出了,要求考生从语言交际的角度谈谈自己的认识。

我有篇散文叫《性本善》,在《语言是大海》(中国经济出版社,

2003)73页到74页里有这样一段：

1986年12月，我同刘一玲到苏州去调查推广普通话的情况，那时候我同刘一玲还计划研究陆文夫小说的语言，苏州大学中文系安排我们在苏州大学同陆文夫见面一起谈谈。见面之后，苏州大学中文系的老师问陆文夫近来在忙什么呐，我记不准陆文夫回答的是在家里抱孙子呢还是抱外孙，很可能说的抱孙子。我起初以为这是寒暄的话，陆文夫说的是无所事事的意思。后来在席间，陆文夫说，在家里抱孙子其乐无穷。孙子不会耍心眼，跟孙子在一起，不用防备，没有戒心。我知道了陆文夫说的抱孙子的言外之意了，但是我的实际体会不够深。

1998年7月下旬，我有外孙了。在医院里，外孙在纱罩下安静地睡着。脸上露出圣洁的光。哪儿都很小，哪儿都很精致，哪儿都很可爱。

我的弟弟妹妹多。我们家孩子是大的带小的。我自己是孩子的时候就抱弟弟妹妹了。回到家，我要忙着做功课，没有什么时间抱弟弟妹妹。但是抱弟弟妹妹总觉得很高兴。我的女儿出生的时候，正是军宣队、工宣队进驻中国科学院哲学社会科学部不久的时候，我们语言研究所集中在沙滩的法学研究所里办学习班，不久就去河南信阳的干校了。我中间回来过十来天，我正式回到北京，女儿四岁多了。我比较多地抱孩子，是抱外孙。外孙小时候在我们家，起初就妻子跟我两个人带。我在家的时候就多抱抱外孙。外孙两三个月的时候,在我怀里要睡了,先是眼睛闭上留了一点缝,我笑着跟他点头,他也笑了,然后才踏踏实实地睡。

抱外孙,真是其乐无穷。

我对陆文夫说的那句话的含义的认识,有好几个过程。你对于对方说的话的认识,在对话之后,还可能有个攀升。网上看到两位朋友分析语言理解,拿这个做材料。那是胡佑章、吴媛媛的《言语理解差异论》(《重庆邮电学院学报》(社会科学版)2006年第3期)。文章认为:言语理解是有差异的。这种差异性,既表现于不同的人对同一言语成品的不同解读,也表现为同一个人在不同阶段、不同场合、不同心境下对同一言语的不同领悟,更表现在理解的意义和表达的意义的契合程度上。两者完全重合的情形是不多的,常常出现的是不足、溢出或者偏离。

那两位朋友的分析是很好的,对我有启发。我今天这么从语言交际的攀升效应来分析,不知道对他们会不会又有一些启发,或许他们会有机会读到此文。

日本科学家让狗说人话

中国传媒大学　于根元

近些年,中国的报刊介绍了不少外国关于语言的看法,有的对我们还是很有些启发的。

《人民日报》海外版 1991 年 1 月 7 日有一篇秀一的译文《人类的“哑巴时期”竟长达二万年之久》。文章说:“美国著名古人类学家哈莫博士从事的一项最新研究表明,虽然早在六万年以前地球上就出现了人类,但人类在四万年前才开始具有语言能力。这就是说,人类曾经历过长达二万年之久的‘哑巴时期’。他描绘说,那时的人类只想不说,虽沉默不语,但思维活跃,意志坚强。他还分析说,当时他们已有足够的智力说话,但由于没有语言交流的必要,因此就保持沉默。”

我们说语言是“交际、思维、认知”的工具。人把话说出来是表达,当然也可以不说出来在心里表达。有许多时候不说出来,在心里思考,我们叫做思维。如果哈莫博士的意见是对的话,那么我们人类之初语言是用来思维的,人类之初就有不说出来的习惯,或许人类之初具有思维传递的功能。

1992年2月21日《参考消息》有一则《猩猩讲英语》说：

> 据香港大公报报道，巴西有位医生将人脑组织移植到一只黑猩猩的脑部后，竟出现了意料之外的奇迹。它不再搔胳肢窝，也不再在身上捉跳蚤，爱听莫扎特、巴赫的音乐作品，还奇迹般地用英语讲起人话来。它对主持这次实验手术的帕凯医生说：“让我刮胡子，我要一串香蕉。”

这只黑猩猩叫查查。这可能是那个移植过来的人脑里具有说英语的功能。1992年5月19日还有一篇加文的文章《丘吉亚——会说电视对白的黑猩猩》说：

> 美国一只黑猩猩“丘吉亚”，因长时间坐在电视机前观看电视节目，居然能说出各类角色的俏皮话。主任乔治听到它说的第一句话是“姑娘谁爱你?”这句话是美国同名电视侦探连续剧中的主人公、侦探科茄克的一句名言。“丘吉亚”还擅长说出《这是约翰尼》和《飞向月亮·爱丽斯!》的人物对话。

说梯形结构的下线是开放的，主要是指这里有人的语言跟动物语言的交叉。

邢福义在1997年1月9日的语言哲学对话《动态：语言的本质》里说：“从非人动物到人，是渐变的。最原始的人和最高级的非人动物，二者之间没有鸿沟。正因如此，最原始的人所用的传递信息的符号和最高级的非人动物所用的传递信息的符号，都是语言，二者之间也没有鸿沟。通过传递信息的符号，人和人可以沟通，人和动物也可以沟通。”

（于根元等《语言哲学对话》140 页，语文出版社，1999）我很同意这个意见。人不是从天上掉下来的，人是动物的延伸和发展。人的语言也不是从天上掉下来的，人的语言是动物语言的延伸和发展。人的语言和动物的语言有交叉的地方。不过那只丘吉亚还是太神了。黑猩猩坎兹也很神。搜狐 2003 年 1 月 4 日有一则转自《信息时报》的《猩猩说人话　挑战动物无语言能力的论断》，下面摘录几段：

据《新科学家》1 月 2 日报道，一只名为“坎兹”的非洲倭黑猩猩在实验室中令人惊奇地发声说话，这是科学家首次发现猩猩能像婴儿一样、用不同的发声表达不同的意义，“动物没有语言能力”这一科学论断由此遭到巨大挑战。

……

“坎兹”是一只成年倭黑猩猩，它从小便和人类生活在一起，熟悉各种人类社会相互沟通的符号用语。目前生活在乔治亚州立大学的它，还能够说一些英语，还能对一些诸如“从笼子里出来”、“你想吃香蕉吗”等短语立即作出反应。

负责“坎兹”研究工作的科学家杰德·塔克里特拉和瑟勒·斯威吉·若班思观察到，当她们和“坎兹”交流时，“坎兹”能发出一些起伏有异的音调。塔克里特拉说：“我们正在研究这些极有韵律感的声音产生的原因。”

……

在一份长达 100 小时的录像带中，可以看到“坎兹”不同时期与人沟通的情形，能分析出“坎兹”在不同年龄段的发声也是各不相同的。科学家精选了其中一些典型片断，确切地记录了猩猩“坎兹”一些表达清晰的举止，比如，当“坎兹”想吃香蕉的时候，它会作出“grapes”（葡萄）的表示；或者当听到让它出笼的要求后，它自觉地爬出笼子。

据塔克里特拉和若班思证实，“坎兹”能够说出四个不同意义的单词：banana（香蕉）、grapes（葡萄）、juice（果汁）和 yes（是）。在说出这些单词时，“坎兹”声音的音调趋于一致。塔克里特拉对此表示：“我们没有教它这些单词的发音，它是自己‘领悟’到的。”

……

塔克里特拉的实验室里至少有7只供研究的倭黑猩猩，其中一些根本得不到专门的语言训练。科学家在研究“坎兹”时注意到，它看来有意识地模仿人类的发声。

科学家米特里和沃勒都不赞成马上对“坎兹”的现象下结论，接下来会有更多针对“坎兹”的科学研究。“坎兹”被称为懂得语言，而“语言”在不同情况下是有多种解释的。

但可以确定的一点是，“坎兹”仍然还是第一位能够确切证明猿类能够“说话”的猩猩。沃勒说：“‘坎兹’的发声明确地表示具体事物和意义，这一点非常罕见。”

此外，“坎兹”现象为研究动物的语言提供了重要线索，启迪科学家思考人类语言的起源问题。米特里对此表示：“动物的语言研究能帮助我们了解人类的进化过程，对于灵长类动物的研究因而显得格外重要。”

下面一则2001年10月7日《中国青年报》的《日本科学家让狗说人话》可信度比较高。文章说：

不久，宠物爱好者们就可以直接和自己心爱的动物“对话”了。最近，日本科学家成功开发出一种特殊的声音转换装置，它能够把狗的各种叫声转变成人的语言。该转换器预计在明年2月上市，售价大约为70英镑（约750元人民币）。

据介绍，宠物狗可以通过这种转换器，告诉主人自己的需求和感受，包括对主人的看法、对食物的要求、对主人提供的娱乐是否满意等等。转换器的一个装置是连在狗项圈上的，主要用以译解狗的叫声。译解的结果会以短语的形式如“我做好了”、“我很开心”、“我很无聊”等，发送到一个掌上显示器上和一个麦克风里。

研究人员对14个品种的100条狗的2000种声音进行了细致的分析研究。他们利用声纹分析，把这2000种声音划分为失望、有趣、伤心、威胁、挑衅、攻击和愿望等几大类，然后再转换成200个词和100条短语，从而用人类的语言表达出狗的喜怒哀乐。

声音转换器的生产商期望转换表达的准确率能达到90%。“我们的产品一定会引起人们的极大兴趣，”生产商经理铃木说，“对很多人来说，宠物是他们的好朋友。我们希望声音转换器能够促使主人和宠物之间的更好交流。”另外，上班族还可以利用转换器的日记功能，看到记录上的他们的宠物狗一天过得怎么样，这种日记功能会依据狗的声音作出概括总结，如“今天真是快乐的一天”或者“今天真无聊”等。

据预测，声音转换器将会成为日本宠物爱好者的热门货。30岁的田中秋子是东京的一名店员，她有一只名叫波克的白色鬈毛狗，她说她很喜欢跟自己的宠物狗交流谈心。东京宠物情报研究中心的星川先生认为，声音转换器满足了人们与宠物交流的愿望，但他对声音转换的准确性表示疑问，“其实，狗发出的声音和声调也是千差万别的”。

如果狗的声音转换器获得成功，生产商就会计划进一步开发猫的版本。

此事已过去好多好多年了，也不知道这种转换器成功了没有。

下面这则报道特别有意思。

我们汉语里关于用心想事的说法很多。例如：“心事重重、心想事成、心知肚明、心里明白嘴上说不出来、眉头一皱计上心来。”相关的还有“心态、心情、心绪”等。播音里说有一种共鸣主要在心口，那时候，说的人和听的人觉得话是从心里流出来的。许多外语里也有用心来想事情的说法。汉语里还有说用肚子想事情的。例如上面的“心知肚明”，还有“花花肠子、肚子里有学问”。外国也有这类说法。2000年11月7日《光明日报》上有个报道《科学家研究人类的第二大脑》，说是越来越多的科学家认为，人类除了大脑之外还有“第二大脑”，那就是肚子。报道说：

据11号德国《地球》杂志报道一些科学家认为，人类的许多感觉和知觉都是从肚子里传出来的，肚子里有一个非常复杂的神经网络。这一“第二大脑”，也被称为“腹部大脑”，它拥有大约1000亿个神经细胞，比骨髓里的细胞还多。有科学家认为，通过观察人的肚子能够了解人的思想，也就是说“人的决定是从肚子里作出的”。

报道说，人体的神经传递物质——血清基95%都是产生于腹部的“第二大脑”。这套神经系统能下意识地储存身体对所有心理过程的反应，而且每当需要时就能将这些信息调出并向大脑传递，这也许会影响到一个人的理性决定。这也正应了在德国流行的一句俏皮话：“在肚子里选择最佳方案和作出最佳决定。”

这里需要注意两点。一是“传递物质”，这个管思考的系统，可能还是流动状的，至少功能是流动状的。二是文末说这也许会影响到一个人的理性决定，可能指我们人至少另外有一个做出决定的系统，而肚子这个想事情的系统也许会影响那个系统。

你是老师吧

河南师范大学　潘彦彩

2010 年 11 月,从北京乘火车回来的路上,我和邻座的几个人闲聊,当然主要是他们在说,我在听,我偶尔也会插上一句或几句,跟我不熟悉的或初次见面的人接触,我一贯是这种表现。就这样走着说着,说说停停,停停说说。后来,其中一位突然转向我:“你是老师吧?”当时我有一点儿惊讶,但表情没变,随即没有否定地追问:“像吗?你怎么知道的?”心说我也没说漏嘴呀!那人说了一些他的判断依据,具体我也记不清了,但有一句我至今还记得,“你说话像老师的样子”。老师应该是什么样子,不应该是什么样子,我想大多数人都能说出个自己的一二三来。

其实,我不是头一回碰到这样的问话“你是老师吧”,以前已经有很多次了。拿比较近的记得比较清的来说吧。2010 年暑假,我让爱人陪我到商场买空调被和凉枕,爱人不喜欢多说话,所以主要是我向女店主咨询物品的不同材质不同花样不同价格,没多大一会儿,女店主突然很认真地说:“你是老师吧?”她用不容否定的笑眼等我肯定的回答。“哦?

你能看出来?"她说她见的人多了,只要听对方说会儿话,这个人是干啥的就能猜个八九不离十。我很佩服她的火眼金睛。我在河南师范大学读研究生的时候,一天晚上我到校内一间小裁缝屋裁裤腿,当时有几个女生也要修衣服。这里的裁缝阿姨很和气,我们便你一言我一语地跟她闲聊,一来不会耽误她干活,二来我们也不至于在那儿干等。说着说着,一女生看着我说:"你是老师吧?"我不禁笑了笑说:"过去是,可现在不是了,我也是咱学校的学生啊。""怪不得听你说话不一样呢!"女生很满意自己的判断。

这些经历让我不由得想起儿时的趣事,那时候觉得当老师挺神气的,一个人管那么多学生,谁都得听老师的,所以我小时候唯一的理想——严格来说还不能称为理想,只是有那么个意识罢了——就是长大了当老师。

为了能过一把当老师的瘾,我私下召集小伙伴们来做类似于过家家的游戏,就是轮流当老师当学生。为了更像当时我们的某某、某某老师,我们还准备了好多道具呢,学她上课写粉笔字的姿态,学她拿某某同学的作文当范文来念的微笑;学他发脾气教训不听话孩子的腔调,学他背着手弯着腰锁着眉左看看右看看巡视考场的严肃劲儿。我们把教我们的老师学了个遍,就连我们的校长也未能幸免呢,成为某些调皮孩子每次必选的模仿对象。一次,两次,三次……我和小伙伴们乐此不疲,美滋滋地体验着当老师的感觉,我的那个理想也快乐地一天天长大,愈发变得清晰起来。

为了让我的小理想变为现实,在接下去的几年学习生活中,我严格要求自己。我知道，当老师得有一定的语言素养才行。我从自己做学生的经验得出这么一个结论：如果一个老师语言表达乏力，词不达意，总是交际不到位，说不到点子上，学生听到的语音信息多是多了，可最后还是一头雾水，似懂非懂，那他就算有满肚子的墨水对教学也是白搭，结果往往是学生急，他比学生更急。所以，我在学好各门学科的前提下，特别注意培养我的语言表达力。大量阅读，储备各种知识，积极参加作文竞赛、朗诵比赛、即兴演讲，无论结果好坏，只要经历了锻炼了我也就心满意足了。就这样，直到成为一名真正的老师，第一次站在讲台上的新鲜感让我充满激情，充满期待，初为人师的喜悦让我感到非常自豪，终于当上老师啦！但这并没有冲昏我的头脑，我继续追求着我的梦想，我用我的语言教育着我的学生，影响着我的学生，帮助他们成人成才，因为我既然当老师了就要有当老师的样子，发挥当老师的作用。

语言是人类活动的一种工具，就像针线车船一样。不仅如此，它还是人类最重要的交际工具。我们在使用语言进行交际活动的时候，语言也在默默记录着我们的一些信息，所以，听人说话基本上可以知道这个人的品性、教养、个性特点，甚至社会身份、职业。于根元先生主编的《应用语言学概论》(商务印书馆，2003 年)272 页说到几件事情：据说有人给苏格拉底引来一个人，要苏格拉底说说对这个人的看法，苏格拉底要求这个人说话。英国广播电台举行过一次试验，让九种职业的人在殿堂里说话，请 4000 人判断这些人的职业、年龄，演员、律师、传教士这些职业被多数人猜中。法国作家巴尔扎克的长篇小说《鳞皮》写银行家举行盛大宴会，小说不写参加人的模样，只写他们混乱的喧嚷，高尔基很佩服巴尔扎克让读者从人的说话就能知道这是些什么样的人。还有，《鲁迅研究》第1985卷(中国人民大学书报资料社,1983年)说鲁迅谈到写作技巧时,除了他有名的“画眼睛”的主张以外,还十分注意写对话,他为此举例作证:上海的弄堂住户,能听到从板壁传来的邻居谈话,久之就能知道邻居是些什么样的人。

语言是一个人的第二形象,这第二形象跟第一形象相比,更为内在更为真实。所以,每一次听到“你是老师吧”这样的问话,我内心全是甜蜜、得意、继续加油,丝毫没有被戳穿被看透的不舒服的感觉,因为这说明我的第二形象保持得很好,最起码没有扭曲变形。

我喜欢这种被戳穿被看透的感觉,我希望以后听到更多的“你是老师吧”。

“水瓶”还是“花瓶”？

中国政法大学人文学院/法律语言研究中心　邹玉华

众所周知，司法判案要依据客观事实，不能凭空想象和推测。正所谓“以事实为根据、以法律为准绳”。而事实只有当事人最清楚，犯罪嫌疑人为了逃避罪责，总是企图掩盖真相，审判的目的就是要揭开事实真相，拨开事实的迷雾。

大家可能没有想到，语言经常是拨开事实迷雾的导火线。因为事实表征为命题，证据也表征为命题，而命题又表现为语言中的句子。也就是说事实是用语言来表述的，事实具有可陈述性。人类是用概念来进行思维的，概念是人类思维的语言工具。下意识的语言流露经常在不经意间泄露天机。记得曾经看过一部名叫《水晶眼》的单元电视连续剧，其中有一个单元叫《瑕疵》，说的是一个舞蹈学校的女教师被杀，而嫌犯的辩护律师因为一个词语的“疏忽”而泄露了自己是杀人凶手之玄机的故事。新世纪舞蹈学校的女教师——27 岁的冯羽粟从国外留学归来，打算以时尚街舞、行为艺术替代传统舞蹈，发展自己的舞蹈事业，但却遭到保守派的挤压。她没有因此而放弃，半年后，当冯羽粟正准备举办街舞、行为艺术演出时，遇到做见习刑警的中学同学张迪，她希望他能在自己的演出中担任一个角色。张迪从中学时代就暗恋着冯羽粟，当他听到冯羽粟需要自己帮忙时，立刻应允。生平第一次登台的张迪在演出当天，力邀重案组组长刑警雷鸣和警官麦欧、龙玲到剧场观看演出。冯羽粟的气质令刑警们如沐春风，但是，出乎意料的是，一起命案竟在身边发生——来观看表演的舞蹈学院校长邱远锋死在了观众席上。雷鸣根据种种情况，将怀疑对象锁定在冯羽粟身上。

原来，邱远锋对冯羽粟有一种特殊的喜爱，在她毕业留校及出国留学等方面都给予了特殊的照顾，但令邱远锋没有想到的是，冯羽粟回国后在艺术上背叛了他，并且更让他不能释怀的是，面对他的“厚爱”冯羽粟迟迟不肯委身于他。演出前邱远锋曾多次威胁冯羽粟，如果再顽固下去，他将让她身败名裂。这使冯羽粟产生除掉他的念头，于是，冯羽粟在秘密情人的授意下制造了一起“十分完美”的谋杀案。经过几个回合的较量，雷鸣等终于抓到了冯羽粟的把柄，揭开了案件发生的事实真相。面对道破案情的雷鸣，冯羽粟不由得说，我真服了你！

冯羽粟希望雷鸣等人给自己一个自首的机会！雷鸣在张迪百般求情之下终于点头。冯羽粟在警方监控下回到家中收拾衣物。而又一次大大出于意料的是，此间她被杀于房间。

她的同学及爱慕者张迪成为嫌犯。当地小有名气的律师费宏为其辩护。之所以请费宏为其辩护，还有一段故事：年仅 29 岁的费宏是达光律师事务所律师，其外表俊朗而少年成名，妻子是某市领导的千金。张迪和费宏是中学时代校体育队同学。雷鸣等人曾抓获一个犯罪嫌疑人，但因其请了一个高明的律师,差点被误判无罪释放,当时幸亏费宏出面,反驳了对方的重要证人,最终才使罪犯伏法。当时面对巧舌如簧的辩护律师费宏,张迪开玩笑地说:万一哪天我出事了,一定请你来帮我辩护。没想到,此话被言中。

开庭那天,在审判长的主持下,控辩双方开始了对证人的询问。费律师的辩护词引起了雷鸣的注意。下面让我们看看费宏的法庭辩护。

首先是公诉人对证人进行询问。

公诉人:……凶器是一个玻璃制水瓶。

答:对。

公诉人:它有多大?

答:从残留的把手来看,它至少有这么大(证人比画一下)。

公诉人:也就是说高有 27 公分,直径有 10 公分左右。既然是玻璃做的,它装水应该是很重的,是吗?

答:对。从现场残留的痕迹来看,水瓶里的确有很多的水。

公诉人:那么用它使劲砸向头部,其结果不用我说,我想大家也能够料到。

答:死者当场死亡。

……

然后,审判长请辩护人进行询问。

费宏:对不起,我想再次询问凶器的情况?它到底有多大?

答:大概有这么大吧(证人比画一下)。

费宏:真的是很沉,况且是用玻璃做的,里面还盛了水。

答:对。

费宏:那么它到底有多重?

答:大概五公斤吧。

……

费宏:这种凶器应该不会随身携带对不对?

答:当然。

费宏:那么案发前它有可能是不在现场的。对吧?

答:有这可能。

费宏:既然这样,它有可能是后来被拿过去的。

答:这不是可能不可能的问题。

费宏:但问题是,你只要回答我的问题就可以了。

答:(证人点头)

费宏:据我所知,死者生前曾经留学美国。她是不是有做西餐的习惯。

答:我想也是。厨房里很多用具全是做西餐用的。包括那水瓶,只是很干净。想来死者生前很少做饭。

费宏:她是否经常做饭和本案无关。据我所知,西餐用刀比中餐用刀更讲究。她应该有一套不同型号、不同功能的刀吧?

答:是。

……

费宏:即便知道对方怀孕了,又怎么能用花瓶击打对方的头部?

何况死者比被告大了几岁。

费宏:在案发现场发现有死者的箱子,可以确定死者有逃跑的行动。我相信身为警务人员的被告,可能会阻拦。即便如控方所说,被告准备帮助死者逃跑,在发现她怀孕的情况下,精神备受打击,准备杀人。如果他提前想杀人的话,他应该有很多更快更锋利的刀可以用。

答:可是……

费宏:请问,按照你的经验如果杀人是用花瓶打她的脑袋和用刀刺她的心脏,哪种更准确、更有效一些?

答:用刀。

……

费宏的辩护技巧的确高明,费律师想用"过失杀人"为张迪辩护以达到减刑的目的。所谓"过失杀人"的辩护理由是:因张迪暗恋着冯羽粟,当他发现冯羽粟怀孕后情绪有些失控时,他并不想杀死她,因为他没有选择更为锋利的凶器——刀去刺她的心脏,而是用"花瓶"去砸她的脑袋。不知大家是否注意到,引起雷鸣注意的是一个"词语"的变化。在辩护中,杀害冯羽粟的凶器——"水瓶",在律师费宏嘴里却变成了——"花瓶"。"花瓶"? 公诉人和证人都说的是"水瓶",而在费律师那里却变成了"花瓶",对于以细节见长的费律师而言,可以肯定的是:这绝非一个简单的"口下误"! 这意味着什么?"花瓶"背后隐藏着怎样的玄机?

于是雷鸣围绕着“花瓶”展开了一系列的调查、取证和推理。称“水瓶”为“花瓶”的人一定是见到了瓶中插着花，他才会认为它是“花瓶”。难道费律师见到过“水瓶里曾经插着花”？之前重案组已经调查出，费律师是冯羽粟的同学，而据调查使她怀孕也是她的一个男同学，难道他就是那个使冯羽粟怀孕的秘密情人？……他到过现场？……他是杀人凶手?!……

再一次开庭时，雷鸣作为张迪的品行证人出庭作证。出人意料的是他当庭指证费律师是杀人凶手。他说：“张迪不是本案的凶手!”“我知道杀人凶手是谁?”“凶手就是张迪的辩护人费律师!”“是你杀了冯羽粟。”——“你这是诬告。”“我要告你诽谤破坏我的名誉。”“既然你这么肯定，请你拿出证据来。”面对费律师的质疑，雷鸣需要提供证据。

此处的证据竟然是一个词语！这是个较为特殊的证据。“词语证据”似乎不那么“确凿”。提出证据前，雷鸣请各位参看一下手里之前的全部开庭记录。

雷鸣：审判长，为了更形象地说明证据，我需要借助这个东西（指了指拿在手里的水瓶），可以吗？

审判长：可以。

雷鸣：凶器被砸碎了，我的同事找到了制造厂商，大家看这是什么（举了举手中的水瓶）？偏偏有一个人说是花瓶。检方的报告书上从来没有出现过“花瓶”这两个字。跟这个案子有关的人员，都说是“水瓶”，只有你除外。费律师为什么一口咬定凶器一定是“花瓶"呢？案发前张迪为了讨好死者，要了一个别人不要的百合花，对吗？……死者遇害前，刚刚回国不到半年，为了事业她押上了全部家当，对她租来的住房，不是很在意，这一点可以从她家里的摆设……就可以得到证明。在她的家里缺乏普通女人那种温情和诗情画意。别人送的鲜花都能放成干花。死者家里没专门放花的花瓶。那天晚上，她随手从厨房里拿了一个水瓶来摆放张迪送的充满感情的百合花。水瓶变成花瓶只有在插着百合花的这段时间。它在成为凶器之前，只有在这段时间，看到它的人才会认为它是一个花瓶。在他砸死冯羽粟之前，误认为它是花瓶。要不是检方说出送花的事情，他也许永远不会说。在张迪还没有说出之前，你已经知道瓶里插着花。

雷鸣：请审判长和各位陪审员看一下你们手里的开庭记录。如果我没有记错的话，费律师当时就是这么说的。

面对铁证如山的证据——开庭记录，费律师只有俯首认罪。这时雷鸣说道："开庭记录本来是记录证言，没想到竟然成为你的把柄。"面对如此特别的证据，审判长感慨道："我当了这么多年的审判长，今天这种事还是头一次碰到。"

证据是一个词语。一个词语背后隐藏着一个不为人知的事实。"花瓶"背后的事实真相是这样的：

费宏是冯羽粟的情人，他既是使她怀孕的人又是她杀死校长的合谋者。回到家中的冯羽粟不甘心放弃自己的事业，冒险叫来秘密情人，她以说出真相相逼，要挟费宏马上想办法让自己离开中国，否则就说出他与自己的关系，使他功败垂成。费宏一时间没了主意，恰在这时候张迪以私人的名义来看冯羽粟。他立刻想到了一个办法，即杀死冯羽粟，使张迪成为凶手……费宏情急之下拿起茶几上的“花瓶”砸向了冯羽粟……费律师的计划成功了，出现在凶案现场的张迪被铁一般的证据关进了拘留所。

但是有个细节费律师不知道：就在那天晚上，张迪为了表达爱意，曾经在电梯里向别人要了两支百合花——电梯里有个女孩在打电话，很生气，就要把手中的花给扔了，张迪见势向她要了过来。死者冯羽粟把张迪送她的鲜花，临时插到了水瓶里。冯羽粟当时虽然受到警方的监视，但还是以让张迪买东西吃为由把张迪支开，叫来秘密情人！这个时候她唯一能指望上的就是她的情人，那个使她怀孕的人。

在费宏的意识中，他是用“花瓶”做凶器的，他也就这样嫁祸于张迪。费宏的辩护词中泄露了他杀人后陷害张迪的事实。

因此，此案的“事实的真相”是由词语来泄露或揭示的，正所谓语言拨开了事实的迷雾。这也是本案的重要证据。经过缜密的计划，语言也可以伪装，但是语言与思维相连，下意识的流露经常在不经意间泄露天机。

语言证据的语义分析

——以一则短信为例

中国政法大学人文学院/法律语言研究中心　邹玉华

语言是犯罪的手段之一。与人类语言犯罪有关的罪名存在已久,如诬告罪、诽谤罪等。现代社会,语言更是成为犯罪的一种手段或工具。修正后的《妇女权益保障法》对"性骚扰"立法,其中就把"语言"定为"性骚扰"的手段之一。在司法活动中,跟人类语言相关的证据具有不同于其他证据的独特性,需要对它进行专门研究。本文把和人类语言有关的证据统称为语言证据。所谓语言证据就是指以人类语言为内容和表现形式的证据,如当事人陈述,证人证言等言辞证据以及遗嘱、诽谤信等书面材料,绑架分子的录音电话、短信、电子邮件等等。但在目前的司法活动中,语言证据的语义理解分歧已经成为目前司法纠纷的一个重要原因。人民法院在审判刑事案件中,接触最多、歧义最大、判断难度最高的证据是言辞证据。语言证据中的实物证据的语义理解也成为司法活动中面临的一个重要难题。有媒体报道:开发商打出"购房可入读省重点小学"的卖楼承诺,入住业主任小姐却发现,如果没有广州户口,即使买了房,孩子还不能入读公办学校。任小姐一纸诉状将开发商告上法庭。“可入读”该如何理解?

修正后的《妇女权益保障法》对“性骚扰”立法。《陕西省实施〈中华人民共和国妇女权益保障法〉办法》对“性骚扰”的解释是:“性骚扰是指违背妇女意愿,以含有淫秽色情内容或者性要求的语言、文字、图像、电子信息、肢体行为等方式骚扰女性的行为。”其中对构成“性骚扰”的具体形式做出界定,语言是其中之一。但是,如何认定与语言文字相关的性骚扰?

另有这样一个案例:某男导演诉讼某女演员名誉侵权。其证据是某女的博客中有以下言辞:(1)某男多次让她陪酒取悦他人;(2)某男给她发肉麻短信;等等。作为反证,某女向法院提供了两人互发手机短信,如下(A为某女,B为某男):

A:最近你好忙吧?

B:是忙啊,但不妨碍想你啊!

A:哈哈那哪天等你有空出来聚吧。

B:不想出去,想你进来!

A:太深奥了!本人愚钝不懂啊!

B:哈哈,那就不懂吧。

A:你那戏还是×日开吗?

B:当然,这又不是儿戏!

A:噢那很好噢!我有希望和你合作吗?

B:你不进来如何合作?

A:我比较愚钝,“进来”是什么概念,你不妨跟我阐述一下。

B:想一想,很简单啊!

A:好难想啊!你直接的告我吧?好不好?

B:就是来我的“想”里让我的“想”落实到实处!

A:哦!啊!

B:我现在去××地方你×叔那里,哈哈!

A:啊是吗?哈哈真的啊!是一块吃饭吗?

B:先谈点事,然后共进晚餐。

A:噢!是吗?哈哈哈!替我向×总问好噢。

……

在此案的庭审过程中,某男的律师认为短信与“性交易”无关:他说的“想”纯属调侃;至于“进来”,是希望某女带着资金进到剧组来合作,某女对短信内容进行了曲解。而某女的律师反驳说:某女从未向某男说过自己的经济状况,某男不可能期望某女带资金进剧组,“想”就是想发生性交易;而“进来”就是进到某男的家。一审判决认为:虽然从一般社会公众认知的角度评判,有原告部分用词较为亲昵,以及语句晦涩、可能使人产生歧义的情形,但尚不足以认定原告向被告发出了性暗示。某女不服判决,提起上诉。短信是否具有“性暗示”?双方各执己见。法官如何判决?法官不是语言学家,法官应请语言学专业人士进行语义分析。

语言学是一门科学,语言表达和理解都要遵循一定的规则,言内义和言外义都可以根据一定的规则来推导。

我们可以用会话含意理论和言语行为理论对短信进行多角度的语义分析。美国语言哲学家格赖斯的会话含意理论认为:言语交际要遵循合作原则。合作原则包括四个范畴。(1)量的准则:一是所说的话应包含交谈目的所需要的信息;二是所说的话不应包含超出需要的信息。(2)质的准则:努力使说的话是真实的。一是不要说自知是虚假的话;二是不要说缺乏足够证据的话。(3)关系准则:"讲与谈话目的有关的话"和"前后话语要关联"。(4)方式准则:一是避免晦涩;二是避免歧义;三是要简练,避免啰嗦;四是要井井有条。说话人对合作原则的违背意味着说话人有意让听话人越过话语的表面意义去推导真正用意。

某男在给某女的短信中三次违背合作原则。当某男说:"不想出去,想你进来!"某女因不能确定"进来"的意思,希望某男给一个明示,而某男的回答却是:"哈哈,那就不懂吧。"这里某男第一次违背了"量的准则",没有给某女提供所需要的信息。如果是"带着资金进到剧组来合作"的话,某男应该遵守合作原则,给某女一个明确的答案,某男违背"量的准则",正说明他不愿意说或不好直说,更验证了"进来"的意思不是"带着资金进到剧组来合作"。当某男说只有你"进来"才能合作时,某女再一次追问"进来"的意思。这时某男再一次违背了合作原则,不过这次是"方式准则"。"方式准则"要求交际双方说话要清楚明白,避免晦涩、歧义。而某男却答道:"想一想,很简单啊!"采用启发式,让某女自己去猜想。当某女说:"好难想啊!你直接的告我吧?"这时某男才不得不说:“就是来我的‘想’里让我的‘想’落实到实处!”某男对“方式准则”的违背,采用所谓诗一般的语言去回答,说明某男的确是有个人企图的。这次某男的回答不仅解释了“进来”的真正含义——“就是来我的‘想’里让我的‘想’落实到实处”,也对“想”的意思做了回答。能够通过“进来”落实到实处的“想”,也就不是一般的“想念”了,而能够“把‘想’落到实处”的“进来”,自然也就不言而喻了。最后当某女按照某男的引导推导出某男话语的真正含意(“性交易”)后,某女惊讶地说:“哦!啊!”而这时的某男并没有“纠正”某女的意思,而是转移话题。某男又一次违背了“量的准则”,对某女的性交易理解没有给予语言反馈,说明某男默认、同意这种理解。可见某女的理解是正确的。

我们还可以运用美国哲学家约翰·兰索·奥斯汀(John Langshaw Austin)的言语行为理论对短信进行意图或动机分析。奥斯汀的“言语行为”理论认为,人类交际的基本单位不是句子或其他表达手段,而是完成一定的表达行为,例如:“陈述”“请求”“提问”“命令”“感谢”“道歉”“祝贺”等。

用言语行为理论来分析,从某女的角度来看是实施一种“寒暄”(某女:最近你好忙吧?)和“邀请”(某女:哈哈那哪天等你有空出来聚吧),目的是和某男保持联系,希望在某男的电视剧中饰演角色;而从某男的角度来看,则是实施一种“要求”(某男:不想出去,想你进来!),希望某女到他家里来。“想你进来!”的“想”虽为意愿动词,但带有强烈的“使令”意义,是“想让你进来”的意思,句末的“!”使某男的这一要求带有明显的“命令性”或“指令性”。某男的意图是要进行一次“性交易”,当某女问到是否有希望和他合作时，某男的回答是："你不进来如何合作?"因此"进来"是"合作"的先决条件。目的某男说得很清楚，就是把他的"想"落到实处，进行"性交易"。某男的意图是进行"性交易"，某男的短信当然是有"性暗示"的。

有学者因为短信是个互动文本而否定短信有性暗示。笔者认为"互动"并不能说明没有性暗示。二者"动"的意图不同，某女的"动"是希望饰演角色，某男的"动"是进行性交易。还有人因短信中某女"主动"而否认有性暗示，甚至认为某女的发问是不怀好意的。某女的主动是由她的地位决定的，和她想饰演角色的意图有关，某女的主动并不能说明她有"性暗示引导"意图；某女的发问同样和她的意图有关，她想饰演角色，而导演说："你不进来如何合作?"她当然要问"进来"的意思。某女的发问，并不代表她鼓励或接受性暗示。

除了进行理论分析外，我们还可以做社会调查。把此案短信的"性暗示"程度定为"有""可能有""不能判断""可能没有""没有"五个等级，看看社会大众对此短信的理解。

司法公正是司法活动的最高目标和价值追求。面对由于语言内容而引起的纠纷，法官要做出明智的裁判，必然要求助于语言学者的语义分析，从这个意义上来讲，语义分析也是实现司法公正的重要保证。

在国外司法界，语言对法律的帮助是巨大的。法律语言学家最经常做的是语言证据的理解方面的研究，包括会话分析、与语言证据有关的语言和文化问题分析等等。他们的分析结果能够使法庭上的办案人员，比如说法官或者陪审团人员，更准确地理解罪证，该定罪的就定，不该定的也不能乱定。法律语言学就是从这个角度为法律的公正做出贡献。

中国的法律语言学者渴望能为中国的司法审判提供帮助，在解决语言证据的解读、语义纠纷等方面有所作为，为促进我国法治体系建设、推进司法昌明做出自己的贡献。

甄别方言巧破案

渤海大学　孙浩峰

2006年，一部低成本、小制作的《疯狂的石头》在全国掀起了一阵"方言热"，在此之后众多方言影视剧作品如雨后春笋一般出现在荧屏之上。实际上早在几年前，赵本山那带有东北方言特色的小品就已经成为春节联欢晚会的压轴大戏。其实，方言不仅能够给我们带来许多欢乐，有时候它也会在警方破案追凶中大显身手。

"板板费(钱)"，重庆方言，是指出租车份钱，也就是出租车车辆承包费。就是这看似很平常的三个字，却成为了上海警方破获震惊全国的"9·8金店持械抢劫案"的关键线索。事情来龙去脉，还得从案件的经过说起。2010年9月8日晚8时许，位于上海市闵行区莲花南路的易买得超市内已见不到多少顾客，金饰专柜的女营业员背靠柜台，无聊地打发时间。就在这时，三名头戴帽子、蒙黑色面罩、身穿迷彩服的男子从超市外面冲了进来，并直奔金饰专柜。为首的劫匪冲至柜台后，用铁榔头敲碎柜台玻璃，一人随后开始抢夺手镯、项链等黄金首饰。当专柜女营业员试图靠近时，其中一人持枪将其逼退。与此同时，劫匪还向围观的群众投掷了自制的烟幕弹，以防有人靠近。得手后，三名劫匪迅速从超市后门离开。后经超市内的监控录像证实，整个抢劫过程大约持续了三分钟。

上海市公安局迅速调集精干警力组成了联合专案组负责侦破此案。在对超市内的监控录像调取并认真观看后，侦查员确认了劫匪是在逃出超市，穿过一片小树林后骑自行车逃离案发现场的。在对案发现场的仔细勘察过程中，侦查人员在被劫匪砸破的玻璃上发现了歹徒留下的血迹，并从小树林中起获了歹徒丢弃的黑色面罩一个、仿真手枪一把。经过对该面罩上提取到的微量物证的比对分析，警方最终将该案件同2009年7月25日发生在贵州省遵义市习水县的一起出租车抢劫案（当时未破）联系到了一起。侦查员随即与当年遭劫的女司机取得了联系，并由此找到本案突破口，一举成功破案。

原来，这名女司机回忆，当年劫案发生时，其中的一名犯罪嫌疑人曾问过她："每个月的'板板费'是多少？""板板费"正是重庆綦江地区的一句方言，而綦江和习水又是相邻的，这就为侦查工作进一步明确了方向。根据这条线索，侦查人员很快锁定了三个犯罪嫌疑人中的綦江人张某。在将张某抓获归案后，侦查员又根据他提供的线索，于9月14日在重庆渝中区抓获了另外一名犯罪嫌疑人王某，并缴获部分被劫金饰品。15日上午，最后一名犯罪嫌疑人张某某在贵州省遵义市落网。至此，震惊全国的上海"9·8金店持械抢劫案"成功告破。

无独有偶，国外也有通过辨别犯罪嫌疑人的口音，破获银行抢劫案的例子。2010年过年的时候，家里的一位姐姐从澳大利亚珀斯回国过年，我们在家里一起看一部警匪片，电视里有这样一幕：警察通过识破嫌犯的方言最终将其绳之以法。看完之后，姐姐给我讲起了她看过的一篇类似的报道。几年前在加拿大的迈尔斯城发生过一起银行抢劫案，两名罪犯持手枪从当地的一家银行一共抢走了大约150多万加元，案发后警方立刻展开了调查。在案发现场，除了银行的监控录像里面留下的罪犯猖狂抢劫的画面外，几乎再没有什么证据可供警方破案用。于是当地警方就对银行周边地区展开了地毯式的调查取证，在银行附近的一家咖啡厅，警方获得一个重要的线索。据该咖啡厅的一位女侍者回忆，劫案发生当天早晨，两名外地口音的男子曾来过咖啡厅，他们坐在咖啡厅的一个角落里窃窃私语，当她靠近时，他们就立刻中止了谈话。给她留下最深刻印象的是这两个男子口音很重，似乎不是本国人，他们在说“today”这个单词时，发音类似于“tudai”。获得该线索后，当地警方立刻请来语言学家，对这条线索进行了分析比对，最后确认这两名罪犯的确不是加拿大人，而是澳大利亚人。原来，在澳大利亚西部地区，当地方言中，“today”的发音就正是“tudai”。于是加拿大警方远赴澳大利亚，在澳大利亚警方的帮助下，在珀斯市将两名嫌疑人抓获归案。讲完故事后，姐姐还笑称，其实想学一口地道的澳大利亚英语很简单，因为澳大利亚畜牧业发达，所以就滋生了大量蚊虫，当地人为了保证说话时虫子不会飞到嘴巴里面去，他们就尽量做到不张嘴说话，就这样独特的澳大利亚口音就形成了，如果不信，你也可以试试，看看“today”是不是变成“tudai”了？

“四个二带两王”是咋回事呢？

渤海大学　夏中华

2008年的时候我作为主编，出版了《中国当代流行语全览》，里面收录了3000多条当代流行语，涉及各个年代和各个群体。做这个项目的时候我发现，进入20世纪后，流行语大规模增长，并且更新频率加快。而且在搜集语料的时候，发现有很多流行语属于群体语言，通俗点说就是在一个群体里流行，然后扩散到另一个群体；或者一个群体里流行，在另一个群体里不流行/不那么流行。比如，我们收录的词条“CBD”(central business district)，中央商务区的意思。在经济领域的应用很普遍，但是相比较来说，在除此以外的语言应用领域中，还是没有那么流行。

现在人的个性意识越来越强，但是群体意识也很浓厚，比如说标签化，什么都会贴上标签，然后利用标签标明自己所属的群体，没有群体就会引起意识恐慌。就说上网吧，现在QQ上有聊天群，人人网上有班级，注册个微博还要有标签，标明爱好、工作地点、工作类别，用来寻找共同的圈子，脱离“组织”那是不可能的。生活中的语言也是分群体的，体现出来的语言差异实际上就是各个群体生存状态的差异。

我有个学生在某高校校长办公室工作，常年接触党政方面的文字材料，行文风格很政府化。毕业多年后回校考研究生，学习也很努力，到了写毕业论文的时候，出现困难了。选题没问题，开题报告没问题。论文出来了，有问题。他的行文风格在多年的办公室文字工作中已经固定下来了，用他某个师弟的话说，论文“带着一股政府工作报告的味儿”，不像专业的学术论文。这让人非常头痛，他自己也很着急上火，但这个又不像体力活，你干得不好，我能帮你干，他这个论文只能靠自己慢慢磨。最后实在没办法，师兄们一齐上阵帮着修正了好几遍才算过关。

每年的春晚我都看，里面的语言类节目，尤其是小品台词亮点很多。2011年的小品语言还有个新特色，就是在台词里面反复使用2010年的网络流行语，比如黄宏主演的小品《“聪明的”丈夫》中，网络热词频出：“离婚不算丢人，精神不会沉沦，一切即将过去，神马都是浮云！”“哥呀，你这不是蠢呀，是脑残呀！”就连主持人朱军，在海清和黄海波的小品《美好时代》之后，还要问大家一句：“刚才的小品给力吗？”

春晚的小品基本上每年都会造就一批流行语，2011年也不例外。而赵本山的小品，可以说是春晚流行语的“重要产区”，因为他的小品受关注度极高，是每年春晚的压轴大戏。据说每年过年的时候，因为集中燃放了大量的烟花爆竹，事故频出，消防队的官兵们都忙得不可开交。但是赵本山演的小品，却是他们每年能够完整看完的唯一的春晚节目。因为赵本山一出来，放鞭炮的就都暂时不出来了，都在家看小品呢，事故就会降到基本没有，报警电话就会安静一个小品那么长时间，这也给了消防官兵难得的轻松机会。

2011 年赵本山的小品叫做《同桌的你》,台词里面也出现了很多流行语,比如“此处省略多少多少字”什么的,里面有一个词多次提起,“斗地主”。他一出场就说自己是去斗地主回来的,里面的台词也有好几句跟它相关:“你咋这么笨捏,斗地主的斗都不会写”,“再弄一圈,把我炸上了”,“情窦初开的窦,哪是斗地主的斗啊,那是土豆的豆”,等等。这里面有一句在年后出现频率颇高,就是小沈阳在小品里面说:“我爹不会用炸,有一回斗地主,四个二把两王带出去了。”就是这个“四个二把两王带出去了”,观众的状态是“此处有掌声”,可是说实话,当时我没理解,心中充满疑惑:“‘四个二带两王’是咋回事呢?笑点在哪呢?”后来跟学生聊天的时候谈起,学生哈哈大笑,说:“老师,你平时不玩游戏可能不知道。‘四个二带两王’就是斗地主里的说法。四个二和两王在斗地主中都是炸弹,双王炸最大,其次就是四个二炸。这是说他打牌不知道啥是炸弹,把最大的俩炸弹那样出给浪费了。根本没有这么玩的。现在玩斗地主的人特别多,不是有句口号叫做‘全民斗地主’吗?他这么一说玩游戏的人都明白。”看看,经常玩一种游戏也会形成一伙特殊的群体,形成自己圈内的“行话”。

语言也可以让交流双方用来互相认同,看到底是不是一个群体里的。现在“圈子”无处不在,我们不是“套子里的人”,而一定会是“圈子里的人”,每个人都会有意无意地脚踩好几只“圈”,不是圈里,就在圈外。互相之间的语言交流自觉不自觉地都在“画圈”,有点类似于对暗号,如果对得上,那就是同志:“四个二带两王”,你明白吗?

我的个性比较随和,学生们在我面前都很放得开,很自在,说话也不一本正经的,平时怎么说,在我面前还怎么说。我和学生聊天,或者听他们聊天,有的时候就会觉得很好玩,自己也多了解了很多原本属于他们那个“圈子”里的事儿。

现在网络无处不在,即使不能用电脑上网,用手机上网也很方便,很多网站也都开辟了手机 wap 版。而他们这个年纪的人更是离不开网络,有的在网上的时间比睡觉的时间都长。有的人经常会上一些固定的网站,比如说糗事百科、天涯论坛等等。他们之间交流起来,也会因为这种习惯而形成“行话”。那天给研究生上课,课间的时候,有个学生跟另一个学生说:“唉,昨天我自行车丢了,今天钥匙找不着了,最近 RP 掉得很厉害,哪天得发个帖了。”我在旁边听的是一头雾水:“RP”是什么,跟发帖又有什么关系?后来他们告诉我,这是糗事百科网站的一个传统,据说只看帖不发帖会倒霉,RP 就是人品首字母的缩写,含义大概等同于运气吧。再说天涯,天涯论坛的口号是“全民话题,天涯制造”,很多学生都是天涯的忠实粉丝,听他们说得有趣,有时间的话我也会想着瞄几眼:确实很有意思,里面说什么的都有,从七十码事件、食品安全到日本和云南的大地震,从“晒”工资、“晒”在各地“败”到的东西到各种八卦信息,热点话题无所不包。记得前一阵子,有两个学生聊天,一个说:“你看没看小月月?”另一个很困惑:“小月月是谁?”我忍不住说:“就是那个很极品的女孩。”话音刚落,两个人一齐转头看我,他们的表情只能用一句话来形容,那真是“目瞪口呆,惊诧极了”。

《空城计》到底唱的哪一出

渤海大学　夏中华

记得以前看过一本书，叫做《世界哲理小说选》，其中有一个故事至今记忆犹新。有一个老头觉得生活无聊，于是突发奇想，把生活中所有日常用品的名字都改了，改成与大家不一样的叫法。比如，“桌子”他叫“地毯”，“报纸”他叫“毛巾”，“床”他叫“鞋子”……这么一来，他很骄傲，因为他相当伟大地创造了一套专属于他自己的词汇系统，而在正常人听来，他的表述却混乱至极，无法理解。比如，他会这样对别人说：“早晨，我从鞋子里爬起来，穿好牙刷以后随手拿起毛巾看起来。地毯上有隔夜的帽子，我吃了几口后关上椅子出发了。”于是，周围的人都惊呼：“天哪！这老头疯了！”可是旁人惊诧的态度让老头对自己的“新发明”很得意，我行我素地沉浸在自己的词汇系统中，每天津津乐道地重复别人听起来与天书无异的言辞。

语言本质上是一种符号，被大家使用，所以我们把桌子叫“桌子”，把地毯叫“地毯”，没有为什么。但是冥冥中有一种力量迫使我们在语言符号和实物之间形成这样的联系，也许我们可以说，语言被“潜规则”

了,而且一旦被"潜"就会一直被"潜"。故事里的老人人为地改变了语言符号和事物之间的联系,与规则发生矛盾,也就与大家普遍的认识发生了矛盾,虽然他能自得其乐,但是他设定的规则从根本上来说是为了区分,不是为了交际,最后的结果是越来越无法与人交流,陷入困境。

其实也有人对语言进行人为的"潜规则",让它按照使用者的意愿重新设定规则,指定新的符号与原有事物相联系,既能够表示区分,又能够进行交流。只不过这种规则不是仅为一人掌握,而是在一个小范围内使用,传递不为周知的信息。这就是密码。

最近谍战题材比较火爆,电影电视剧里面各种特务在活动。里面离不开的情节就是密码和破解密码。印象最深的就是 2009 年的电影《风声》,里面云集了各种大腕儿,围绕情报的传递展开故事,情节跌宕起伏,可以说是谍战片的力作。

故事发生在抗日战争时期,因一汪伪政府的高官被暗杀,日军头领怀疑伪军情报机关内五名官员——行政收发专员顾晓梦、译电组组长李宁玉、伪军剿匪大队长吴志国、剿匪司令的侍从官白小年以及军机处处长金生火——有一个是内奸"老鬼",而这个"老鬼"极可能与抗日组织有亲密关系。为了找出"老鬼",在一个夜晚五名情报人员被骗到了封闭的裘庄,在里面展开了一场关于生与死的斗智斗勇。

电影里不乏关于密码的描述,其中之一就是唐山乐亭皮影戏《空城计》,在影片中被伪军剿匪大队长吴志国多次唱起,根据唱词及曲调的变化,形成密码,对《空城计》重新解构,传递不同于唱词含义本身的信息，一次帮助同志相认，一次成功传递情报。这也被称作情报传递史上最匪夷所思的传递方式，令人击节。

一唱《空城计》发生在五人被关进裘庄的当晚。译电组组长李宁玉与行政收发专员顾晓梦既是上下级，又情同姐妹，被抓到裘庄后，两人共处一室。她们隔壁房间的吴志国吴大队长，也就是“老枪”，在阳台上唱起了唐山皮影戏《空城计》：“我本是卧龙岗散淡的人，论阴阳如反掌保定乾坤。”吸引了李宁玉走出房间，等到唱到“先帝爷下南阳御驾三请，联东吴灭曹威鼎足三分”的时候，顾晓梦也随着到了阳台，在李宁玉背后意味深长地看了吴志国一眼，开始与他寒暄，两人对话如下。

顾：原来吴大队长也是唐山乐亭人？

吴：咋着？你也是？

顾：小时候常听我三爷爷唱这个来着。

吴：这可真是忒巧了。

顾：司令部忒大，单位多人也多，也没什么机会聊天，没想到在这儿认个老乡。缘分还真奇怪啊，（深深地看了吴一眼）司令部唐山人很多啊，乐亭的不多。

吴：好像就我们两个人。

顾：对。过两天出去了，我请大家喝大酒。

说完之后，三个人各有所思，李宁玉是惦记失踪的男友刘林宗，而顾晓梦和吴志国则已经心照不宣，通过一曲《空城计》确定了对方是自己人，为后文埋下了伏笔。

在相继排除了白小年、李宁玉和金生火的嫌疑之后，裘庄的气氛更加紧张，吴志国和顾晓梦同时陷入困境。为了保护同志、传递情报，在被关入同一间处于监听状态的牢房后，吴志国对顾晓梦坦白自己就是“老枪”，命令她举报。顾晓梦含泪同意后，在他手上写出“你要撑住，我有办法”，心中已经决定牺牲自己保吴出去。心思缜密的李宁玉诈出了顾晓梦的真实身份，顾顺势坦白，恳求她去举报自己就是“老鬼”，用暴露自己的方式解救正在被用刑逼问的吴志国。最终遭受酷刑、已经奄奄一息的吴志国，彻底解除了怀疑，被送进医院抢救。在半昏迷的状态下，他断断续续地又唱出一曲《空城计》，努力地在所有的医护人员当中寻找接应的同志，最终一个小护士在凝神细听后，根据曲调唱词的变化，手指悄悄地模拟发报，破解出其中的重要情报——“情报是假，切勿行动，老枪”，并成功传递出去，挽救了革命同志的生命。

这里面涉及的密码就是摩尔斯密码，其实应该叫做“摩尔斯电码”，这是一种字符编码，用“点”和“横”组合序列表达字符和数字，利用不同的“点”“横”组合可以传达不同的含义。也就是我们看电影电视剧时候听到的“滴哒滴哒”的发报声，也就是片尾时小护士模拟的那个。

另外说一句，从现实的角度来讲，电影是一种艺术的升华，为了表演的可看性可能故意忽略了一些事实。不说那个令人叹为观止的《空城计》，我计算了一下，最后顾晓梦缝在旗袍上、被李宁玉泪流满面破解的话语：“敌人不会了解，老鬼不是一个人，而是一种精神，一种信仰……”一共 137 个字。暂且不说用密码一次性缝这么多字是否创造了密码史上的一个纪录，单是从摩尔斯电码构成上来说，这就不太可能，刚才说过摩尔斯电码是由“点”和“横”组成，比如一个字可以用点横表示，再有一个字用点点横表示，再来一个可以是点点点横，如果加密的话，复杂性还要翻倍。所以，还是让密码归密码，电影归电影吧。

古代文明的活化石

二十一世纪出版社　凌　云

词汇在语言中较之于语音和语法更为敏感,时代性更强。通常的情况是,语词随着所指称的事物或观念的消失而消失,但有些语词因为在古汉语中已经有了转义,有些语词的意义因在现实语言生活中产生变异,获得“现实意义”,因而保留下来,成为古代文明的“活化石”。由此,我们发现一种有趣的语言现象:作为信息载体的语词,一头连接着用于现实交际的“所指”,一头连接着久远年代的文化信息。比如:

反映古人的思想观念。“地方”(某一区域或空间的一部分)和“方圆”(周围或周围的长度)两个词与古人认识的局限性有关。先民认为天似华盖,形圆;地如棋盘,形方。“天圆地方”的说法由此产生。“日食”一词源于古人对一种天文现象的错误认识。月球运行到地球和太阳中间时,太阳的光被月球挡住,不能射到地球上来。由于古代科学水平的限制,这种异常天象被误认为不祥之兆,是“天狗食日”,是上天意志干预人间、警示君王。“雷同”也是源于古人认为打雷时万物都同时响应。“雷同”起初指“随声附和”,现多用于指“缺乏新意”。再如,古人认为心是思维的器官,尽管科学研究发现,大脑才是用于思维的器官,反映这方面错误认识的语词有一部分在现代交际中保留下来,如"心声、心田、心扉、心事、心迹、心思、心得、心裁、心地、心机、心境、心曲、心情、心绪、心仪、心计、心术"等。马是古代主要的交通工具和作战装备。"马路"(城市或近郊宽阔平坦的道路)古代指可以供马驰行的大路。(《左传·昭公二十年》:"褚师子申遇公于马路之衢,遂从。")"高足"(得意门生)源于汉代驿站提供的马设为三等,有高足、中足、下足之别,高足为上等快马。"毛病"(失误或缺点)起初是相马术语。古代有一种迷信,认为马身上的毛旋儿有优劣之分,如果毛的旋毛位置不好会妨碍主人。(明徐咸《相马书》:"马旋毛者,善旋五,恶旋十四,所谓毛病,最为害者也。")"马上"(立刻)的出典说法不一,但都和骑在马上有关。"牺牲"(为了正义舍弃生命)源于古代宰杀纯色整体的牲畜,作为祭祀或祭拜的供品。色纯为"牺",体全为"牲"。(《周礼·地官·牧人》:"凡祭祀,共其牺牲。")"物色"(寻找)源于起初该词指按照祭祀的严格要求寻找可以用作供品的牲畜。后发生转义,用来指人的形貌。现在使用的是动词义:寻找需要的人才或东西。"首级"(作战时斩下的人头)源于按秦制根据斩下敌人头颅的数量论功晋级。"斩获"(收获)也和古时称说战争中的斩首和俘获有关。"伙伴"源于元魏时军人以十人为火,火长负责炊事。故同火者为"火伴",后写作"伙伴"。

"婚姻"起初写作"昏因"。在我国古代的婚礼中,男方通常在黄昏时到女家迎亲,女方则随着男方出门,这种"男以昏时迎女,女因男而来"的习俗,就是"昏因"一词的起源。古代周制以八寸为尺,十尺为丈。

一丈约为成年男子的身高。“丈夫”最初指男子汉，后专指女子的配偶。“袖珍”（体积较小便于携带的）源于古人的袖子曾当衣袋使用。“袖珍”起初是指“放在袖中的小巧之物”。“结束”（发展或进行到最后阶段）一词与古人的穿衣有关。古人穿长衣，衣襟上部腋下处要系短带，还要扎腰带。“结衣”和“束带”属于最后的环节。就连在现实生活中使用频率颇高的形容词——“漂亮”也和古代的生活场景有关。古人用来做衣服的粗丝绵，先要用水洗，然后放在石板上用棒槌敲击，有些像今天农村妇女在河边洗衣。这种方式古人叫“漂”，经过这样“漂”过的粗丝绵的色泽变得鲜艳了，也就是变“亮”了。（旧《辞海》释：“水中击絮曰漂，漂亮，意谓漂之使亮也。今俗借用为赞美之词：如人之容貌美秀者，衣服之都丽入时者，以及待人接物态度之大方者，均谓之漂亮。”）“筵席”指代酒席，源于古人席地而坐，“筵”和“席”都是宴饮时铺在地上的坐具，“筵”长“席”短。后来“筵席”一词逐渐演变为酒席的专称沿用至今。

古代以竹、木或玉作符信，分为两半，各执其一。检验相合，叫“符合”。现指“事物或意见相合”。“介绍”一词也和古代文化有关。根据周礼，贵族相见，主客都要有专人引见。主人的引导人分为“上傧”“承傧”和“绍傧”，客人的引导人分为“上介”“次介”和“末介”。其中，“绍傧”和“末介”是主客之间的中介人物。因此，产生了“介绍”（或“绍介”）这种并列结构的复合词。秦汉时代，秘密的信息书于木竹板条上，书毕把木竹板条合严，用绳子捆扎，在绳子结扣处用黏泥封住，加盖印章，作为信验，以防私拆。黏泥块称为“封泥”。后人用“印泥”指“盖图章用的颜料”。“钞票”作为纸币的代称源于清代咸丰年间,清政府发行“大清宝钞”和“户部官票”两种可以流通的纸币。后来,“钞”“票”二字组合为上位概念词。还有一些词的语义源于古代的事物,如“商量”:古时一种计时的漏壶中箭上刻上度数,称为“商”。“针砭”:“砭”是古代治病的石头针,用于刺身止痛,常用来治疗臃肿疼痛等疾病。“筹划”和“筹备”:“筹”是古代用竹、木或象牙制成的计算工具。“鼎立”“鼎力”和“鼎沸”:“鼎”是古代煮东西用的大型器物。

由此我们看到,词汇有活跃的一面,也有保守的一面。那就是,民族历史上发生过的文化事实会在现实语言中残留大量印记。得以保留的重要前提是,能够在语言生活中实现其交际功能。

语言也要打打假

渤海大学文学院　张　洋

语言是一种交际工具,语言的存在总是离不开使用它的主体——人。人生活在大千世界中,每天面对真真假假、是是非非,眼见的不一定为实,耳朵里充斥着各种各样的流言飞语,我们已经没有能力去判断该相信什么,在真真假假面前显得那样无能为力。

深夜,打开电视,屏幕上出现各种精美闪亮的商品,与此同时,男女主持人声嘶力竭的大喊大叫顿时打破了夜晚的寂静,言语中全部都是夸大其辞的推销、宣传:"镶钻手机,绝对真钻""999 高纯度黄金""货到付款,安全可靠""5 秒变得好身材""戴上 10 分钟,全身都轻松""8 到 12 小时就可激活人体免疫反应""三分钟见效""28 天疤痕、皱纹全消失""一个星期减掉 11 斤,两周减掉了 22 斤""一天增高 1 公分,两天增高 2 公分,要长多高长多高"等等,这些富有激情的广告语言极具煽动性,片面夸大产品的功效,诱导甚至误导消费者,难怪有那么多观众因为相信某些电视购物广告而上当受骗。

广告语言的欺骗性直接损害了消费者的切身利益,生活中这样的事情屡见不鲜。邻居有一位阿姨,60 多岁体弱多病,四处求医问药。街上散发的各种新药特药的宣传单,每次上街回来阿姨都拿着一大摞。从广告语上看,号称包治百病、具有神奇疗效的不在少数。刚开始阿姨是有选择地尝试,数次之后不见描述的效果,再以后,也就不再相信那些所谓包治百病的说法了。阿姨"身经百战"之后,对这种不实信息也逐渐有了抵抗力,告诉我:"世上哪有包治百病的药啊,只要说包治百病的就一定是骗人的,可不能信啊,不能信。"

语言有真假,也就是用语言表达的内容与事实是否相符。一个人的态度很真诚,语言也会很实在、很真诚。如果一个人很虚伪,那他的语言多半也是真不了的、不可信的。以买东西为例吧,这是我们每天都要经历的。去市场买水果,现在的苹果、石榴、梨有很多,大的小的,红的青的,甜的酸的……我是打小就喜好酸性的口味,所以不常买的水果都要先问一句:"甜的酸的?"十次有九次听到都是"甜的""保甜"诸如此类的回答,于是就买点给家人吃吧,可事实却往往相反,对于我来说倒也不算浪费。买水果也能让人体会到"狼来了"的道理,以后再遇到这样的回答便转身离开,有的摊主还不解地高喊"可甜了"来挽留。无良商贩做不得,对人对己都不利。

或许每个人都不能保证一辈子都说真话,不是有种"善意的谎言"嘛,但还是尽量多说真话吧,否则一个谎话之后就要用不知多少个谎话去圆。

语言交际中的密码

渤海大学文学院　张　洋

密码在我们的日常生活中应用极为广泛，可以说，我们处在一个被密码包围的世界。去银行开账户离不开密码，这是为了防止银行卡丢失被他人盗用钱财。因为只要密码输入正确，就可以名正言顺地拿到钞票。网上注册一个邮箱也需要密码，每次登录都要通过自己设定的密码才能进入邮箱，密码成为了个人信息的保护屏障。保险箱更要有密码，而且可能设定的密码也更复杂。有了密码的存在，就使得私人空间、个人信息以及财物等的保密性大大地增强了。密码就是像一把钥匙，钥匙拿对了，锁也就打开了。

密码也是语言交际顺利进行的关键。在口语交际中，说话人和听话人的交流是双向的、即时的。按照信息论的观点，语言交际的过程包括"初迹—编码—发送—传递—接收—解码"六个阶段。其中的"解码"阶段是针对听话人而言的，也就是要正确地破解说话人所传递过来的信息。但在我们的生活中，却有不少现象是因为在"解码"阶段出了问题，以至于闹出了很多笑话。有这样一个故事：一位太太匆匆走进百货商店，对营业员说："小姐，刚才我在您这里买化妆品，您在找钱时算错了十元钱。""那你当时为什么没有发现？"营业员小姐立刻沉下了脸。"当时我没有注意，回家后才发现的。"太太解释道。"现在你来找我，晚了。"营业员小姐微带愠怒地说，"算你倒霉！""真的不行了吗？""真的不行了。"小姐摇了摇头，摆出一副不容商量的架势说，"你找领导也没有用！""那好吧，"太太平静地说："那我就只好收下这十元钱了！""什么？我多找了你十元钱！"营业员小姐一听急了，"你怎么不早说呢？"说着，脸上瞬间阴转晴，满脸堆笑地说："对不起！太太……"故事里太太说的"您在找钱时算错了十元钱"使营业员按照习惯思维做出了与事实相反的解读，属于交际过程中解码的错误。看了这则小故事，不禁让我想起了高秀敏和范伟、黑妹表演的小品《将心比心》。服装店的老板把一件残次品的衣服糊弄卖给了顾客，却忘记了那件衣服兜里装着一天的流水。当顾客随后返回店里本想归还衣服里的钱时，碰到了老板娘。当顾客想找老板时，老板娘对这一行为的理解就是顾客发现了衣服的毛病，是来退货的，所以死活不承认是自己店里卖的衣服。在顾客和老板娘的这一交谈中，就发生了解码的错误。对待同一个问题，交际双方根据各自的理解和心理做出了不同的判断，这也使小品的矛盾冲突达到了顶点，从而体现出人们不同的为人处世之道。

还有一个小笑话，不知道你在生活中有没有遇到过这种事情？说有一个人吃完午饭，发现食堂门口有卖西瓜的。于是买了两个西瓜，一算账是六块五。这个人便对卖瓜的说："师傅，五毛就算了吧！"师傅点了点头，然后对身边找钱的老伴说："收他七块。"哈哈，这个错误解码倒是很给力啊！善于破解语言交际之中的密码，对于交际双方，如果多以合作的态度、避免对立情绪和心理的影响，就像那小品的名字一样"将心比心"，或许会少一些误会，少一些麻烦和纠缠不清也说不定呢。

赞美的力量

中国传媒大学对外汉语教育学院　陈晓宁

初到美国，有很多要学习的地方，其中之一就是“赞美别人”和“面对赞美”。

美国人喜欢用“极端”的词汇来肯定和表扬一个人、一件事、一份努力。满脑子“话不说满”“话到嘴边留半句”“谦受益、满招损”“忠言逆耳利于行”之类教诲的我哪受得了这个，既不会称赞别人，也不会面对称赞。

记得有一次，我找一个学生谈话，提醒她这一次的小测验成绩不够理想，要注意。整个交流过程中，学生的情绪一直很低落。后来我顺口说了一句，这次比上次好一点儿。没想到这个女孩子眼睛一下子亮了起来，握着拳头做了个加油的手势，轻轻说了声：“耶！”

作为老师，为学生提供精神动力和支持是我的本分，我以为是负责任，学生却不得不自己给自己加油。回忆成长，一路“忠言”“良药”，大多“逆耳”“苦口”，听后的感觉呢，细想起来，也是沮丧多于动力。尽管如此，一不小心，我还是会复制从父辈师辈那里接受的教育方式，把灰色的沮丧带给学生。“忠言”一定要“逆耳”？“良药”必须要“苦口”？这次谈话让我内疚了很久。

前两天，在一位中国妈妈的博客里，我看到了一篇博文。儿子壮壮上小学三个月，给每个老师评了“星”，并陈述了理由（网址略，引文略去了各任课老师的姓名）。

英语老师：五星+，理由：老师让我参加比赛还让我在课上看课外书。

体育老师：五星-，理由：我太喜欢体育课了，但是老师从来没有表扬过我。

数学老师：四星，理由：老师总是批评我，讲的东西也太幼稚了。

科学老师：五星+，理由：我喜欢这门课，而且老师有时候表扬我。

语文老师：五星+，理由：因为我喜欢她给我们做的试卷，但有时候她说话不算数，比如她说周五发看拼音写词的测试卷，结果周五没发说周一发。

特长老师：五星，理由：老给我们讲故事，我最喜欢听故事。

音乐老师：六星，理由：有时候给我们放动画片看，还教我们唱歌，但是排课有点不合理，这个课排在最后一节，那时候我的肚子已经很饿了，都没有力气再跑回教室了。（妈妈感悟：老师用动画片的形式讲音乐故事，壮壮喜欢得不得了，而且他在音乐课上有比较好的表现，比如听音模唱的时候，同学们只能用 lalala 来模仿旋律，而他则可以直接使用音符来进行模唱，还说有时候大家一起唱谱子，感觉老师总是盯着他看，那意思是老师觉得他唱得好。）

美术老师：五星-，理由：有时候表扬我有时候也批评我。

“云淡风轻”在博文后评论说：壮壮真可爱，建议这个给老师们看看，让老师知道表扬是多么的重要啊。

到华盛顿 D.C.三天，我就把儿子小毛头送进了学校附近的一所幼儿园。和国内幼儿园比较起来，这里要轻松很多，不用学写字，也不用学算术。每天的“艺术创作”倒有一大堆：棉花做的鬼脸，稻草做的小狗，羽毛做的火鸡……颇有创意。每天下午，一到接孩子的时间，“真棒！”“太有创意了！”“这么好的作品你是怎么想出来的”……爸爸妈妈爷爷奶奶们的赞美之声就在幼儿园的教室里此起彼伏。儿子去了几天，就和其他小朋友一样，不着急回家，而是急匆匆地把我拉进教室，骄傲地展示自己的作品。儿子的主讲老师每天都会用无比欣慰的语气对我说：Matthew（儿子的英文名）度过了非常棒的一天，他实在太聪明了！有一次我问儿子，老师批评你们吗？儿子说，老师从不批评我们，只有提醒。

没有否定，只有肯定，而且是极致的肯定；没有批评，只有提醒，只告诉孩子们这样做的后果而不替他们做任何决定，孩子还不得被惯坏，变得又脆弱又自大？等等，好像不是这样啊……在这个巨大的温暖的气场里，孩子们创造的天性得到了爱护，自我的认同得到了尊重，这些自信和创造融入血液，成为了他们持续发展和进步的强劲动力。教室里，我的那些十八九岁的美国男孩女孩们不就是这样吗？他们听着温暖的“忠言”、吃着甜蜜的“良药”长大，现在，他们勤奋、坚定、相信自己的努力和选择，更乐于像爸爸妈妈老师们一样，把肯定、鼓励不断传递给周围的人。

美国TOON频道有一个竞技电视节目叫《HOLE IN THE WALL》(穿越墙洞)。节目中,一个或几个参赛者站在一个水池前面,对面有一个厚纸板,纸板中间有各种随机出现的空的形状。游戏开始后,纸板会向参赛者方向滑动,如果参赛者能从纸板中间空的部分钻过去就获胜,反之就会被纸板挤下水。比赛常常是两个家庭的PK,有的爸爸身手矫捷,轻松过关,有的妈妈则胖得让人捏一把汗。比赛进行中,参赛者有的惊惶落水,有的被卡纸板,非常有趣。无论哪一方在哪一环节取胜,或者哪一方尽管失利却很努力,观众的反应都非常热烈,有的跳起来加油,有的则站成一排喊口号。比赛的奖杯很大,但看上去更像一个玩具,获胜家庭捧着这个奖杯,激动不已,欢呼拥抱,彼此称赞、不吝词汇,就好像获得了世界冠军、打破了世界纪录一样。

让温暖的称赞和鼓励铺满孩子的成长之路吧!让孩子们知道,他们永远是父母和老师的骄傲;帮助他们学会选择和决定,学会相信自己,学会不以他人的价值取向作为成功的标准;帮助他们学会用创造换来收获,用努力争取尊重,也学会心安理得地享受成功。有挫折,没关系,孩子们,我们更关注你们努力的过程,是你们有力的后援,坚定,永远。

歌声的魅力

北京市第一中学　艾　英

“有没有那么一首歌，会让你轻轻跟着和，牵动我们共同过去，记忆它不会沉没。”这是周华健的《有没有一首歌会让你想起我》的歌词。人们有时候会有这样的体验：当你听到某一首歌的时候，猛然会想起一段经历，比如军训、高考、求职，等等。音乐是怎么来的？众说纷纭；歌曲是怎么来的？同样也是众说纷纭。其实，这样的问题，对一般人来说不重要。重要的是，感受歌曲（也包括音乐的其他组成部分）带给人们的内心的影响，体会歌词的轻松心境乃至深刻哲理，对我们普通人来说才是最重要的。应该说，这既是音乐的魅力，同样也是语言的魅力。

1999年，中央电视台春节联欢晚会上，著名歌手蔡国庆、陈红、江涛、张迈共同演唱了车行作词、戚建波作曲的《常回家看看》：“常回家看看回家看看，哪怕帮妈妈刷刷筷子洗洗碗。老人不图儿女为家做多大贡献呀，一辈子不容易就图个团团圆圆。常回家看看回家看看，哪怕给爸爸捶捶后背揉揉肩。老人不图儿女为家做多大贡献呀，一辈子总操心只奔个平平安安。”一曲唱罢，几乎打动了电视机前所有观众的心。一时间，在华夏大地上，回荡的不仅仅是这首曲调质朴的歌曲，还有关心父母、孝敬老人的浓浓亲情。我曾注意到，我身边不少曾经疏忽家中老人感受的年轻人，对待父母等老人的态度都有了很大的改变。看来歌曲不仅可以让人产生情感的共鸣，还可以起到很大的教育作用。这就是语言的魅力。

笔者是一名中学教师，曾做过多年的班主任工作，所带班级曾荣获北京市先进班集体称号。笔者发现，歌曲对青年人内心思想的影响，比成人还要大：有的时候，青年人出于青春期的叛逆心理，家长、老师的话听不进去，一首合适的歌，却轻松地解决了问题。语言的魅力真是让人叹服！

笔者喜欢用音乐触动别人。音乐是人类特有的一种语言，可以作用于情感，引起共鸣，让人为之静、为之动、为之舞。笔者在工作中，就像一个 DJ 一样为学生们放过许多歌曲，让学生用歌声去感知，用心声去领悟。用歌声拨动学生心弦，让歌声与情感产生共鸣。不是空洞的说教，也不同于简单的灌输，这样的教育方式容易为学生们所认同。如果想告诉学生们珍惜时光就来一首罗大佑的《光阴的故事》，强调课堂纪律就听一首保罗·西蒙的《寂静之声》，要同学们彼此关爱就引一首郑中基的《真朋友》，换座位放老狼的《同桌的你》，运动会动员听黄征的《奔跑》，八月十五献上王菲的《但愿人长久》。这样一种做法就让原本是说教的方式变得更加亲切自然，贴近学生。在自由、平等的空间中以一种“随风潜入夜，润物细无声”的方式，给学生以真诚的教益和帮助。以下就谈谈笔者在这方面亲身经历的几个小故事。

一、群星合唱《相亲相爱》

共唱一首歌，营造一个温馨和谐的班集体，让班级拥有一首属于自己的主旋律。歌曲的效果是很好的，有时会产生很强的震撼与共鸣。唱好一首歌，却无形中增强了一个班级的凝聚力。郭峰举办过一场演唱会叫做“纯净界”，笔者很想赋予学生这样一种状态。

笔者所任教的班级是一个理科重点班，由全年级成绩排在前54名的同学构成。学生们的学习热情让人放心，但是最让人担心的是重点班的竞争会使班级丧失许多人情味。在新学期开始的时候，笔者组织了一个名为《相亲相爱》的班会，用一副扑克牌串起了全班的54名同学，每一张扑克赠与一名同学，告诉他们互相帮助、共同进步是对他们最根本的要求；要相亲相爱，共同打好手中的这一副牌。班会上，每一名同学都诉说了对班集体的热爱。最后全体同学高歌一曲《相亲相爱》，将班会推向高潮：“我喜欢一回家就有暖洋洋的灯光在等待，我喜欢一起床就看到大家微笑的脸庞，我喜欢一出门就为了家人和自己的理想打拼，我喜欢一家人心朝着同一个方向眺望。哦！有缘才能相聚，有心才会珍惜，因为我们是一家人，相亲相爱的一家人。”就这样，班级就像一个大家庭，同学们如兄弟姐妹般互相关心、互相帮助，互相鼓舞、互相照顾，一起成长。当每个学生心灵深处都洋溢着“相亲相爱”的主旋律的时候，唱出来的就一定是爱的诗篇了！

二、童声合唱《让我们荡起双桨》

开展有创意的、有意义的集体活动，让学生在丰富的班级活动中陶冶情操、激活思维、萌发灵感、超越自我。学生自己主持晨检、午检，使每天的那两个 15 分钟让学生们不再觉得没事做：从智力趣题到中英文谜语，从寓言故事到记忆方法，从 IQ 测试到魔术表演，同学们的花样真是层出不穷，我也是大开眼界。同时，丰富多彩的班会形式，例如本学期的《我眼中的他她》《难忘小事》《母亲节的问候》，以及故宫免费活动日的参观，学生研究性的学习，语文课本剧的演出，都极大丰富了学生的课余生活，增进了他们的学习兴趣。“让我们荡起双桨……”，学生们在不断成熟，不断成长，这是家长与教师的愿望，但是，纯朴的童心对他们同样是很重要的。

三、陈小春《我不是一百分》

“我不是一百分，却相信总有奇迹发生。就算没有天分，我有满满的诚恳。”和学生们一起听这首歌，缘于笔者当班主任的一个班在全校篮球联赛上的表现。那一次，我们班五个实力不济的小家伙，靠着顽强的斗志和必胜的信念，取得了屡战屡败下的第一场胜利。笔者抓住这个契机，教育他们虽然不是每个人都能做到最好，但只要你付出了努力，就不会后悔，因为每一次努力，都是接近最好的台阶。在当时，学校对重点班实行了人员流动制的管理，部分同学的学习和心理压力都十分大，笔者也借这首歌和学生们沟通交流，给他们以信心和鞭策，使压力转化为动力。

在教学工作中，可以唱的歌真是还很多，“言有尽而意无穷”。让我们借助语言的魅力，让歌声与情感产生共鸣，一路歌声一路情，用歌声收获一路温馨！

沉默的，大多数

北京语言大学对外汉语研究中心　李　昱

2011 年一个星期四的下午，是每周的社会语言学课，老师是一位年轻学者，随和又幽默。他刚从国外回来，又跟我们年纪相仿，因此很容易就跟学生打成了一片。由于这门课注重实践，所以老师常常会发电子邮件布置我们各种课后作业。那天正好是这学期的第三次课，我赶到教室的时候，教室里一反常态地安静，同学们都已到齐，老师正在讲台上专心地摆弄着他的电脑。尽管没有开始上课，但要是在往日，老师通常会趁这个时间走下来跟同学们寒暄一番；可是那天，他仿佛受到冷落似的坐在电脑前，一言不发。可能是由于上周布置了阅读材料，大家或者闷头阅读，或者小声交流，但是我能明显感觉到笼罩在这里的紧张氛围。上课铃响，老师终于开口了："上周我给你们发的邮件，16 个人居然一个人也没有回复我，你们知道这让我多伤心吗？"原来如此。他努力地挤出一丝笑容，想尽量表现洒脱，但是谁都能看出他脸上的失落。这下，轮到同学们尴尬了。大家都不知道如何应对，于是，只好不说话，整个教室又陷入了集体沉默。半分钟过去了，老师只好自己接过话茬：

“好吧，那我们开始上课吧。”静止的空气这才开始重新流动。

这样的郁闷事同样也会发生在学生身上。一个朋友就几乎在同一时间跟我诉苦：“我给某某老师发的作业都过了一天了，他怎么也不知道回信啊？我都急死了，他到底收没收到呢。”我这个朋友是个急性子，她只好把同样的作业又给那位老师重新发了一遍，可是几天过去，还是不见回复。直到她问了那个老师自己的学生，才知道原来那位老师根本没有回复邮件的习惯，她这才放心。

于是就诞生了“请回复”这个句子。绝大多数情况下，如果没有要求“请回复”，大部分收信人是不会回复的。不管是邮件还是短信。当你问起他来的时候，他只好故作惊讶地表态：“什么？你给我发邮件了？我没收到呀。”或者：“哦，这个我刚刚才看到，还没来得及回呢。”总之，不是不想回复，是没办法回复，但是说到底，是懒得回复。

很多时候，国人宁可沉默，也不愿意答应一声，所以当那位老师向课堂上所有的学生抛出他的不满时，得到的回应当然还是沉默。现实交际中，人们通常把习惯性沉默当成自我保护。但是没有说话并不代表没有参加交际，至少，沉默本身就已经负荷了三种含义：不知道、不能说、不想说。

第一种含义，通常发生在一个提问者面对着几个被提问者的时候，这些被提问者如果真不知道如何回答，那么他们也绝对不会好端端地回答你“不知道”，反而会耐着性子一直保持屏气凝神的状态，直到提问者自己回答了自己或者主动转换话题。当然，这事要是发生在课堂上，识相的老师是绝对不会提问的。

第二种含义，听话人往往会以微笑作为回应，但就是笑而不答。这样的笑容含义丰富——我不是不想回答，而是我真的有难言之隐，不能让你知道。既然从他嘴里一个秘密也撬不出来，于是说话人也只好作罢。不微笑也不作答当然也是一种选择。

第三种含义，简而言之，就是——不理你。我不想跟你说话了，你最好离我远一点，不要再来打扰我。当一个人想要讨好另一个人，而另一个人又不愿意被讨好的时候，沉默就是最锋利的武器，任何有声语言都抵不上无声的杀伤力。

沉默是让人难堪的回应。试想你问了一个问题，一群人中却没有一个人回答你，他们要么不知道，要么不能说，要不压根就懒得理你，总之没有人发出声音，那场面该有多尴尬。更不幸的是，如今这股沉默之势已经入侵网络、手机，甚至连虚拟世界都开始寂静了。邮件不回复，通常是因为不想回复，觉得回复浪费时间，反正只有"收到了"那么几个字，况且很多邮件往往是群发，我们会很自然地认为少一个人回复根本无关紧要，结果大家都这么想，发邮件的人还以为是自己的问题。短信也是如此，尤其是群发短信，这些多对多的发送方式，让收信人觉得自己不过是人群中的一个号码，少了自己的回复也无伤大雅，说不定发短信的人压根就不知道自己到底给谁发了短信。所以，每到逢年过节，人们一个个看似都在忙着编短信、抄短信、转发短信，忙得不亦乐乎，其实，这些祝福短信的交际效力低极了，甚至完全起不到沟通的作用。这些短信的作用无非就是让你的名字能够在收信人的手机上定期出现那么一两次，至于短信的内容，若非特别出位，收信人哪里有心情把它完整地从头读到尾。虽然过了几秒钟，或者几个小时，你也收到了一条同样的祝福短信，但那只不过是对方在完成同样一个仪式而已。你们发的不是短信，是沉默。

有时候，说话了，别人却未必知道你在说什么；而有的时候，即使不说话，也多多少少可以参与别人的交际。看看网上那些帖子的点击率就知道了。这个时代不仅造就了沉默，更诞生了“潜水”和“围观”——所谓的“看戏者”。隔着一个 Internet，我们也宁可沉默不语。以前还有很多网友会抨击那些看帖不回帖者，现在，大家都早已见怪不怪了。他们自己不说话，不发表意见，却乐意观摩别人的唇枪舌剑乃至打情骂俏。所以，网络帖子有一个共同特点，那就是点击量往往在回复量的 10 倍以上。表面上的热闹非凡，其实只是少数人的语言狂欢。

理未屈，辞先穷，可能这是中国式的沉默，或者也可能是全人类的通病。

“语言应该规范化”

大连市科学技术协会　蔡维藩

作为交际的工具，语言具有需要规范的本质特征。我国自古以来就有在这方面努力工作的传统，进入现代更提出了语言规范化的要求。新中国成立后，语言文字工作受到高度重视，语言规范化取得长足发展。然而好景不长，在那个“史无前例”的特殊历史时期，斯文扫地，语言规范受到极大破坏，语言文字规范化工作停滞不前，以致搞乱了关于语言规范化的思想意识，影响所及，不止那十年。

1978年开春，我将一个多月间发现的《人民日报》的编校差错汇编一起，以“正确使用祖国语言，认真改进报纸文风”为题，指出报纸上的“提法不妥，不合规范”“缺乏准确性”“文理不通”“错别字”等几个方面的问题。并针对报纸多次不回应读者批评，写成《报社本身应如何对待读者的批评?》一文，指出：“我是一个普通的技术人员，由于读《人民日报》较为仔细，常发现报上有一些提法不妥、文理不通、语言混乱及错字别字等情况。粉碎‘四人帮’后，各行各业都在认真整顿，报纸的文风是不是也该认真整顿呢?”“我认为，作为读者，有权利对报社提出批评；同时，也有要求报社对这些批评作出严肃处理和答复的权利。”

同年6月中旬，终于收到报社的回复，告知两文已经刊入内部《来信摘编》，并赠书一册答谢。有了下文，宣告事情到此已算终结。完全没有想到的是，只隔十几天，《人民日报》在6月29日第二版竟用接近半个版面摘发了我那两篇文章，并配发了《感谢批评》的《编者的话》，说道：“蔡维藩同志对我们的批评，尖锐，中肯，我们诚恳地接受。”“这种严肃认真的态度，是对党报的真正爱护，令人十分感动。”想来是《来信摘编》惊动了高层领导，使报社改变了最初的安排。

更令人意想不到的是，这其实并没有从根本上解决关于语言规范化的思想意识问题。两个月后的8月24日，《人民日报》即在第二版《读者评报》专栏，以“解放军某部高××”的名义，发表《语言是活的东西》一文，指名道姓、针锋相对提出异议，竟然置国家既定语文政策于不顾，公开主张：“但在社会上，切不可搞什么‘语言规范化’（这与推广普通话是两码事），否则就要限制语言的发展，使之僵化。”“那些善于使用‘不规范’的乡言土语的作者所写的小说、文章，却显得生动，使人感到亲切；而用‘规范’语言堆砌出来的东西，则往往给人一种干巴巴的感觉。再说，如果强调‘规范’，那些文化水平较低、不懂‘规范’的广大工农兵就不敢写文章了。没有工农兵的文章，报上的语言就容易千篇一律，平淡乏味。”“我国古代知识分子的最大缺点，就是脱离群众，故弄玄虚，结果搞得文言与语言分家，严重地影响了我国文化的普及和发展。”“文革”遗风，跃然纸上。

事后看起来，这样的事情发生在具有划时代意义的十一届三中全会之前那样一个思想混乱的时候，实不为怪，适可见“文革”对文化的破坏之重，影响之深。同时，也不可低估真正的学者和有觉悟的群众的潜在的力量。当时的《中国语文》编辑部立即对此做出反应，在不到一周的时间内，8月30日即以“语言究竟要不要规范化——评〈人民日报〉发表的一封读者来信”为题，专题编发了第十期《〈中国语文〉简报》，尖锐指出：“8月24日《人民日报》发表了一封题为‘语言是活的东西’的读者来信。几天来，不少同志给我们来稿、来信、来电话，认为该文的不少观点都是错误的，必须及时加以澄清。”文章从“语言要规范化，还是任其自流？”“强调了‘规范化’，果真就会使‘广大工农兵不敢写文章了’吗？”“强调了‘规范化’，会不会使文章‘干巴巴’？”“‘有这种讲法’的难道就一定合乎规范吗？”等几个方面进行了综述。也正因为这件事，在我丧失话语权成为弱者之时，有幸结识了当时具体处理此事的编辑于根元老师，30多年来，每忆及此，倍感亲切与温暖。在此前后，我个人也接连不断收到来自全国各地的40余封热情洋溢的信，对我的观点表示支持。至今印象深刻的是，佛山军分区的李自然同志，引经据典，仗义执言，真诚表示要以他的“苦大仇深，根红苗壮”的军人身份，为所谓“脱离群众、故弄玄虚”的知识分子讲话，着实令人感动。

在当时，中国共产党的十一届三中全会召开在即，全面的拨乱反正即将开始。将近3个月后，1978年11月20日，《人民日报》第二版《来信综述》栏又刊出《语言应该规范化》一文。所加编者按说：“本报8月24日发表《语言是活的东西》来信后，陆续收到很多读者来信，对这封信提出不同看法，而肯定蔡维藩同志的观点。现摘登《中国语文》编辑部就群众来信来稿所编的一篇综述。关于这一问题的来信,就不一一答复了。”尽管是有那么一点儿文不对题:本报收到很多读者来信,不言及此,却没头没脑刊发《中国语文》的来信综述。但到底是一次否定,继而否定之否定,终于明确“语言应该规范化”,这在当时已经足够了。

十一届三中全会以后,《人民日报》高度重视贯彻执行国家语文政策,刊载了大量主张语言规范化的重要文献、文章,并且率先垂范身体力行,努力维护语文规范,可喜可敬。如今借此机会旧事重提,无非是要提醒人们:始终不渝坚持语言规范化,任重道远。

从“常凯申”说威氏拼音

教育部语言文字应用研究所　张　挺

2008年前如果问“常凯申”是谁，也许没有人知道，但是现在，如果你还不知道“常凯申”是蒋介石，那可就“out”了。某出版社出版的某书中，将蒋介石(采用威氏拼音的原文为Chiang Kai-shek)翻译为“常凯申”，此外，书中还有其他的学术名人被误译为让人摸不着头脑的“洋名”的现象。此事曝光后，网上一片哗然，尤其是诞生的新词语“常凯申”得以广泛流行。

除去学术素养问题不论，来说说其中“罪魁祸首”之一的威氏拼音。众所周知，现在我们所使用的《汉语拼音方案》于1956年2月发表草案，1958年经全国人民代表大会批准后发布，在其之前，中国的人名、地名、品牌名等命名实体大量使用英国人威妥玛(Thomas Francis Wade，1818—1895)命名的威氏拼音法拼写。威氏拼音法，全称为威妥玛式拼音法(Wade-Giles system)，由威妥玛在吸收很多前人方案的基础上创建，后经英国汉学家翟理斯(Herbert Allen Giles，1845—1935)完善。按照现在说法，威妥玛应该称得上是那时的“对外汉语教学教师”，他在任英国驻北京公使期间的著作《语言自迩集》可谓最早的“孔子学院教材”之一，该书采用拉丁字母对汉语注音以帮助西方人学习中文，不仅是教西方人学北京官话口语的课本，也是一部用威妥玛式拼音记录19世纪北京话的资料集，书中对当时北京音系声韵调、音节结构、语流音变诸方面的描写，已经很接近现代语音学的水平。威氏拼音法的声母共27个，从与汉语拼音对应的21个字母情况看，字符与汉语拼音相同或相近的有一半，大部分与国际音标相同或相近；威氏拼音韵母40个，四呼俱全，已经比较接近后来的汉语拼音方案韵母系统。自从1906年邮电联席会议的决议开始，我国采用威氏拼音对地名的拉丁字母拼写法进行统一和规范，从此，威氏拼音被广泛地运用于邮政电信、海外图书馆中文藏书编目、外交护照之中文人名及地名的译音等，也成为了西方国家拼写中国命名实体时最常用的系统。如今，我们依然能从身边遇见的一些历史悠久的名词中看到痕迹，例如清华(Tsinghua)、茅台(Moutai)、张裕(Changyu)、青岛啤酒(Tsingtao Beer)等。

新中国制订推行《汉语拼音方案》之后，国内已不再使用威氏拼音法，中国对外书报文件和出国护照中的汉语人名地名一律采用汉语拼音字母书写。在国际上，联合国秘书处自1979开始采用《汉语拼音方案》拼写我国人名和地名；国际标准化组织于1982年通过国际标准《文献工作——中文罗马字母拼写法》(ISO-7098)确定采用新中国的《汉语拼音方案》拼写中文，转写者按中文字的普通话读法记录其读音。2000年颁布的《中华人民共和国国家通用语言文字法》更为明确规定：“国家通用语言文字以《汉语拼音方案》作为拼写和注音工具。《汉语拼音方案》

是中国人名、地名和中文文献罗马字母拼写法的统一规范,并用于汉字不便或不能使用的领域。”当今汉语拼音方案已深入人心并得到海内外普遍认可,如中华老字号全聚德(Quanjude)、同仁堂(Tongrentang)、吴裕泰(Wuyutai)等在国内外已经开始用汉语拼音进行英文命名,并进行海外推广。饺子(jiaozi)、豆腐(doufu)、福娃(Fuwa)等名词的拼音甚至走进英文词汇。随着我国综合国力的提高和现代信息技术的发展,汉语拼音在对外汉语传播、普通话推广、语言教学、计算机应用、文献检索等领域将发挥出越来越重要的价值。当然,以前的有些名词在英文中仍会以威妥玛拼音的形式出现,例如功夫(kungfu)、太极(Taichi)、清明节(Chingming)等。此外,威氏拼音法在西方学术界仍有少量使用,例如部分国际会议论文中人名的拼写等。在2008年申奥宣布最终举办城市名单的电视直播中有个小插曲,时任奥委会主席的萨马兰奇宣布举办城市为“北京”时,有些观众第一时间尚未反应过来,因为萨马兰奇当时就将北京读作了威氏拼音的Peking。虽然现代社会中威氏拼音已经退出了历史舞台,但是它作为当时历史条件下较为完善的表音系统,曾经为我国的对外交流发挥了巨大作用,也为后来拼音方案的制订提供了重要参考,是我国语言学史上不可忽略的一页。

“很郊区”的故事

中国传媒大学文学院　崔　乐

我国著名语言学家桂诗春先生曾经在广州上海两地听到两位互不相识的教授在口语中使用过“很郊区”的说法。他回想起过去到山区访问老农，也常听到人们说：“您为什么跑到我们这儿来啦？这里很山！”桂诗春还以为这是广东老农的说法，后来听到学校的一位同志也说“我们那里很山”，就连忙问他是哪里人，他说来自湘西。于是他开始注意这种用法，时有发现。例如，中国台湾省演员凌峰在中央电视台春节晚会上说：“我的样子很中国！”至于“比阿Q还阿Q”的说法，更常会听到。1992年，桂诗春先生应西北师范大学邀请访问敦煌，同行者有北京语言学院的王还教授，她从事对外汉语教学多年，是个老北京。桂诗春先生当即向她请教，这种说法能否成立，她断然说，这在汉语是不行的，“胡说八道！”第二天，他们在途中谈起杨周翰教授，王还满怀深情地追忆杨教授的语言天才，说杨教授是苏州人，在北京长大，北京话自然很地道，可是他说起苏州话来，“简直苏得了不得！”桂诗春先生马上提醒王还，她前一天还说这种说法是“胡说八道”，她顺口说：“我也是胡说八道！”

后来他们去参观一座汉墓,对管理处负责人的介绍大为折服,一位同行者说:“他的介绍非常专业。”看来这种“胡说八道”具有一定的普遍性。

上面这则掌故,桂诗春先生写进了论文《从“这个地方很郊区”谈起》,发表在1995年第3期的《语言文字应用》杂志上。桂诗春先生对这一说法的关注得到了时任杂志主编的于根元先生的充分肯定。其实,于根元先生早在1991年就曾在当年第1期的《语文建设》杂志上发表过文章《副+名》,专谈这一语法现象。于根元先生对这一现象的思考,同样源自对语言生活中这一用法的发现与关注。他在阅读文学作品时,一直留心搜集这一用法的实例,文中列举了20世纪80年代的43个体现这一用法的语料,如“很格局、挺阴阳、最书生气、很青春”等,其中1980年的例子有2例(5个词),1982年1例,1983年1例,1985年1例,1986年5例,1987年4例,1988年17例,1989年和1990年共12例,还举出生活中听到的“很名胜、很汗水”等。那是在1990年4月,他在厦门鼓浪屿日光岩,听到导游用厦门普通话对海外来旅游的团体介绍的时候说了“很名胜”。那天很闷热,还听到有游客说“很汗水”。他问年轻的学生们类似的话他们说不说,发现很多类似的表达年轻人都说。

于根元先生的许多学生受到老师的启发,对这一用法进行了深入思考。施春宏后来从语义特征着眼来分析这种语法组合成立的理据,在老师的指导下写出了《名词的描述性语义特征与副名组合的可能性》,发表在2001年第3期的《中国语文》杂志上。于根元先生的博士生蔡长虹将这一用法视为“当代汉语”的重要形式标志之一,在博士毕业论文《改革开放以来汉语若干重要发展倾向研究》中做了全面的梳理与分析。

对于“很郊区”的说法，有人认为是“胡说八道”，有人认为是临时用法，有人认为不规范，主张不使用。其实，人是语言的使用者，只要一种说法能够很好地为交际服务，何必“心为形役”地受制于一些既有的条条框框呢？新中国成立后，我国的语言观从“匡谬正俗、纯洁语言”渐渐调整为“不搞纯而又纯、重在建设”，人们对语言规范的看法有了新的认识。某个阶段，总有一些语言现象比较新颖、活跃，处于语言活跃的外层，一下子不太容易被多数人认可。我们只有解放思想，乐于接纳多种未知的、鲜活的“可能性”，才能不断收获语言带给我们的“惊喜”，更好地开发利用语言资源，让语言更好地为人类服务。

卡门的微笑

北京第二外国语学院　高媛媛

卡门不是那位美丽的西班牙女郎，她是我 2008 年在英国工作时的邻居，一位来自罗马尼亚的大婶。

离开英国前的最后四个月，我搬到了一个 ENSUITE 的公寓里，这种公寓每户有独立的卫生间洗澡间，但是厨房、客厅和餐厅公用。公寓里住四户人家，我去的时候只有两户单身的英国人，另一户空着。大家上班的时间不一，几乎没有见过面。公寓门口有直达大学的公共汽车，还路经两家中国食品小商店，十分方便。10 月的英国已经进入冬季，每天下午 4 点天就黑了，白天见到阳光的时候不多，阴冷的天空，还时时飘着雨，路面上永远都是湿漉漉的。这样的天气确实叫人提不起精神来，一整天的工作之后，下了班就急匆匆往回奔。

突然有一天我打开房门时，听到厨房里有动静，还闻到了烹饪的香味，心里就有些纳闷，那两个英国人大多叫外卖或者做些意大利粉之类速战速决的东西，那会是谁呢？穿过长长的走廊，我向厨房走去。也许是听到了脚步声，在灶台前忙活的那位忙回过身来，脸上绽开热情的微笑，和我打招呼。她不会说英语，也不大听得懂成句的话，但是可以听说一些简单的词汇。通过一些单词和比画，我知道了她叫卡门，这位来自罗马尼亚的大婶和丈夫今天刚刚搬来，是我的新邻居。知道我是中国人，她也很高兴，用“friend”（“朋友”）这个单词表达了罗马尼亚人民与中国人民的友谊。

卡门的丈夫在一家维修公司工作，每天早出晚归，工作比较辛苦。他虽然在罗马尼亚是高级机械工程师，但是到了英国，由于英语水平不高，只能从事一般的工作。夫妻二人为了多挣钱让两个孩子以后能够得到良好的教育，不惜远离亲人，来到异国他乡。

自从卡门来了以后，公寓里发生了一些变化，比如，堆在洗碗池里的一摞摞盘子及刀叉不再拖到第二天还无人清洗；多士炉内外干干净净，大量的面包屑不见了踪影；烤箱和微波炉也焕然一新；灶台更是没有了油渍。客厅、走廊及楼梯的地毯也有吸尘器清理过的痕迹。总之到处都在发生着变化，这一切都是因为勤劳的卡门。

以前下班回来，打开房门，我的心情并不只是像公寓里的温度那样让人觉得暖洋洋的。现在，进门的那一刻，看到厨房里透出的灯光，以及接着看到的卡门的微笑，让我感受到了家的温暖和安全感。我会在厨房里和她说一会儿话，还是单词加上比画，没有成句的谈话，但是彼此都大概明白对方的意思，而且每次还都能获得一些新的信息。卡门永远是微笑着的，即使说到让她伤感的事情，比如思念故乡和亲人，她那双美丽而深邃的大眼睛里永远都写着善良与坚强。

和卡门日渐熟悉起来，我平时有时间也喜欢做菜，总是会请卡门一起品尝,她是第一次吃中国菜,赞不绝口。听到我对她厨艺的夸奖,她热情地每次都为我盛出一份,并表示随时欢迎我加入他们的晚餐。跟着卡门我学会了做罗马尼亚风味的土豆泥、传统面食和汤,她也学会了做中国饺子。说来有趣,两个没有"共同语言"的人,竟然能够交谈得如此投机,但前提是一定要面对面地交流,看来是体态语在交际中帮了大忙。人的表情一目了然,可以表达喜怒哀乐甚至恐惧、厌恶。点头表示同意,摇头表示反对。很多手势也富有表现力,如竖起大拇指表示夸奖;手心向外伸出食指和中指行成一个"V"意为胜利和成功;鼓掌表示欢迎。和熟人见面时以点头和微笑或配以手势来打招呼,和朋友及亲人见面时的热情拥抱等等。这些体态语在我和卡门之间都是共通的。可见体态语在人际交往中所起到的重要作用,它甚至可以弥补有声语言不通所带来的不便。

随着交往的逐渐加深,卡门带给我的感动也越来越多,听到我感冒咳嗽了,她给我送来了葡萄柚,说是对嗓子有好处让我试试。大学里的圣诞晚宴10点才结束,卡门担心我一个人不安全,来车站接我回家……

在我离开英国的那天早上,卡门特意留在家里为我送行,在把我送上出租车时给了我一个长长的拥抱,彼此依依惜别,车窗外是渐渐远去的含泪微笑的卡门。是啊,我们说了再见、保重,但此别可能是永远。

那个寒冷的冬天因为有了卡门而让我永远回味,它是我海外生活中一段最温暖的记忆。

在有声语言不通的情况下,使用体态语可以帮助交际。对于具有共同母语的人来说,体态语也不可或缺,它和说话在交际中扮演着同样重要的角色,“不说话,有时候是更深的交际”。(于根元、夏中华、赵俐等著《语言能力及其分化——第二轮语言哲学对话》52 页,北京广播学院出版社,2002)在交际场景不允许或不便说话的条件下,它还可以代替话语,达到巧妙的交际效果。比如在 2010 年国内热播的 30 集电视连续剧《潜伏》中,就出现了以体态语来交流和烘托气氛的场景。

剧中的男主角余则成是长期潜伏在国民党情报机构的共产党人,因为工作需要,组织上临时派来了农村姑娘翠萍和他假扮夫妻。两人在教育、思想、文化上都具有很大的差距,比如翠萍刚开始不习惯城市的生活,坚持要在院子里垒个鸡窝,养母鸡下蛋;不习惯穿旗袍,因为露出了大腿;不习惯喝咖啡,说是一股鸡屎味等等,但在一次次革命工作的考验和磨难中他们产生了真挚的感情。剧情发展到第 26 集时,余则成和翠萍刚刚从一次重大的危险中脱身,这时传来了东北即将解放的消息,两人满怀激动地憧憬着未来的美好生活,翠萍说到要像母鸡一样多为余则成生儿育女,这时,余则成弯下腰,双臂伸向背后呈张开的翅膀状,原地打转,做出了一个模仿母鸡奔跑的体态来,嘴里还配以“咕咕咕咕”的拟声,逗乐了翠萍。男主人公用这个体态语营造出了日常家庭生活的那种轻松愉快的氛围,表现出两人情感的升华,并为电视剧结尾的情节埋下了伏笔。

翠萍因为大意被敌人利用,暴露了身份,在撤退时遭遇了埋伏,虽机智逃脱,但已无法和余则成取得联系,只得隐藏在一户人家做佣人,等待胜利。而余则成得到的却是翠萍牺牲的消息。影片最后一集,余则成在取得了重要情报后准备离开的那个夜晚,被迫前往机场跟随国民党撤退，走前他把情报放在了鸡窝里。来到机场后，意外发现了汽车里来送别主人的翠萍，戒备森严的环境让两人只能默默相望，无声地交流。最后在翠萍的车子即将驶离时，余则成又一次模仿了母鸡的那个体态，隔着车窗向翠萍传达了鸡窝里藏有情报的信息，也表达出自己无限的牵挂和深深的爱，同时把翠萍带回了那个共同憧憬未来的时刻，给她以坚持下去的信心和勇气。整个结尾两人没有一句台词，完全是靠眼神、表情和动作完成了情感的交流和表白，以无声胜有声，深深地打动了观众的心。

取名

中国传媒大学应用语言学研究所　刘艳春

中国人历来讲究取名，古人刚生下不久就有了“名”，长大以后要取“字”，两者相连，通称“名字”。然而“古者名以正体，字以表德”，即“名”用来区分彼此，“字”用来表示德行。那时“名”是阶段性的称呼，小时候称小名，大了叫大名。发展到现在，人们已经不再取“字”，“名字”实际上就是“名”，“名”也成了一个人一辈子的称呼。

取名，说容易也容易，说难也难，全在于你怎样认识它：如果你认为它仅仅是一个符号标记，就很容易取了，以往很多穷苦人家的孩子“阿猫”“阿狗”的也叫过来了；如果你认为它不仅仅是个标记符号，取名就不容易了。

我为女儿取名就颇费了一番周折。

2010年年初我怀孕了，离预产期还有几个月，我就开始为孩子的名字动起了脑筋，并催着老公一起来取名。

为女儿起的第一个名字是“梦琦”，这缘于我做的一个梦。大约在怀女儿的第十天，我做了一个梦，根据梦的种种意象，我推断自己怀孕了。当我将之告诉家人时,他们都将信将疑,于是我和老公去了医院,结果医生说:“现在日子太少,还检查不出来,过一个星期再来吧。”一星期后,检查结果证明我真的怀孕了。从此我对这个孩子充满了期待,并尽准妈妈一切可能的准备来迎接她的出生,包括取名。琢磨了大约两个星期,在放弃了“梦娇”“梦仪”“梦琪”等好几个带“梦”的名字之后,我和丈夫商定取名为“梦琦”。“琦”取音神奇的“奇”,“琦”又代表美玉,兼有“不凡的”“美好的”之意。我希望女儿能认识到自己的不平凡(那么早就能托梦给妈妈);也希望女儿能兼备美玉的品貌,高洁典雅、清纯美丽;还希望女儿的一生幸福而又美好。确定这个名字时距离女儿出生还有四个月。

没过几天,一位博士朋友来看我,问起是否给孩子起好了名字,我说了这个名字以及背后的寓意,对方反应比较平淡。我又开始想:是不是还可以有更好的名字呢?于是又开始重新开动脑筋……

我想,这个名字一定要雅致,要大气,最好还能带来好运。都说名字能影响人的命运,是否真的影响命运我不知道,但作为最爱她的人我还是宁可信其有。(以下所述涉及中国传统文化的一些内容,本文也仅是在介绍笔者抱着“宁可信其有”的态度给女儿起名的经过,不代表笔者对这方面内容的认可与介绍,谨此说明。)于是特意查了万年历,首先希望能通过名字补全她的五行。也许一出生女儿的五行就是全的,但谁能确定呢,还是提前预备着,有备无患嘛。出生日期和时辰还不能确定,月份也有提前或拖后的可能,所以唯一能确定的只有年份了。2010 年是庚寅年,八字庚寅,五行金木。“金”“木”有了,名字里如果有“水”

“火”“土”，五行肯定就全了。思虑了近一个月，放弃了一个又一个想好了的后来又认为不够好的，最后“墨涵”成了为女儿准备的第二个名字。从发音来看，老公姓“王”，“王”是阳平，“墨”是去声（古音为入声字），“涵”是阳平，平仄平，读起来好听，而且我喜欢名字的最后一个字音是阳平，因为它可以向上、向远无限伸展。当初的“梦琦”在读音上也有这个考虑。从意义上说，女儿姓“王”，生肖为“虎”，本身已含雄霸之风；墨为文墨，涵为涵养，“墨涵”作为女孩名字，透着一股文雅之气。我希望女儿将来能作为一位知识女性，既有魄力，又有知识，又有修养。从五行上讲，“墨涵”中“灬”是火，“土”字底是土，“氵”是水，“水”“火”“土”都有了，加上庚寅年的“金”“木”，五行也全了。想出这个名字，我自己觉得很满意，老公也比较赞成，直至女儿出生的那一天。

女儿终于出生了，然而伴随她的出生，第三轮的取名运动又开始了。女儿出生那天，我迫不及待地要求老公上网查查女儿名字的评分，因为具体生辰都有了，网上取名大全、取名打分、取名测试、取名软件、取名网站等等，成了当今父母为孩子取名、测名的另类帮手。结果上网一查，“王墨涵”评级“中”，“人格”为“凶”。据说“人格”是一个人的基本运势，绝对不能为凶，看来这个名字也要放弃了。于是一个又一个名字被想出，又被否定。而医院要求在一个月之内办完孩子的出生证，办证时名字是要填上去的。眼看一天天接近办证的最后期限，女儿的名字仍然没有确定下来。我们认为好的，网络评分不高，网络评分高的我们又不满意，第一次体会到了几近崩溃的感觉。最后我们决定把前期放弃过的名字也逐一在网上评测一下重新决定取舍。其中在第二阶段我曾起过一个叫“墨鸣”的名字,寄予轻易“不鸣(莫鸣)”,然则“不鸣则已,一鸣惊人”且以“文墨”而鸣之寓意,查询结果仍然是“人格”凶。无奈之下,我随口建议老公输入同音字“莫名”,再看看评分,结果分数很高,“天格”“地格”“人格”都很好。但是在字义上并没有满足我们之前想补全五行的初衷。最终我们还是决定,就叫“莫名”吧,没名、没名,我们就叫莫名;而且曾经有一首歌,歌词是“莫名,我就喜欢你……”也有成语“莫名其妙”,老公做了别解:就是没有人能说出她有多妙,谁也不知道我女儿究竟有多妙,“妙”由“少”“女”组合而成,正合女儿的性别。正如近代启蒙思想家严复所说:“一名之立,旬月踟蹰”。已经到了办出生证的最后时间,也实在取不出其他什么名字了。于是“莫名”成了女儿出生证上的名字。在我前后还有几位朋友生孩子,取名经历基本上也都大同小异,看来“旬月踟蹰”和“借助网络”我并非特例。

中国人取名,具有相当鲜明的时代特征,比如用天干地支取名(先秦),以“伯、仲、叔、季”(周秦)“元、长、次、幼、稚、少”(汉以后)等行字取名,单名(东汉、三国),用佛教词汇取名(南北朝),以“五行”序辈取名(宋代),用蒙古语取名(元代),用“解放”“建国”(1949—1950 年)“卫国”“援朝”(1951—1953 年)“爱武”“永红”(“文革”时期)等词语取名的盛行,以及长期宗法观念笼罩下的以“辈分字”取名等等的盛行,在凝聚长辈深情厚谊和殷切期望的同时,无不折射着那个时代的社会风貌、文化观念和价值取向。当今中国,物质生活丰富了,且独生子女家庭居多,年轻的父母们为了孩子可谓煞费苦心,名字设计更是首当其冲。名字要独特,要艺术,要有创意,有的还要顾及数、理、形、音、义、三才、五行和八字，而这些已远非普通父母所能驾驭得了的，据说专业的取名公司和部分网络可以做到将上述因素全盘考虑，于是花钱找专业的取名公司取名，借助网络取名便成了当今为孩子取名的重要手段。其实仔细想一想，姓名学理论也好，流年大运也好，三才五行也好，数理格局也好，这些用来取名的所有参照，父母们动的所有脑筋、花的所有心血，都只是对孩子的爱的体现而已，而名字作为人与人之间相互区别的标记符号，究竟对命运有没有影响，有多大影响，有几人能说得清？即使有一定影响，又有谁能真正参透命理、真正参透姓名与命运两者关系之奥秘呢？

不在其位也适当会谋其政

中国传媒大学　于根元

我这个人同意“不在其位不谋其政”的观点。但是，位置是可能变化的，是可能突然变化的，万一位置变化了需要你说说话呢？不需要你说的时候，你可以不说，需要你说的时候你又要能说。所以你常常需要做好位置变化需要你说的准备。我在《中国语文》工作了21年。我们常常约稿，但是又常常做好约稿不能及时来的准备，就是找一个编辑先起草好了，大家讨论，万一约稿不来，这一篇就可能上了。约稿来了，这一篇一般就不要了。我是在这里得到要做好位置变化需要你说说的准备的锻炼的。后来又有三件事，促使我不在其位又做了可能要你在其位的准备的。

一次是1984年底，在南京大学中文系开纪念方光焘先生的学术讨论会。会后那天晚餐聚餐，聚餐后要在大食堂里跟中文系的同学联欢，同学演一些节目。我和几个人坐在靠墙的后排，想开始一会儿了就溜出去，我们约了有别的活动。不料，那时候的副系主任许惟贤过来了。他对我说：“于根元，开始的时候你代表校友讲话。”我刚要推辞，他不容分辩地说："还有五分钟，你安静一会儿，想一下。"他曾经是我大学毕业论文的辅导老师，他布置的任务，我能推辞吗？

联欢会是坐成一个大的圆形。主持人说了几句就让我说。我走到圆形的中央。我说的大意是：记得 1980 年底在武汉举行中国语言学会成立大会，拍了集体照之后，又分别组合拍照。单耀海说南京大学的校友拍一张。好像一下子站出来了吕叔湘、张志公、胡裕树、徐思益、赵诚、章熊、龚千炎、张理明、王希杰和我。今天要我们这些人来跟同学们见见面，我理解这个意思，是要在同学们面前展览一下我们这些人，说明我们系在语言学方面是出过许多人才的。我们系在语言学方面曾经是很辉煌的。我们很希望我们系在语言学方面得到中兴。这件事，拜托在座的各位了。

我说得比较慢，但是很连贯，爆发了好几次掌声。

一次是 1987 年 4 月，我随中国语言文字访问团访问新加坡。一天下午，主人安排我们参加一个由商会组织的报告会，主题是"华语在社会生活中的地位"。那时候我是语言文字应用研究所的所长助理，我带了两个稿子出去。一个是介绍语言文字应用研究所的，一个是谈推广普通话的若干问题的，准备在新加坡讲一个，准备接下来到香港讲一个。那天，我们在主讲席上坐了一长排，还有新加坡的学者。主席先让曹先擢讲。曹先擢还没有讲几句，台下有人按他面前的话筒提问了。后来知道，提问的是会长。那里不喜欢你长篇大论，他要你说他特别想知道的。他问："我们新加坡，既学华语又学英语。学华语，是为了学习东方的道德。学英语，是为了学习西方的科学技术。请中国的朋友说说对这件事情的看法。”主席突然说：“这个问题请于根元先生回答。”球踢到我面前了。

1986年春天我和许长安在福建调查新时期推广普通话问题的时候，一路调查一路讨论，我们也讨论到选择一种语言的几个原则。所以商会会长的这个问题撞到我的枪眼上了。但是我毕竟是在外国第一次发言，还是需要谨慎。我说的大意是：我们想，选择语言总要有这样几个原则，一个是这种语言有凝聚力。还有一个是这种语言比较成熟。第三个是这种语言便于学习也便于用于学习。后来是会长跟与会的人争论开了，会长说汉语说“我爱你”，不清楚是现在还是过去，英语说过去说“loved”都清楚啊。不同意见的人言辞很激烈。我打开了我面前的话筒又说，大意是：汉语是一个成熟的语言，可以用来学习道德和科学技术。汉语里说“我爱你”是指现在，如果指过去，会有简明的表示方法。英语和汉语等都是成熟的语言。只拿某一方面来比较说明英语比汉语高明，那是不公正的。仅仅举某个方面的例子，汉语也有许多比英语高明的地方。

我那一次发言，也是好几次掌声。商会会长很高兴地跟我握手，原来他可能是用的激将法。第二天新加坡的报纸报道我发言的也比较多。

还有一次，是2005年11月15日到18日，我参加了教育部和国家语委评估组对重庆市城区语言文字工作的评估认定。在这之前，评估上海市，柳斌是我们媒体组的组长，我是第一副组长。后来向上海市有关领导和部门反馈的时候，柳斌负责大组的反馈了，我负责媒体组的反馈。反馈大会的场面是很隆重的，反馈是很正式的，数据要很准确，意见的措辞要很讲究。每个组最多也就讲十分钟。后来评估天津市，我们媒体组组长，是上海人大的夏秀蓉，我还是第一副组长。夏秀蓉代表我们媒体组做大会反馈。讲得很好的。那次评估重庆市，我们媒体组组长还是夏秀蓉，我是第一副组长，还是夏秀蓉代表媒体组做大会反馈。我们小组对反馈的意见都讨论过了。下午大会反馈，中午，夏秀蓉突然很不舒服了。午饭过后，工作人员说，要送夏秀蓉去医院看看，下午我们组的反馈发言由我来做。我说把夏秀蓉的发言稿给我。稿子拿来一看，还是语结和一些符号。我立刻坐到会场去写出文稿。好在我们是第三个发言。到我们发言的时候，我已经把文稿准备好了，准时发言。这是救场。

后来，我就落下了这个病，不是我的事，我也容易瞎操心。

“山寨”为什么这样红？

广州大学人文学院　汪　磊

2008年的一天，秋高气爽之日，一网友游至山东境内，被一处醒目的标志吸引——“山寨派出所”。震惊之余，按下了快门，随后将图片上传到网络社区，“太雷人了，山东省竟然有个山寨派出所”。一时间吸引众多网友的好奇、怀疑的目光：不会是恶搞、PS出来的吧？几经搜索、查访，最终证实：人家可是一个货真价实的派出所，1986年就成立了，有5名警员，主要承担景区的社会治安，位于国家3A级的水泊梁山风景区内，就自然而然地命名为山寨派出所，图的是一个豪气，为民服务！

缘何一个存在了20多年的派出所，在新世纪竟引起人们如此的关注？这还要从“山寨”词义的变化说起。

若是在几年以前，说到“山寨”，人们很自然就会想到水泊梁山——“梁山寨”，那里有一百单八将，个个身怀绝技，盖世英豪，还有真假黑旋风的故事；人们也会联想到掩映在青山绿水之中的苗家山寨、彝族山寨等，以及那首欢快、激昂的“村村寨寨，哎打起鼓敲起锣……阿佤人民唱新歌”。

“山寨”，对于我们来说，并不陌生。“山”字早在甲骨文中就已出现，是一个象形字，许慎的《说文解文》中有详细的解释，而“寨”并没有收录在其中，显然“寨”至少是东汉以后才出现的字。“山”和“寨”作为一个合成词来使用，则应更晚，具体时间尚无从考证，但不管怎样，“山寨”应该是一个古已有之的“老词”。《汉语大词典》有较详细的注释，辑录如下：

亦作“山砦”。①筑有栅栏等防守工事的山庄。宋李心传《建炎以来朝野杂记·龙州蕃部寇记》：“王铖又请于其前筑水礶山寨，以为戍守之所，朝廷皆从之。”《宋史·岳飞传》：“飞指画甚大，令已至伊洛，则太行一带山砦必有应者。”《元史·世祖纪七》：“发蒙古汉军都元帅张弘范攻漳州，得山寨百五十，户百万一。”亦泛指山村。《人民日报》1968.11.3：“喜讯传到祖国广大农村、山寨和渔乡，亿万贫下中农一片欢腾。”②旧时绿林好汉占据的山中营寨。《水浒传》第五一回：“吴学究道：‘山寨里头领多多致意，今番教吴用和雷都头特来请足下上山，同聚大义。’”《明史·项忠传》：“流民附贼者至百万……贼潜伏山砦，伺间出劫。”（罗竹凤《汉语大词典》，1989）

“砦”与“寨”同音，《说文解字》同样没有收录，在指称“栅栏”“营垒；军营”“村寨；寨子”这些意义上，与“寨”也同义。（李格非《汉语大字典》，1996）

《现代汉语词典》（2005）释“山寨”为：①在山林中设有防守的栅栏

的地方。②有寨子的山区村庄。

随着战火硝烟的散去，揭竿而起、占山为王的时代也一去不复返了，作为防守御敌、独霸一方的“山寨”，使用得越来越少，只在记述历史尘埃和那些“山大王”时偶尔会看到它的身影。

然而，突然有一天，“山寨”已不是那个“山寨”，李鬼也不叫假李逵了，美其名曰“山寨版李逵”。

> 拿着“山寨手机”，看着“山寨明星”，坐着“山寨轿车”，听着“山寨《百家讲坛》”，憧憬着“山寨春晚”……仿佛一夜之间，“山寨”充斥耳间，而且含义也在扩大，从商业产品范畴扩展为一种文化现象，将“仿制”的本义无限扩展，只要稍有雷同或相似，都会被冠以“山寨”之名。（郑健《“山寨文化”的内忧外患》，《检察日报》2008年12月26日第5版）

“山寨”使用和曝光率超乎寻常，因而在2008年末种类繁多的年度流行语、流行词、热词的评选中，“山寨”都毫无悬念地列在其中，并常常占据着榜首的位置，可以说“山寨”是2008年传播速度最快、社会流通度最广的一个词语，2008年也被冠之以“中国山寨年”。

最早与“山寨”绑定的是携带方便、普及率十分之高的手机，于是就有了“山寨手机”。

对于国内日益做大做强的信息产业来说，谁都想从中分得杯羹，获取更多的利益。受入网许可证的限制，只有国外的知名品牌，如摩托罗拉、诺基亚、三星、爱立信等，以及国内的大品牌，如联想、TCL、波导等有此待遇。怎么办？

于是，你是正版，有专卖店；我就冒牌，上电子市场，以价廉取胜，让消费者自己选择。什么“冒牌”“盗版”“水货”等等不与时俱进的帽子，统统弃之不用，换一顶“山寨”戴戴，“山寨手机”开始引领山寨潮流。

“山寨手机”也常常简略为“山寨机”，虽少了一个字，但却多了许多内容，凡是和机器沾边的仿造、假冒、伪劣产品，都可叫做山寨机，山寨相机、山寨电脑、山寨笔记本、山寨上网本、山寨 MP3、山寨打印机、山寨耗材，等等，越是更新换代、升级迅速的电子信息产品，越容易被“山寨”。于是乎，专门的“山寨机”“山寨货”网站，汇集各种山寨产品的“山寨一条街”等，大张旗鼓、毫不避讳地做起了推介和销售。

歌星、影星、影视明星、体育明星、政治名人，除了拥有大量的粉丝之外，还有与其长得较为相像或者模仿得十分到位的人，这样便诞生了模仿明星的明星——“山寨明星”，海外的周杰伦、周华健、刘德华，境内的刘翔、赵本山、小沈阳，等等，要想准确说出现在有多少山寨明星，似乎是一件非常困难的事，就像数天上的星星。可以说，有多少明星，又有人愿意去模仿，就会有多少山寨明星；明星只有一个，山寨明星可能会有好几个。

一年一度的央视春晚，已经成为当代中国人年三十的一道大餐，但看久了或许会产生审美疲劳，于是就有人想换换口味，甚至与央视春晚叫板，搞起了“山寨春晚”；一年一度的诺贝尔奖举世瞩目，中国网民就创造了一个山寨诺贝尔奖，还有山寨新闻联播、山寨百家讲坛、山寨鸟巢、山寨奥运火炬传递，不一而足，形成了蔚为大观的“山寨文化”，产生了无数的“山寨版”。

“山寨”为什么这样红？为什么人们会把辛辛苦苦折腾出来的东西叫“山寨版”？理由很简单，因为不是原版，不是正版。虽然“原版”和“正版”的意义有所不同，不过它们的反义词却是相同的，那就是“盗版”或“翻版”。或者用个更为专业点的词，叫原型，就是照着人家做的，或是把人家的东西拿过来再改造一下。

流行语“山寨”的核心内涵是“草根的”或“民间的”，“模仿的”或“搞笑的”。由于动机的不同，“模仿的”和“搞笑的”走上两条不同的道路：

一个是以非法赢利为目的的模仿，进而产生的假冒、造假，甚至伪劣，例如“山寨版网站”的“谷姐”（仿“谷歌”）、“百谷虎”（仿“百度”“谷歌”“雅虎”）；“营养快乐”（仿“营养快线”）、“日猫”“汰洁”（仿“白猫”“汰渍”洗衣粉）、“可日可乐”“雲碧”（仿“可口可乐”“雪碧”），等等；此外，还有各种山寨用品、山寨药。

一个是带有娱乐精神的模仿，于是涌现了山寨版明星、山寨版春晚、山寨诺贝尔奖、山寨百家讲坛、山寨鸟巢，等等。“山寨版”已变成时下人们娱乐或者恶搞的一种手段，例如山寨版《说句山里话》、女版的苏有康、民工版的谢霆锋、儿童版的陈冠希、幼儿版的孙继海、幼儿版的总设计师，等等。当年自由职业者胡戈的《一个馒头引发的血案》恶搞自陈凯歌的影片《无极》，算是一个开网上恶搞的先河之作。

无论是哪种路线，从词义来看，“山寨”都更为中性化，山寨听着比

“模仿”“恶搞”“秀”舒坦,消解了模仿、恶搞、秀所带有步人后尘的意味,而多了“吸引眼球才是硬道理”的草莽英雄的强势;山寨“更胜于”假冒、造假、伪劣,模糊了褒贬色彩,抹平了是非界限,盗版、侵权、假冒一旦被贴上了“山寨”的标签,似乎就变得合理,假的摇身一变就成了真的。

而在“山寨”最早流行的香港,山寨别有一番韵味。

“山寨”最初偏离了传统“山村”的意义,在一种特定背景下,与“厂”(或“工厂”)组合成“山寨厂”,这应该是20世纪五六十年代香港人的独创,一直延续至今。吴开斌先生的《香港话词典》(1991)、郑定欧先生的《香港粤语词典》(1997),以及田小琳女士的《香港社区词典》(2009)都收录了词条“山寨厂”:香港的家庭式小工厂,不少曾设于山坡上的木屋内,故名(吴开斌,1991)。“山寨厂”与香港的经济腾飞相伴随,记录了香港人艰苦创业的心路历程。就像一滴水可以折射出太阳的光芒,一个词也可以承载一段历史、一段让亲历者难以忘怀的历史。

经常光顾大型超市的人,对速冻食品品牌“湾仔码头”都不会陌生,它的创始人是臧健和女士,人称臧姑娘。1977年,刚刚结束“文化大革命”的第二年,臧姑娘带着两个年幼的女儿从青岛来香港与丈夫团聚,万万没想到的是,丈夫却狠心地抛下她们母女而去,她们的生活顿时陷入困境。臧姑娘只有出去做散工,有时甚至做三份兼职,一天下来要工作十七八个小时。一次,朋友来家做客,臧姑娘以自己拿手的北方水饺招待,朋友吃后对饺子赞不绝口,开玩笑说:你有这么好的手艺,做饺子卖肯定能赚钱。言者无心,听者有意,臧姑娘从那以后还真就做起了手工水饺。开头的那几年里，臧姑娘晚上常常是席地而睡，因为那是家中仅有的地方，白天是要用来做山寨工厂的。

在香港，“山寨”之变，变出了一个“亚洲四小龙”，变出一个璀璨的“东方之珠”！

在内地，“山寨”也在变，变出一个“中国山寨年”，变出一连串令人应接不暇的“山寨”组合词语，变出诸多的是是非非，变得连它的始作俑者也始料不及了。“春城无处不飞花”，天涯何处无山寨，天上飞的、地上跑的、身上穿的、家里用的、早就有的、正在建的，都被“山寨”个够，“野火烧不尽”，“山寨”吹又生。

《红楼梦》中那句“假作真时真亦假”倒是十分能够很好地解说当下的“山寨”现象：当把假的做得跟真的一样甚至比真的还“真”时，真的东西倒有可能变成假的了。无论从哪个层面来说，流行语意义上的“山寨”都不应是假冒伪劣的代名词。

我不是小朋友

中国传媒大学对外汉语教育学院　陈晓宁

儿子今年六岁，最盼望的是长大，最不喜欢的是别人用对待小孩儿的方式对待他。五岁以后，儿子宣布谁也不许叫他的小名了。每每带他参加朋友聚会，大家一脸稀罕地叫他，他却鼻子不是鼻子，眼睛不是眼睛，弄得朋友们不知所措。

暑假，在美国"战斗"了一年，儿子和我一起回国。两个月，家宴、友情宴不断，儿子和关于儿子在美国生活的话题当仁不让地成为每次聚会的重要话题之一。大家推杯换盏聊得不亦乐乎，也不忘以果汁代酒，向儿子发出邀请：小朋友，来，干一杯！这时，儿子常常满脸通红，毫不领情地大喊一声：我不是小——朋——友！

不让喊"小朋友"比不让喊小名麻烦多了。去酒店，进公园，逛商店，礼貌客气的工作人员从没忘记跟儿子打招呼：小朋友，你好！儿子则总是满脸通红加上一声大喊，我只能忙不迭地跟人解释。私下里，给儿子做了不少工作，从礼仪之邦讲到"小朋友"的历史渊源，奖励、吓唬全用上，一概不灵。那段日子，带儿子出门成了很头疼的一件事。

回到美国，儿子心平气和了很多。儿子的“心平气和”让我多了好奇心。美国人是怎么称呼孩子的呢？这一观察，还真看出中美大不同来了。

称呼一：Men（男人）。儿子的幼儿园在一座写字楼的一楼，安保很严格。每天早上送他去幼儿园都要经过安检。那里的工作人员每次见到儿子都会大声地打招呼：早上好，Men！儿子听到这句话，腰板儿挺直，目光炯炯，真找到了 Men 的感觉。

称呼二：Sir（先生）。儿子的跆拳道学校对纪律有很严格的要求，上课前，孩子们要排队将学时卡双手交给教练，鞠躬。教练也用双手接过卡片，说：谢谢，Sir！儿子的同学里还有三岁左右的“小不点儿”，教练也是一脸严肃地回敬：谢谢，Sir！

称呼三：Friend（朋友）。孩子的幼儿园每天都会发回一张当天活动的介绍，老师们对孩子们称呼是“friends”。里面会写“friends”今天做了什么。有一次，我去幼儿园接孩子，正好碰到两个孩子闹纠纷，老师在批评其中一个，说“我看到你欺负我的‘friend’了，你不应该欺负我的‘friend’！”

称呼四：Boy（男孩）。婴儿期之后，贯穿幼儿期、儿童期、少年期、青春期……三岁是“boy”，十三岁是“boy”，三十岁没结婚、青春逼人还是“boy”，儿子对这个称呼也很满意。

上面的“系列”是对男孩子的称呼，女孩子也一样：Lady（小姐）；Madam（女士）；Friend（朋友）；Girl（女孩）。重要的是，美国人称呼孩子“先生”“小姐”的时候，都正儿八经的，没有人认为这是开玩笑。

称字，称号，称谥号，称斋名，称籍贯，称官名，称官地；兼称，谦称，敬称，中国的称谓文化历史悠久，纷繁复杂，层次分明。对孩子的称呼也相当讲究：三四岁到八九岁称为垂髫（古代儿童下垂的短发）；八九岁到十三四岁的少年称为总角（古代儿童将头发分作左右两半，在头顶各扎一个结，状如两个羊角）；十三四岁到十五六岁是豆蔻（豆蔻是初夏开花的植物，初夏不是盛夏，比喻人还未成年）；男子十五岁称为束发（十五岁，男孩子要把总角解散，扎成一束）；二十岁男子称为弱冠（古代男子二十岁行冠礼，表示已经成人，因为还没达到壮年，称“弱冠”）。垂髫，总角，豆蔻，束发，弱冠，发展到现在统称“小朋友”，都能听出年龄小，多多少少影射不成熟。

一位朋友了解我儿子的习惯，一次，非常慎重、严肃地问他：王先生，您今年几岁了？全场笑喷。还有朋友建议，儿子再回国，可以做个小牌子挂着，上面写：“我不是小朋友，谢谢！”

李小弟和小歌手

辽宁工程技术大学　李　彦

以前读书的时候学校里有几个韩国留学生，因为留学生公寓就在我们寝室楼上，出出进进的大家都很熟悉。有一天，朋友说这几个韩国学生想利用课余时间再多学学汉语，想找几个老师做课后辅导（大概相当于补课吧），因为年纪和我们研究生差不多，所以想问问我们有没有时间。我们很痛快地答应了，一方面专业课里刚刚开了对外汉语教学研究的课，对怎么教外国人学中国话有很浓厚的兴趣；另一方面则是受到热播韩剧影响，抱着再看韩剧的时候方便一点的心理，也想凑热闹学习学习韩语。

这些韩国留学生中，有两个小伙子和我的关系很好。他们是到中国短期留学的学生，其中有一个是非常风趣活泼的男孩，姓李，且叫他李小弟吧。虽然李小弟的汉语基础不好，在国内的时候没接触过汉语，但是他非常注意观察、特别好学，除了书本上不明白的地方，对日常生活中遇到的事提出的问题也特别多。比如：你为什么和我哥哥（依照韩国的传统习惯，会把比自己年纪大的都叫做哥哥或姐姐，辈分分得很清）

年纪一样大，说的时候却要把自己说的大一岁？你们为什么对年纪比你大的人也叫名字，为什么不叫哥哥或姐姐？学校里挂着招男生当兵的字，难道不是所有的中国男孩子到了年纪之后都去当兵吗？……这些问题都涉及语言背后的文化，语言是文化的一个重要组成部分，是反映某一文化的镜子。学习一门语言的过程，就是接受另一种文化浸染的过程。

课后辅导，其实认真说起来，对于书本上知识的复习，时间仅仅占了一小部分。很多时候我们都是围绕着身边生活中的事儿闲聊，寻找一个主题展开话题，我尽量引导他们多用汉语说自己身上发生的事情，多表达自己的看法，他们在我面前说话也很自在，经常提一些很有趣的要求。

有一次李小弟和我谈到，说中国的水果很多很便宜，他们经常会买。在学校的西门外就是一个自然形成的小市场，有各种水果摊，可都是自由买卖，从不标价。以他们目前的汉语水平来说，能够问到价钱，然后成功买到正常价格的水果还是有点费劲，因为很多小贩一听到他们说的“标准汉语”，就能猜出是外国人，有的就会故意把价钱抬高一些。他们问起来，小贩就会嬉笑着说：“你们是外国人，有钱。”因为这，以前他们一直都要去稍微远些的大超市，里面的水果都有标价，按照价签加起来，有多少钱就数出多少钱，会方便一点。可是为了几个苹果也要跑出那么远，时间长了，他们就动起了脑筋。

那天李小弟问我买水果应该是怎么样的过程。他认真地说：“我知道书本上是怎么教的，可是我按照书本上教的去说，大家都知道我是外国人，会故意卖给我很高的价钱，我要知道你们平时究竟是怎么说的。”

他们从书本上学到了语言文字，但是涉及在实际生活中的语言运用，还是需要更进一步。

我认真地回想自己平时说话的内容和语气、神态，一字一句地教。比如，买水果的时候，我们不会像播新闻那样地说："这个多少钱一斤？"而是会很随意地说："这个多钱一斤？""便宜点儿？""凑整儿吧？""谢谢！"语气表情，我不断重复，他仔细观察，一样一样模仿了个像。我认真地教了他们几遍后，玩心大起，拿起桌上的苹果，拉着他们像幼儿园小朋友玩游戏一样扮成卖水果和买水果的，模仿水果买卖的可能全过程，甚至让他们真的拿了钱进行交易。过了几天，他一见到我就很高兴地大声说："姐姐，我按照你教的从西门买到水果了，她（卖水果）问我：'你是南方人吧？'"说完，嘴咧得老大，异常得意。

另一个男孩比他大了两岁，在国内的时候学过汉语，能够做一些简单的表达，看起来要稳重一些，据说以前在韩国的时候是个歌手。且叫他小歌手。他对中国的歌曲特别着迷，还能够唱几句《茉莉花》，但是他说，很遗憾的是不知道这歌词表达的究竟是什么意思，这也成了他学习汉语的动力。

有一次我们谈到了中国歌曲，小歌手说很喜欢《红豆》，因为他发音不是很准确，说了好几遍，我都没有听懂。最后，他轻轻地哼起了曲调，当旋律响起的时候，我惊喜地叫了一声："是《红豆》！"他高兴得连连点头。他说他特别喜欢王菲的歌，可是歌词听不懂，非常遗憾。没有歌词的歌曲听起来很像少了点什么，很想通过学习汉语认认真真地了解一下内容，知道歌词说的到底是什么，这样歌曲才有了生命。

小歌手说汉语的歌词“真的特别美”，还夸张地说“韩语里面没有这样美丽的歌词”。在他的请求下，我把这首歌的歌词全部抄写下来，字写得很大，在每一个字上面清清楚楚地标上拼音，写满了好几篇纸。对于一个外国人来说，歌词很长，也确实不太好懂，但是他非常认真地看，一个字一个字地跟我读，每一个字音都要求自己读得很准确，对于每一句歌词，都要详细地问问究竟是什么意思。每学会一句，他还会忍不住轻轻地唱一遍。就这样，我们用了几天的时间把《红豆》的歌词当作教材一样学习，从头到尾，从发音到语义，透彻地学了一遍，到最后，他已经能够很流利地用汉语把歌词从头到尾地读出来。后来有一天，小歌手很兴奋地抄起吉他，认真地对着歌词完完整整地唱了一遍，当他低沉的声音响起的时候，我想，因为有了对歌词的理解，他的歌声格外动人。

不吵架，勿结婚

辽宁工程技术大学　李　彦

两个人互相尊重爱慕，但不意味着能够正确接收对方所有信息，甚至仅仅是男女有别，都会在一句话上产生偏差，更不用说所有的言外之意。有的时候这是一种情趣，有的时候则会造成许多误会甚至是激烈的碰撞，所以才会有那本畅销书的发行，大概叫《金星火星对对碰》吧。

和男友认识有很多年了，从普通朋友到好朋友再到谈恋爱，十多年的时间转眼过去，彼此之间熟悉得不能再熟悉，对方的优点如数家珍，对方的小毛病小缺点也是一清二楚。以前听说过恋人之间吵架是好事，但是总不太能理解。本以为对对方的状况了解得如此透彻，感情又好得蜜里调油，争吵在我们之间是不存在的，能够就这么风平浪静地走进婚姻。可是，争吵不会不存在，只是早晚出现的事儿。不仅大事上会吵，小事上有时也会出现矛盾。鸡毛蒜皮的小事绝对不容忽略，星星之火也可以燎原。

最近这两年3D电影很流行很火爆，记得在2009年的时候上映了一部片子，叫作《飞屋环游记》。这是皮克斯动画工作室第十部动画电影和首部3D电影,而且是戛纳电影节60多年历史上的第一部动画开幕片。导演是曾执导《怪物公司》的彼得·道克特。对于这部片子,著名影评人罗杰·艾伯特给出了四星的满分;《洛杉矶时报》的影评人约翰·霍恩更认为:《飞屋》是所有皮克斯影片中,最有雄心壮志的一部;而在烂番茄网站上,该片的好评率是恐怖的98%!

这样的评价引起了我对电影的极大兴趣。但是说实话,作为懒人的我也没想到要特意去电影院一饱眼福。在电影上映期间的某一天,和男友出去逛街,在某商场的四层,电梯旁正是某某电影院。影院外面的小屏幕正在播放《飞屋环游记》的预告片,在我们随着电梯上升的时候,正播放的是电影中经典的一幕:五颜六色的气球拽着一整幢房子飞向了空中,飞屋在空中俯瞰大地的画面十分漂亮,视觉效果十分强烈。从电梯上下来,我就拽着他直接拐到小屏幕前,仔仔细细、认认真真地看完了整部预告片。他一直在打电话,挂掉电话后发现我纹丝不动,看了看我,用下巴点向小屏幕,问:“嗯?”我看了看他,又看了一眼预告片,然后很坚定地看着他说:“嗯!”

很明显这是充满言外之意的两句话。言外之意又称语用含义,指的是利用语境表达出超出话语表面意义的意义,常常表现出发话人语言交际时的真正话语意图和交际目的。言外之意的产生,主要是由于语境这种潜在的力量在发挥作用,脱离了当时的语境无法理解。男朋友问我:“嗯?”是因为他一直在打电话分散了注意力,没注意到我为什么停下来不走,他的思维还停留在“今天是出来逛街的,应该继续逛街”这方面上,他的问话实际上表达的言外之意是:“为什么不走了?不去逛街改看电影了?”而我则是在看了预告片后,加深了对电影的具体感受,增加了观看的兴趣,看了眼预告片是在提醒他我的兴趣点已经从逛街转移到看电影上,回答的“嗯!”是在告知我的选择:“我们看电影吧。”

两个人决定看电影后就到了售票处。我一眼就看到票价居然是120块钱一张,心里悄悄加了一下:两个人就是240,再加上爆米花、饮料等零食,300大洋就没了。忽然俗气地觉得跟钱相比,看电影的欲望也不是那么强烈了,于是小声地叨咕:“太贵,别看了。”他一听,说:“你不看了?不看就逛街吧。”转身拉着我向商场里走去。

听了这话我接收到的言外之意是:“确实是太贵了,花钱太多心疼、不舍得,那就别看了。”本来花300块钱看一部电影自己也舍不得花钱,可是听到他这么说,我是又委屈又愤怒:明知道我舍不得那么多钱用在看电影上,你就是劝一句也好,居然改变得那么痛快!这时候,看不看电影已经成了一件值得吵架的引子。吵架时的唇枪舌剑,此处省略一千字。

吵到最后他说,他也很委屈。他知道我对那部电影感兴趣,早就打听过票价,知道是很贵。当时他说那句话的真正言外之意是:“一切都随你,你想看我就陪你看,票贵也舍得;不想看就继续陪你逛街,买你喜欢的东西。咱俩之间还客气啥啊?”没想到他以为很明确指向的一句话,在我理解中会是另外一种言外之意。很明显,依据我个人的评判,这句话违反了美国哲学家Grice合作原则中的方式原则(避免晦涩;避免歧义;简洁不啰唆;井井有条),他说的有歧义。当然,当我们俩窝在电脑前抱着一堆零食看D版《飞屋》的时候,一切又是风平浪静,甚至吵架让我们彼此之间感觉更加亲近。

恋人之间总避免不了误会，吵架也很有可能发生，两个不一样生活背景的人，在某些事情上的观点看法不完全一致这很正常。吵架应该是沟通的一种手段，它能有效地提出差异、消灭分歧，为两个人在一起共同经营婚姻进行准备，就像新车上路前一定要磨合一样。说句有点绝对的话，不吵架，勿结婚。

吵架的关键是要适度，一定要本着求同存异、平等协商的态度。婚恋专家也告诉我们，恋人的幸福与否不在于吵架的频率，而在于和好的速度。想要提高恋爱的感情质量，与其把重心放在对吵架的预防上，还不如着重修炼一下吵架这门艺术呢。

多面的谐音

付云华

一日,QQ群里有人发了一则笑话,逗得大家笑喷:

酒菜满席,领导姗姗而来。满座起身相迎,一片寒暄之声。旁边侍宴的小姐甚美,新来,经验不丰,颇有些紧张。众人落座,有人招呼:“小姐,茶!”小姐忙近前用手指点:“1、2、3、4、5、6、7,共七位!”众人笑,领导补充曰:“倒茶!”小姐忙又“倒查”了一遍:“7、6、5、4、3、2、1,还是七位。”有人发问:“你数什么?”小姐犹豫了一下小声答道:“我属狗。”众人怒,急呼:“叫你们经理来!”经理入,垂手讪笑,问:“诸位,传我何事?”领导曰:“别多问,去查查这位小姐年龄属相。”经理纳闷,依命而行,旋来回复:“18岁,属狗!”领导大笑,众人大笑。领导海量不做追究,众人雅量不便追究。

看到这则笑话,我立刻转述给我身边的同事,同事并非是中文系出身,但也脱口而出:“这是谐音,有那么点儿意思。”

所谓谐音就是利用汉字同音或近音的条件,用同音字或近音字来代替本字,产生辞趣的修辞格。现在,很多人认为韵母相同即为谐音。

谐音既是修辞格，那就是用来修饰用语的，使用语更加形象生动、诙谐幽默。很多时候，因为谐音有些普遍，我们就屡见不鲜了。汉语中同音字、近音字多，这一点毋庸置疑，这就给谐音以广阔的发挥“才能”的空间。谐音产生的效果也就随之变得多面了。

提到谐音，很容易想到名著《红楼梦》。曹雪芹利用谐音表达了很多言外之意。《红楼梦》中经常被大家提及的运用谐音手法的地方就是人名。元春、迎春、探春、惜春，姐妹四人“元迎探惜”含蓄意会“原应叹息”，至于贾雨村、甄士隐的命名学问更不消说了。这样的命名方式在其他文学作品、影视作品中也较为常见。说个大家都熟悉的例子：

“爹啊，娘啊，我来给你们介绍，这位是大食国的王子花都拔德鸟。”

“花到不得了，哇哎！”

（电影《大内密探零零狗》）

说起谐音，还有件事得提提：朱元璋当政年间，以表笺文字触犯忌讳者为数不少，而多是祸起“则”字。当时的江淮方言，“则”与“贼”读音相似，朱元璋以为这是在讥讽他有落草为寇的经历。因“则”与“贼”读音相似而罹难的有林元亮、赵伯宁等人。谐音也闹出过人命啊。

朱元璋因敏感而在没有谐音的地方生硬理解为谐音，生活中类似的情况是没有谐音故意利用谐音，这叫打岔，您瞧：

耳朵（对嘴说）：说什么呢 ？

马东：谁的钱包？

耳朵:我的!

马东:唉,这你可听见了!

耳朵:不是这……您说什么?

马东:又来了。你呀,你可别装听不见。

耳朵:明天您要上法院?这大过年的干嘛去呀?

马东:你是诚心。

耳朵:你要离婚?为什么呀?

马东:诚心俩字儿听不懂?

耳朵:第三者是冯巩?你说冯巩这人多讨厌,你这人。

马东:我不信你听不清!

耳朵:离完你要娶董卿?

马东:你这纯属是装蒜!

耳朵:朱军死活还不干?

马东:这都谁跟谁啊!

耳朵:不行娶徐静蕾啊!

马东:怎么这么乱呢!

耳朵:哦,岳父是毕福剑啊!

马东:你走吧你!

(2009年春晚相声《新五官争功》)

生活中,相信大家也有过这样的经历,有人因为听力不好,比如老年人耳背了,容易打岔,别人说句什么,他给听成别的什么,其实之所以会这样，就是因为耳朵不好使了，没听准音，听成音同或音近的字了。有时还挺好笑的。上面的《新五官争功》中，“耳朵”（表演者周伟）就是巧用谐音故意打岔，逃避马东问责醉酒驾车被抓一事。

利用谐音来故意打岔挺逗的，其实谐音多用来生产欢笑、传递快乐。著作、电影、相声、小品、笑话、谜语等艺术形式中常使用谐音，以前多是笑过了没问问为什么会笑，要是问起来，很多时候得归功于谐音。这里就带着大家回味几个搞笑的段子：

邢大舅就喝了一杯，说道：“诸位听着：村庄上有一座元帝庙，旁边有个土地祠。……岂知过了几天，那庙里又丢了东西。众神将叫了土地来，说道：‘你说砌了墙就不丢东西，怎么如今有了墙还要丢？’那土地道：‘这墙砌的不结实。’众神将道：‘你瞧去。’土地一看，果然是一堵好墙，怎么还有失事，把手摸了一摸，道：‘我打量是真墙，那里知道是个“假墙”！’”众人听了，大笑起来。贾蔷也忍不住的笑，说道：“傻大舅！你好！我没有骂你，你为什么骂我？快拿杯来罚一大杯！”

（《红楼梦》第 117 回）

刘　威（看见蔡明撕墙纸）：哎呀，这个不能扒！

蔡　明：你要帮我拿，拿着吧，拿着。

（2011 年春晚小品《新房》）

小沈阳：谢谢大爸！

赵本山：大坝，你谢谢三峡吧你，净说没用的。

(2011 年春晚小品《同桌的你》)

贾　玲:下面为大家带来一段传统相声,叫做论捧逗,表演者贾玲,谢谢,这个……

白凯南:你怎么没报我啊?

贾　玲:你都多大了,要我抱?

白凯南:我是说,报演员名字的时候,你没报我。

(2010 年春晚小品《大话捧逗》)

闫　妮:谁说你是三流,你是超一流。

殷　桃:超一流凭什么让我备份?

闫　妮:因为你阳光,因为你全面,因为编队中所有的位置你都能飞,因为你是优秀的女歼击机飞行员,所以领导才决定让你备份。

殷　桃:我备份?让我备份?我悲愤!

(2010 年春晚小品《我心飞翔》)

河　盗:这本书从哪来的?

马雷子:我在地摊买的。

河　盗:盗版货。

马雷子:倒版?那你正过来看两页再跟他干。

(电影《大笑江湖》)

随着世界各国交流的深入,语言也在相互影响。如今,说着话,顺嘴蹦出个英文单词很平常点儿事。谐音也一样挺赶时髦,出现了中西合璧的新样式:

爱情兔有(to you)

事业兔有(to you)

友情兔有(to you)

财富兔有(to you)

和睦兔有(to you)

(匹克 2011 年广告词)

谐音不仅停留在艺术领域,更已悄然融入了我们的生活,不知不觉中我们都在运用谐音制造快乐、享受快乐。当我们申领电话号码、车牌号码、门牌号码时,谁都想要 6、8、9;2008 年 8 月 8 日、2009 年 9 月 9 日,不知多少对儿新人在婚姻登记处排长队;生活必需品的飞涨“创造”了“糖高宗”“蒜你狠”“豆你玩”等词语。

不得不说谐音是个多面手!

奶奶的寄托

渤海大学　李　鑫

《大宅门》是我们大家耳熟能详的一部小说。由于大受欢迎，这部小说分别在 2000 年和 2002 年被郭宝昌拍成了同名电视剧。其中，白府的老七白璟琦给广大观众留下了深刻的印象。他做事认真的态度以及霸道而又刚正不阿的性格为我们诠释了一个真正的男人。但是，我在这里要说的不是这位大名鼎鼎的白七爷，而是一个普通的农村妇女，比他年纪还小几岁的丈母娘，七太太李香秀的母亲马立秋。

马立秋是一个普通的农村妇女。由于时局不稳，兵荒马乱，加之常年的饥荒，她们一家迫不得已来到了城里做苦工，为的也只是讨口饭吃。最终，穷困潦倒至极，在万般无奈之下，马立秋只好将自己唯一的女儿李香秀卖到白家做丫鬟。当时，李香秀只有 14 岁。但就在阴差阳错下，李香秀却成了白家宅门里的七太太。日复一日，年复一年，随着年龄的增长，七太太开始有了想要孩子的念头。但不幸的是，现实总是残酷的。当被告知自己无法生育时，李香秀几近绝望。然而，禁只管禁，进却总是要进的。在表哥朱伏的帮衬下，她便在外领养了一个孩子。她大概是怕宅门里的这群寄生虫整天钩心斗角，自己没个主心骨，并且年迈时无依无靠，所以才出此下策。她认为自己与孩子的相遇是个天意，便给孩子取名为天意。但孩子毕竟是外姓人，因此宅门里且容不下他。于是，李香秀便把儿子寄养在自己的外宅，母亲马立秋那儿。为了女儿，马老太太这回却担起了为宅门培养少爷的重任。

缘于文化程度有限，老太太在培养孩子的过程中，主要是以打为主，以说教为辅。这里我们就不谈打了。没有什么像模像样的说教，只是在孩子临上学走到大门口的门廊时，她总会大声说："好好念书。"小天意便也会以相似的分贝回应一句："知道啦。"这一直持续到天意小学毕业，也正是老太太生命的最后一刻。话语的反复通常是为了强调、突出相关的语义内容，以增加表达感染力，从而抒发特殊的感情。马老太太从始至终都在重复地对孩子说这四个字"好好念书"。可见，她是多么希望孙子能够在不久的将来成为一个有出息的人。没有别的，就是这简短而质朴的四个字真切地表达了老太太希望孙子早日成人的急切之心，同时也体现了老太太对孙子淳朴却又深切的关爱。还有令我印象极为深刻的一处就是，老太太总会时不时地这样问孩子："说，以后长大了是想掏大粪还是开银行。"孩子便答道："开银行。"于是，老太太会心地笑着，便摸着他的头说道："好孩子。"马老太太真的是想让孩子在她所问的话中二者择其一吗？我认为显然不是。从表面上看，由于没有受过教育，她只好选择自己认为最具代表性的两个极端的生活方式来对孩子的思想加以灌输，从而使她的话语显得比较露骨，也更容易直接刺中要害。当然，这也带有一定的幽默感。但从深层意义上讲，她内心想要表达的并不其然。她在这里所说的"掏大粪",其实并不一定是一项具体从事的工作,而是表明没能好好念书的结果,从事社会地位低的工作,过着贫苦不堪的生活。再者,"开银行"同样也不是具体的。这里说的是好好念书的结果,泛指在社会上从事有地位的工作,并且过着荣华富贵的生活。这也从根本上体现了马立秋望孙成龙的殷切之心。

简单而又质朴的四个字,甚至连得体都谈不上的一句话,就这样,这个没上过一天学的农村妇女以自己的方式着实地为白家宅门培养了天意。奶奶的这些话也始终铭记在天意的心里,不断激励着他,直到日后他考上了北京大学。

西域拾遗

渤海大学　曹　波

在我19岁以前的记忆里,西域于我而言是如梦幻般的神秘。那些古老沧桑的灰土城堡,大漠里的如血残阳,蒙着面纱的异族少女和踏沙而行的驼队那单调而又幽远的驼铃叮当……一切都是不可触及的梦旅。我未曾想到过去触碰这如此富有吸引力的美妙而又神秘的梦境,然而上天却有意让我去亲身经历这异域风情。当19岁的大孩子握着一纸大学录取通知书踏上西行的列车时,害怕而又新奇。害怕的是第一次离家竟要到万里之遥的新疆并且要在那里度过四年青春岁月;新奇的是那久久萦绕在脑海中的异域风情就要呈现在自己眼前。

其实在去新疆之前,陈佩斯那打扮成维吾尔族青年卖羊肉串的形象在我的脑海中已温习过许多遍了。尽管如此,当我从火车上下来,看到许多穿着独特、操着蹩脚的普通话的维吾尔族青年向我涌来,问我要不要坐车时,我还是慌张了,大脑中不知该如何说话。这就是心里害怕导致的大脑思维混乱从而造成了语言能力的暂时缺失吧,也说明了思维与语言密不可分的联系。这让我想起了小学时第一次上台演讲的窘样。

记得那时自己还是一个性格十分内向的孩子，和人说话总会害怕。因此，在学校里极少和同学说话。母亲看我如此寡言从心里为我着急，她便告诉我的语文老师尽量多锻炼我一下。我的语文老师是个慈祥的老头儿，印象中他总是一副笑眯眯的样子。他总是愿意帮助我们这些可爱的小孩子的。所以，母亲的话老师便记在了心上。于是老师总会给我安排一些课堂提问或是演讲什么的。我第一次演讲是一个极其失败的演讲。并不是因为我贪玩忘记了准备，而是我一看到大家注视着我，心里就泛起了一阵阵的恐惧感，思维霎时像是没了信号的电视一片空白，脑海中明明记得很熟了的东西便全都像是钻进了深海里的鱼，任凭你怎样捞，再也找不到一点点东西。我在台上足足站了好几分钟，额头上因为紧张冒起了豆大的汗珠从双鬓直流进了脖子里，最终还是没能说出一句话，只好结结巴巴地告诉老师我不会。很感谢我的老师并没有责骂我反而表扬我敢于站在大家面前。他的表扬给了我莫大的鼓励，从那之后我便开始慢慢地自觉去锻炼自己了，终于走出了和人说话就害怕的阴影。其实每个人一生中都会或多或少有一些因为紧张或者恐惧而说不出话来的经历。比如你第一次应聘一个很重要的职位，当你见到面试官时，你会发觉自己要说的东西竟忘记了；或是你初次约会，见到自己喜欢的女孩儿时，会发现那些自己在心里默背了许多遍的甜言蜜语竟在脑海里不存一丝痕迹。或许，初来新疆并没有我想象中的完美吧，不过之后在新疆的生活确实给我留下了许多难以磨灭的记忆。

我所就读的大学在阿克苏地区，地处塔里木盆地边缘。这里是龟兹古国所在地，是古丝绸之路上的一个重要驿站。这是一片美丽而富饶的土地，北倚天山，南面中国最大的沙漠，也是世界上最大的流沙——塔克拉玛干大沙漠。中国最大的内流河塔里木河傍城而过。由于昼夜温差较大，这里出产的果实非常香甜。香梨、苹果、大枣、杏子、核桃、西瓜、蟠桃、葡萄、哈密瓜等等应有尽有。这里还出产稻米，因此就有了“塞外江南”的美名。也正因为这块土地的丰饶，这块土地自古就是多民族聚居的地方。新疆解放初期，从部队进驻新疆、兵团扎根新疆、知识青年建设新疆，就这样许多内地的各族人民在这里定居了。近些年，人们响应了西部大开发的精神，越来越多的汉族人来到新疆建设，阿克苏当然是不错的选择。因为来这里的汉族人全国各地的都有，所以说各地方言的都有；加之又是多民族杂居区，说各种民族语言的也都有。你常常会感觉自己进入了一个语言的“万花筒”，这里会让你感悟到语言文化的真正魅力，以及理解那种人们所追求的和而不同。走到大街上，你会不时听到各种各样的民族语言和方言。维吾尔语、蒙古语、柯尔克孜语比比皆是；新疆方言、四川方言、河南方言、湖南方言应有尽有。也许他会担心大家各说各的语言，那么交际起来就会很麻烦的。这个大可放心。这儿的人们多少都会说些我们国家的通用语言——普通话。记得学校附近有个小广场，一到夏季，广场上就聚集了各族前来乘凉的人们。汉族人喜欢聊天或者跳些交际舞之类的；少数民族多能歌善舞，常常自发举行一些麦西来甫，跳到热闹之时，他们就会邀请围观的汉族人加进来，也有汉族人会跳少数民族舞的就主动加进来。大家在一起又跳又笑，其乐融融。我初到新疆就发现一种怪现象，那就是大家说普通话常常不按照语音标准和语法规则来说。我常和一些少数民族同学交往，见面打招呼时，他们会问我："阿达西，饭嘛，吃一个没有（吃过饭了没有）？"而且一律是平平的一声，没有一点抑扬顿挫。一开始我会觉得很怪异，时间久了也就认为这是正常现象了。这里的汉族人也时常会像少数民族一样不按照语法规则说话。我们在宿舍聊天时也会不时蹦出像"走，饭吃去"类似的话。大家管这种"奇怪的"话叫新疆话，或是土汉语。事实上，在双语交际情况下，这种现象是常有的。一方面少数民族同胞为了交际的需要，按照自己语言的语法规则来组织汉语；另一方面，汉族人出于尊重，也都默认了这种现象。久而久之，这种话也就形成一种定式。就我个人而言，我并不太赞同这种语言现象，但我们必须得承认这种语言现象对于民族间的交流以及民族稳定和民族融合有利。

在新疆的日子过得不紧不慢。新疆属于中国经济较为落后的地区之一，人们的生活节奏要比内地的城市慢好多。而且学校考虑少数民族同学的文化和娱乐活动，所以又比内地大学多出很多节假日来。这就给我们这些大孩子提供了方便。于是我们进社联、组社团、参加双语交流活动等等，也忙得是不亦乐乎。最有趣的是参加民汉互动协会，给少数民族同学教习普通话的经历。也因此我认识了很多少数民族朋友。学校招收来的少数民族新生多数是维吾尔族，都要先上预科让他们再次深入学习汉语知识。预科的同学大多数难以正常地运用普通话进行交流，这对他们以后的学习工作都有很大影响。学校便让我们这些专业是中文的同学给他们讲习汉语知识。半年的讲习过程中我遇到过许多难题。当然，收获颇多。记得第一节课上，我问他们"普通话测试过了不"和"普通话测试过不了"有什么区别？他们有的瞪着两只大眼睛看我，有的挠着头,有的不知在纸上写着什么。一阵沉默之后,终于有同学告诉我说:“老师,区别是‘不’和‘了’两个字的顺序不一样。”当时的我还没有学习语言学的相关理论知识,一时竟不知如何解释是好。总感觉他们的回答也对也不对,真是有点哭笑不得。幸好自己的一点“小聪明”发挥了作用。我想是啊,“不”和“了”两个字的顺序确实不一样,这不正是汉语语法中所体现的语言顺序么。我便肯定那位同学的答案,并说了语序在汉语中的重要性。直到后来我学习了《现代汉语》之后,才明白汉语属于孤立语,缺少形态上的变化,因此语序在汉语普通话中的地位极其重要。那次上课的经历让我明白了语言的博大精深和自己知识的浅薄。另外,由于民族文化的差异,在和少数民族同学交际的过程中,必须考虑到他们的民族文化和民俗禁忌。以往给少数民族同学上课的时候,只想到了如何能和他们更好地进行交流和教学,并没有想到运用什么理论。现在学习了语言学专业知识之后,才知道这些都是有理论指导的。总之,那些时光是我今生难忘的经历,它让我学到了许多别人难以学到的东西。

四年的大学时光伴着塔里木河畔朝阳和夕阳的轮替安静地过去了。多少个夜晚,梦里总会看到那金色的胡杨叶在风中悠闲地飘荡,总会听到那塔河边牧羊的维吾尔族老阿爹悠扬的胡琴声,也总会思念那一眼望不到头的雪白棉花和那瓜果之香。回到了内地,那曾经的神秘感又一次攀上了心头,只是这份神秘已不再是故去的那份神秘,这份神秘叫回忆。

与泰国学生在一起的日子

渤海大学　姜敬槐

我的本科是在云南的一个边陲重镇,过桥米线的故乡——蒙自读的,万亩石榴园的中心就是我们学校——红河学院所在地。由于是云南省最南边的一所高等院校加之本科学的对外汉语专业,这就使我接触到了东南亚各国爱好学习汉语的友人们。他们年龄有大有小,汉语水平有高有低,学习周期有长有短,相互之间大都不认识,但汉语架起了一座友谊之桥,学校便成了这桥两头彼此相识、相知、相爱的家园。因此,每一学期我们都会为送走几批依依不舍的朋友而伤感,又为迎接几批即将成为朋友的客人而欢喜。在跨文化交际中,泰国学生们的点点滴滴给我留下的印象颇为深刻,以下"捡"几个记忆犹新的小故事,算是"拾贝"趣谈吧。

一、是"宝珠"不是"饱猪"

每一批来我们学校的泰国学生,无论是长期的学习还是短期的交流,我们的首要任务是为他们起一个动听的中文名字。起名对我们来说也就变成了一门学问:既要是中文名,但让人听起来又能立刻感觉到这是个泰国人。比如"爱雅诗",博爱、文雅又有诗情画意;"泰茹忆"谐音

“太如意”，是大家对泰国学生事事如意的祝福；“包薇娜”中的“包”，是因为她们一家人都非常喜欢中国的电视剧《包青天》，所以为她特意挑选了这个姓……但不是每个名字都起得这样成功，也有一些意想不到的事儿会发生。

有一天方宝珠找到我们大家说：“老师，我不要叫宝珠了，她们总是开我的玩笑。”

“为什么啊？”我们比较诧异。

“她们说我是一只吃饱了的小猪猪，我不想成为吃饱了饭的猪。”她满脸委屈。

当初给她起名时，本意自不用说了，谁也没想到竟然会出现这种意外。原来在现代汉语中有21个辅音声母（再加一个零声母）和39个韵母，可以组成418个基本音节，再配合四个声调，就能组成1332个音节，然而汉语中的词语却是成千上万的，这就造成了汉语中的同音现象十分严重。泰国学生是非常聪明的，他们不仅知道汉语中的同音现象，还知道如何利用这种同音现象，这就是修辞学中所说的谐音。利用谐音的方式，故意去寻找字面上可以望文生义的汉字，进而使交际变得幽默风趣，泰国学生把“宝珠”曲解为“饱猪”正是对谐音巧妙利用，但却也“得罪”了宝珠。

另外，名字一旦经大家确定后，如若更改就不是某个人说了算的，现在宝珠的朋友们还是叫她“饱猪”，事后给她起的丽莎好像除了她自己做自我介绍外，很少有人这样称呼过她。

二、让我喜来让我忧的“伟大”

兰婷是来我们学校的第一批交换生的班长，汉语基础虽不是很好，但酷爱中国文化。那时我受学校的委托,教她们一行九人的剪纸课,这样我就认识了兰婷。

兰婷是一个很文静的女孩,不太爱讲话,但心特别细,每堂课结束之后,我们都会评选出优秀的剪纸作品,装裱后挂于墙上供同学们学习欣赏,兰婷的作品总在其中。时间久了,大家熟悉后,我们的话题也就不单单局限于剪纸了,她开始请教我各种各样的问题,我给她讲《三国演义》,讲《西游记》……其实这些知识对于一个小学生来说也都会娓娓道来的,而在她的眼里,我俨然就是一个百事通。这不是自诩,这是从她回泰国前一天给我的感谢信上而知的,信的开头对我的称呼是这样的:“伟大的槐哥……”由于兰婷汉语水平的有限,信中难免错漏百出,但这“开门见山”的称呼的确给我留下了美好的回忆——人生在世能被人称得上“伟大”,怎能又不开心?

开心归开心,心平之后还是忧愁起来,想想兰婷的性格以及学习汉语的情况,觉得这是汉语词语应用出现了问题。再想想她在我们学校都呆了四个多月了,倘若连信开头的称呼都用不对,那回国后再出现类似的错误岂不是贻笑大方。于是赶忙拿起笔来给她回信,告诉她像槐哥这样的普通人称不得伟大,信开头的称呼该怎样表达以及鼓励她好好学习汉语,遇到不懂的词多向人请教多查字典多跟人交流……

第二天,收到了她的最后一条短信:“xiexie huaige, wo yongyuan hui jizhe ni!”(“谢谢槐哥,我永远会记着你!”她们的手机上没有汉字处理系统,所以发短信只能用拼音了。)

三、"您好"招来的尴尬

第一次听到"sawatdee kaa"（撒瓦低卡，汉语是"您好"的意思）是在我学泰语之前的事，我们知道汉语有四个声调，但不学习泰语的人很少有人知道泰语也有声调，而且有五个声调，所以泰语听起来像汉语一样悦耳动听，"sawatdee kaa"就这样被我记在了心中。

我们的泰语老师是一个外教，第一次上泰语课的时候，我格外的激动，我想老师肯定会问大家对泰语有多大了解这样的问题，正是自我表现的好机会！老师果不其然问了我预想之中的问题，那天还有几个泰国女生旁听我们的课，我更是喜出望外。

"老师，我知道泰语的'您好'怎么说！"我利索地站起来。

"好，你说一下吧！"老师很是高兴。

"撒瓦低卡！"我满是自信地答道。

我把这句话说完之后，只见那几个泰国女生，文静的捂嘴而笑，豪放的"破口"而笑，就连外教也忍不住笑出声来。我是丈二的和尚摸不着头脑，班里同学也是一头雾水，班里的同学认为我可能讲了一个一句话的泰国笑话，而我则认为泰国人的笑点太低，一句"您好"有这样可笑？难道我的发音就那样不准？

一片笑声之后，班里恢复了平静，外教开始认真地解释了一番："在泰国，泰语的'您好'是有性别区分的，这种性别上的区分体现在尾词上，女的尾词要用'卡'，而男性要用'卡拉布'。所以，女性说您好的时候是 sawatdee kaa（撒瓦低卡），而男性表达您好的时候则应该是 sawatdee krup（撒瓦低卡拉布）。在我们泰国人妖是出了名的，后面的也就不必我多说了吧!"

那一节课,所有人都笑了,只留下一个本该得意而笑的我却笑不出来,但同时也使我认识到了人类语言的多样性,进而知道了学习他国语言,如果只是按照本国的语言规律而"照葫芦画瓢"的话,那么语言不但学不好还会闹出笑话。这种"道听途说,不求甚解"的态度,对于语言的学习者是万万要不得的。

四、"我要死了"带来的虚惊

泰国人的微笑是世界上出了名的,泰国故有"微笑之都"的美誉,但泰国人的无时间观念、"小题大做"可能却鲜为人知,只有与他们有了亲密接触之后才会深有体会。如此印象不是空穴来风,这得从那天夜里的电话说起。

那天半夜,我正在睡梦中,突然被手机铃声给惊醒。电话一接原来是薇娜的声音。

"喂,这么晚了,有什么事吗?"我关心地问。

"老师,我要死了!"对面的声音很虚弱。

"你怎么了?你在哪个房间?你要坚持住,老师这就过去!"我的神经一下绷得老紧,声音也颤抖起来。

我心急如焚,赶紧骑车赶过去,打了120急救后又连忙通知院长:"院长,出大事了,有一个泰国学生就快不行了,您赶快过来一下吧!"我差点急得哭出了声。

我们奋力地击打门后,门开了,开门的正是薇娜,她看起来并没有什么大碍……

事后，我们从带团的泰国老师那里得知，原来薇娜只是感冒头疼，由于不知道该怎样表达“感冒”这个词，所以就说自己要死了，而且对于泰国学生来说，感冒生病已是件不小的事了。

那一夜，要“死”的人只不过是个感冒，而我们却快被吓了个半死，没想到自己从事的职业竟然也是个“高危职业”。由此可见准确的语言表达是多么的重要，要不然我也不用吓个半死，院长也不会连夜从大老远赶回来，救护车更不会“无功而返”了。

虽只是一场虚惊，但我们开始反思：为什么一个学习了半年汉语的人，而且汉语水平也不是很差的人却表达不出生病的词来？经过探讨后，我们发现，给泰国学生上的那本汉语教材里，基本上没有涉及任何相关话题。

这里就涉及了对外汉语教材的编写问题。个人认为，教材的编写应该结合语言生活的实际，让更多能解决日常生活的“活课文”进入到课堂。倘若那位泰国学生学过有关生病的课文，那么她应该会区分开“我感冒了”和“我要死了”完全是两种不同的概念。然而我们的不少教材更注重介绍中国的地大物博、中国的传统文化，即使讲故事的课文也是讲很老很旧的故事，已跟不上时代的步伐，这些“死课文”是很难应用到具体的语言生活当中的，充其量只不过是学词造句的好素材罢了。抛开教材不说，在跨文化交际中，对于出国的学生，提前教给他们所在国的除了“吃穿住行”外，难道“疾病与健康”这样关乎人的生命安全的话题就不应该受到足够的重视吗？

以上小故事就是我和泰国学生在一起生活的缩影，希望她们如今过得都好，也希望祖国的对外汉语事业蒸蒸日上，汉语友谊之桥遍天下！

几个学生上电视参加节目主持人比赛

中国传媒大学　于根元

我1998年底从教育部语言文字应用研究所调到中国传媒大学，起先在播音主持艺术学院任教。2007年夏天又调到同校的应用语言学研究所。在播音主持艺术学院工作了八年半的样子，期间遇到好几个学生上电视参加节目主持人比赛，其中也涉及语言部分，我比较关注，也有一些思考。

大概是1999年上半年，那时候四年级的XU参加朵儿电视主持人大赛。她在北京赛区得了第一名。不久到上海参加全国的决赛得了第二名。我看了决赛那一场的电视。起先，XU在才艺展示里唱了越剧“天上掉下个林妹妹”那一段，唱得真好，身段也好。后来听说唱越剧是她的强项，是有家传的。接下来是比赛看图说话。一幅大照片，是抗洪救灾中一个年轻的子弟兵背着个老大娘。XU说什么我记不清楚了，总觉得她说得不怎么好。下面是另外一个女孩子说，她说什么我也不怎么记得了，只记得她始终围绕着“依靠”来说这幅照片的思想，说得很好。说了“依靠”，语言就好组织了。这个“依靠”就是个“语结”。我们播音学里提出了语点。意思是说一个人一开始脑子里不是成篇的，是几个像点的词语。这是很有价值的。我觉得改成“语结”好一些，因为它们是连贯的网络里的一些结。我们往往说长篇大论的时候脑子里起初或者面前的纸上是几个几十个字。还有一种情况，我是有成文的稿子的，如果用说话的方式来说，总有不少书面语的味道，如果只记几个语结，说起来可能漏掉一些，但是比较生动，而且容易根据时间长短加一些话减一些话。从语结到成文，从成文到语结再到成文，这两种情况有同有异。语结往往是要点，是先说后说的关联词语，是容易忘掉的有趣的枝蔓。研究的步骤可以是收集几种情况的语结和成文，做一些比较。还有一些文章有提要、有关键词或者主题词，也需要收集比较。找一些人问问他怎么进行语结和成文的转换的。语结也是有色彩等等的，你确定不同的语结，例如上面把“依靠”改成“脊梁”，你说话的角度等等就不同了。

还有，2000 年夏天，大四的学生 ZHOU 参加第一届荣士达电视主持人大赛。她进入了复赛。我看电视，关注 ZHOU 的复赛。复赛是十个人一场，每人主持一个访谈。还即兴回答一个问题，最后每人说一句话。

主持访谈，有人一访谈完就走到台中央做总结了，也没有跟嘉宾告别，就不管嘉宾了。说得不好听一些，就是用得着人家就用，用不着了就甩掉，以自我为中心，这样不好。ZHOU 跟嘉宾握手致谢告别之后才到台中央做总结，这是教养。这也是 ZHOU 的习惯，她平时很善解人意，体贴人，有合作精神。有时候有人叫我做什么，我来做了，招之即来。后来不要我了，也不说一声，挥之即去也要挥一下啊。那是缺乏教养,一槌子买卖。还有那次电视大赛,一场下来十位选手每人要说一句话,别人在说的时候,ZHOU 看着人家微微点头示意,这很好。我听香港关于中华小姐评选的评委在电视上说,有的选手在她被介绍的时候,到了镜头前面了,情绪饱满了,手臂和身子使劲晃动了,她在后排的时候没有什么情绪,手臂和身子不怎么动。评委说不要这样的。还有,教养是长期形成的。我看一个电视主持人比赛的节目,一个女孩子说她要把最美的一面展示出来,后来剩下她跟另外一位女孩子辩论,这一个一激动说话声音变形了,脸型也有些变了,我一看,我的感觉是此人有点不善。崔永元做节目跟小孩说话蹲下来,跟小孩平等。这些是别人容易忽略的方面,你注意了,就是先进,就显出个性。当然这些还是不高的要求。

主持访谈之后是让她听一段音乐《金蛇狂舞》,要她就此说一段话,她没有说好。她说的是蛇也有七情六欲,要保护动物之类。这是她这样的学生和我们当老师的都要探讨的问题。我觉得这里的“金蛇”具有象征意义,恐怕是指的龙,龙又是指的中国人。1955 年 10 月 1 日,我还是上海五四中学高一的学生。晚上,我们在学校狂欢意犹未尽,老师又带我们到人民广场去狂欢。人民广场上灯火辉煌,许多人群在舞龙,反复放的舞曲就是《金蛇狂舞》。《金蛇狂舞》原来是广东民间的乐曲,聂耳改编的时候正是中国人民处于水深火热的时候,可是那时候聂耳已经预见到中国人民会有狂欢的那一天。我想,如果想到了龙的传人和狂欢这些语结,怎么说怎么好。

一场下来,ZHOU 总的表现还好,有教养,有合作精神,朴素,真诚,这些很突出，也非常宝贵。她进入了决赛，在决赛里得到第九名。

2000 年 12 月央视三套推出了《挑战主持人》栏目。起先是李佳明和陈蓉主持。我在电视上看到 WANG 参加了第 6 期的比赛。那应该是 2001 年初吧，WANG 还是大学高职二年级的学生。

那一期有一个比赛项目是三个词组成一个故事。三个词分别是节目栏目、节目背景、节目主题。说两分钟。要求切题、语言组织流畅、内容生动吸引人、不许空播。WANG 的是幸运 52、母亲节、拒绝毒品。WANG 说的大意是：奖品有三个：手工织的毛衣、小朋友亲手绘制的图画、第三个等一会儿说。这三个奖品特殊，其中有三个故事。毛衣是母亲给女儿织的，发现女儿已经吸毒。说到这儿时间已经到。WANG 流泪说：因为我觉得，毒品这个东西离我太远了。WANG 那时候是 18 岁的女孩儿。专家 83 分，观众 78 分，平均 80.5 分，很低。李佳明和陈蓉很同情她。

荣事达大赛的头一年是 2000 年，我当了青岛考区的主考官。我们拿着上面设计的考题下去考。也有三个词组成一段话，例如草帽、春节、姐姐，风车、二胡、足球，沙漠、西瓜、电脑。说得好的不多，生拉硬扯的多。考题里还有场景卖东西，例如卖减肥敲击棍、电子香烟。也是生拉硬扯的多。考题里还有说故事或者笑话，尤其是笑话，可能我们这些考官迟钝，听得又多，不容易受感动和笑。不过，故事和笑话大都也太老掉牙了。说自己的效果比较好。比赛的方法可能也有些问题，我们当老师的和学生自己也还需要找到很好的培养的途径。现在很多人在寻求锻炼说话的途径。例如成语接龙。我们自己想想看，这一次成语接龙好的,或者多次成语接龙好的,现场当主持人说话就好?或者我们现在主持人说话好的几个成语接龙就好?不一定。我们的方法总要有些实效,也有道理。一开始效果不太明显,如果有道理,会逐渐见效。如果没有多少道理,很可能一时热闹热闹而已。

那一场比赛,WANG 的后面是 ZHAO 的:足球之夜、护士节、婚姻。陈蓉问她:对足球了解吗:ZHAO 说对足球不太了解。又说:我现在只有一句话可说。陈蓉问:什么话?ZHAO 说:"大概是出奇才能制胜了。"她说得比较好。专家 87 分,观众 89 分,平均 88 分。

ZHAO 说的"大概是出奇才能制胜了"这句话很重要,我们叫它"程序语言"或者"整体设计语言"。我们说话往往是以"程序语言"或者"整体设计语言"来带我们的别的许多语言的。我们自己的实践里有这样的情况,心里对自己说:"不要发火""态度一定要好"等。写文章一开始的时候也有个氛围方面的总的设想:快节奏的或者是比较抒情的或者比较有气势的。这些常常是不说出来的话总管了我们说出来或者写出来的语言的感情等。总的整体设计语言很重要。所以我常常要学生别随便说"我来抛砖引玉吧",因为那样常常是真的"抛砖"了。

语结大体上是说什么。整体设计语言大体上是整体怎么说。

稍晚一些时候,ZHAO 在校园里碰到我说,她参加《挑战主持人》,周赛已经赢了,过几天就是月赛了。她要我看看她月赛的电视,给她提提意见。

电视里最后就剩下她和另外一个选手对决了,由电视里的观众提问,选手回答。先是给 ZHAO 提问。大意是这样的。观众:你很崇拜杨澜？ZHAO：是的。观众：杨澜前不久评选为十大新锐人物，她当时说，我宁可在探索中失败，不愿意在安逸中成功。你今天是抱着什么态度呢？ZHAO：我希望在安逸中成功。我一听到这儿很着急。结果是她没有赢。

过了几天，我在校园里碰到 ZHAO。我说，你回答选择问不一定要从他提的几个里面挑选一个的。如果你回答："我希望在探索中成功。"肯定一片掌声。ZHAO 拍着手跳起来了，她说："一下来我就想到这么回答了！"可是晚了。聪明就是要快速到位，既到位又要快速呢。

祝您生日快乐

河南师范大学　潘彦彩

“我们的语言是有魅力的，不久的将来，在座的每位同学都能慢慢感受到语言的魅力，并深深地爱上我们的语言。请记住我今天说的话！”给新闻采编与制作一班上第一节现代汉语课时，我曾自信地做了这样的开场白。看着眼前这些三个月前还是高中生的大学生，看着他们疑惑、迷茫、无动于衷的表情，我依然坚定地补充道：“信不信由你，请记住我今天说的话！”可以说，这是我给自己定下的一个教学目标，同时也是对同学们的一种期望。

豪言既出，收不回来，我也不想收回，只是一门心思地盘算着怎样才能不让我的话落空。

首先，为了验证我的预言能否见效、何时见效以及效果如何，我当场向同学们开辟了两条信息反馈渠道：一是给我发手机短信，全天候接收；二是给我递送小纸条，每次上课的全过程可接收，为了避免当面递送，我会给你们创造机会的。我还特别声明，无论采取哪种渠道，你都要做到，第一，信息必须是匿名的，不得有任何可显示你是谁的蛛丝马迹；第二，必须实话实说，你对语言的看法或感受是好是坏都行。

接下来，我就信心满满地开始忙活起来。

说来也巧，这期间我有幸读到于根元先生的《应用语言学教程》（华语教学出版社，2008年）。该书第79页说，语言是与生俱来的，人生下来之后不是习得语言，而是唤醒语言。我想，我正要做的应该就是唤醒语言吧。书中第80页进一步讲到，唤醒，主动权在睡着的人的手里，唤醒者不能己之昏昏，要高层次，要有耐心，有技巧。看来，我要想唤醒别人，首先要唤醒自己，用好自己的语言。

我的职业性质要求我必须学会讲，而且要讲好，讲得学生愿听、爱听、听不够。这让我联想到教师和学生的关系就好比主持人和观众的关系，你主持得好，观众才会给你捧场，才会有喝彩声和掌声，现场的气氛才会热烈融洽。所以，我为了让自己在学生面前更像一个主持人，我一方面不断积累专业知识，留心各种新的语言现象，让自己的语言既有内涵又时尚鲜活；另一方面，看电视的时候我会观摩我喜欢的主持人的风格，翻看有关播音主持的书籍，暗自琢磨，然后结合自身条件，如音质、知识储备、外在形象等，反复实践，逐渐形成自己的语言风格。

走进课堂，我就把自己当成一个播音主持，严格要求自己的语言做到声情并茂。不管是发音、选词、造句，还是修辞，我都用自以为最能打动人的表述方式。正如于先生在书中说的那样，说话并不是要求都是大白话，交际中除了意思到了之外还要求有适当的色彩、情调等。的确，这样做往往能收到良好的效果，最根本的是激起了学生学习语言的兴趣和热情。我想，这应该是引导学生发现语言魅力、感受语言魅力的第一步，也是最关键的一步，因为兴趣是最大的动力、最好的老师。

起初，新闻采编与制作一班的学生不够活跃，这从过去两周的教学中可以明显感觉出来。课上主动发言的很少，往往是你看看我，我看看你，要么小声嘀咕，要么干脆自顾自地低头不语，缺乏领头学生，所以基本没有出现过一呼百应的热烈气氛。但这丝毫不影响我激昂的教学情绪。我想，事物的发展变化总得有个过程，急也没用，兴许火候不到呢！于是我一边继续实施我的唤醒计划，一边静静地等待匿名信的到来。

终于，在第五周课结束的当天晚上，我收到一条短信，匿名的，说：

> 潘老师，您好！我是新闻一班的一名学生，您上课说起话来特别给力，我现在已感受到语言的不可阻挡的魅力，谢谢您！希望大学生活一直有您的陪伴！

最后有一个微笑脸谱。看完这条短信我非常高兴，毕竟这是第一条啊！我看了好几遍，郑重地写道：

> 看到你的信息我十分欣慰，让我们一起努力学好语言吧，加油！

我也点缀了一个笑脸，然后用力地摁下了发送键。

接下来的几周里，我又陆续收到几个类似的信息，有手机短信，有小纸条。有一张小纸条是这样说的：

> 老师，给您说句实话，您可别不高兴啊。我刚看到《现代汉语》书的时候，我不知道为什么要开这门课，因为我觉得这门课根本不需要老师讲。但现在我觉得我当初的想法是幼稚错误的，没想到现

代汉语课还可以这样上,没想到您把它上得这样生动有意思,给我们留下了深刻的印象。是您让我认识到,原来,语言是有魅力的,谢谢老师!

这些信息令我欢欣鼓舞,但更让我惊喜的事情还在后面呢。

2010年12月24日(阴历11月19日)是我难忘的日子。自然的原因是,这天是我的生日。最重要的原因则是,新闻一班全体学生给我过了一个特别有意义的生日。他们怎么会知道我的生日呢?我想一定是“心如止水”泄露出去的。记得第一次课课间一个男生悄悄问我QQ号码,平时我不怎么用它,本不想告诉他,但考虑到这是他向我提出的第一个请求,我还是给他说了。随后我也同意添加他为好友了。

那天是星期五,上午正是我的课。第一节课前,三个女生突然从教室外跑到我跟前,每个人都把手里的礼物塞给我,说:“老师,祝您生日快乐!”我被这一幕惊呆了,看着同学们不知说什么好。还没等我缓过神儿来,只听“嚓”的一声,班长把活动黑板一下子拉开了,只见上面画着一个诱人的彩色蛋糕,下面跳动着“祝老师生日快乐”。看着看着,我忽然想起来,今天是我生日。我正要说些什么,这时一位女同学把一束绢花——两片绿叶的含苞欲放的粉红色的玫瑰——捧到我面前深情地说:“祝老师生日快乐!”我一边小心翼翼地接过这朵小花,一边谢谢谢谢地回应着,声音却越来越小越来越不清晰,泪水使劲儿地胀着我的眼睛。朦胧中两位一模一样的女同学说:“同学们,咱给老师唱个生日快乐歌吧!”歌声响起,我终于不能自制,任由幸福的泪水流出来。坐在前排的同学善解人意地递给我一片纸巾。这是我第一次当着学生的面流泪。唱完歌曲,教室里静悄悄的,他们微笑着看着我等我说些什么。是啊,那一刻又有谁不想说点什么呢?可我又找不到一个确切的开头,只好由着激动的心情说开去:“感谢同学们送给我精美的礼物,好听的歌曲,温暖的祝福,这一切让我感到今天我是最幸福的,这幸福让我沉醉,但我提醒自己不能这样醉下去,因为我还要清醒地向你们表达我深深的谢意,谢谢大家,谢谢……”我说不下去了,眼睛再次模糊,大家的掌声响起来。

课间休息时,一位男生无声地递给我一个小礼盒,外带一张信纸。我展开,看到一串祝福的话语,从中得知礼盒里是一个鲜橙,这次不是匿名的,落款是班上仅有的七位男生的名字。看完,我想了想在这张纸的背面高兴地写道:

阳光帅气的小伙子们:

你们好!我的生日在寒冷的冬季里,但你们温馨的祝福让我如沐春风,暖意融融!谢谢你们!祝你们圣诞节快乐!

你们的大朋友潘

写在圣诞节前一天

我也照那位男生的样子把那张信纸传了回去。

放学的时候,我要求同学们分享我的快乐和幸福,那就是把我收获的礼物——三个苹果、两块巧克力、一个棒棒糖、一个鲜橙——分给大家吃。一位同学找来小刀,在她的帮助下,我亲手把每份浸透着同学们情意的礼物送给每一位同学品尝，看着他们吃得香甜，我特别幸福！

最后剩下那朵绢花，粉红色的玫瑰花。同学们说这是老师留下的唯一礼物了，老师可要珍藏好啊！我说："放心吧，同学们，我会的，因为这是一朵永不凋谢的师生情谊之花！"

放学后，一位女生偷偷送给我一首诗，说是专门为我写的，说老师让她感受到语言的魅力，她也要用语言表达对老师的敬意，我欣然接受了，并说，这首诗我会好好放着，没准儿哪天会出现在我的文章里呢。

每次想起这些，我都倍感欣慰，同时也深感责任的重大，因为这只是一个良好的开端，语言是有魅力的，但感悟这种魅力、传播这种魅力，还需要我们继续努力啊。

外国人不好教

渤海大学　姜敬槐

逢年聚会都会认识一些新面孔，彼此寒暄时，谈论最多的莫过于“你在哪儿上学？上什么专业？将来就业怎样？”这类的话题。每当我说到：“我是学习对外汉语专业的。”总会给大家带来点疑惑——对外汉语是干什么的？我真想长篇大论解释一番，可是聚会毕竟是大家的，说得太多反而会让人生厌，于是只能简而概之：“就是教外国人学汉语。”我想话题就此可以打住了，没想到还真有些打破沙锅问到底的：“那教外国人比教咱们国内小学生要简单得多吧？”我哭笑不得，为了能让大家对我所从事的专业不要误解太深，我不得不继续解释：“举个简单的例子吧，大家肯定知道‘足球’和‘脚球’是两种完全不同的概念，可是在外国学生眼里，他们可能会提出这样的问题：在汉语里，‘足’等于‘脚’，而‘足球’‘脚球’中的‘球’又是相同的字，那么‘足球’就应该等于‘脚球’。对于此问题，请问大家该如何给外国学生解释？”也许我真不应该跟大家这样解释，大家往往会陷入沉思，片刻周围寂静起来，本是活跃的场子就这样被我“搞砸”了。

无独有偶，有一年电视春节晚会中，由外国朋友大山、艾迪、夏天、李天翼、梅友和茹丝表演的相声《四海之内皆兄弟》是语言类节目中的一个亮点，博得了许多人的好评。相声中，大山“穿针引线”，其他五人“你方唱罢我登场”，上演了一场精彩别致的语言幽默剧。其中大山和夏天的那一段关于“姑娘”和“姑妈”的探讨，正好是我们心声的表达——外国人不好教。我们先来看看大山和夏天的这番台词：

“……我们再认识一下夏天，她是俄罗斯姑娘。”大山介绍道。

“你叫我什么？”夏天反问。

“我叫你姑娘啊。”

“大山，你学过汉语吗？”

“你怎么问得跟他一样啊？”大山指向艾迪。

“你要是学过汉语就不应该叫我姑娘，你应该叫我姑妈。”

“姑妈啊？”大山一脸无奈。

“对啊，在汉语里‘娘’和‘妈’是一个意思，那你管我叫‘姑娘’，我就是你‘姑妈’。”

“是这么个姑妈啊。”

“大山呢，这不是姑妈说你，你这汉语啊，还得好好学啊！”

“那我就听姑妈的话吧，怎么听得这么别扭啊！”大山笑道。

现在我们不妨从语言学的角度分析下，为什么“姑娘”和“姑妈”不是一回事。

首先，现代汉语中除了有四种基本声调外，还有一种轻声情况，所谓轻声就是四种声调在一定条件下变成比原调又轻又短的声调。有些轻声音节还具有区别词义的作用，比如：

舅舅的孙子——王明是一名优秀的人民教师。

孙子是我国古代著名的一位军事理论家。

前一例中“孙子”中的的“子”读轻声，意思是儿子的儿子。后一例中“孙子”中的“子”读三声，是指人名。

“姑娘”的“娘”既可读作二声也可读作轻声。如果读为姑娘（gūniáng）的话，那么在某些方言中，姑娘就是姑妈的意思。如果读作轻声姑娘（gūniang）那可就指女儿或未结婚的女子了。显然夏天对现代汉语中的轻声这一概念还没有一个清楚的认识，“曲”了大山所说的姑娘（gūniang）而“解”为姑娘（gūniáng），得出了“娘”就是“妈”这样一个错误的结论来。

另外，我们知道语素是最小的语法单位，是语言中最小的音义结合单位。而词是由语素构成的，比语素高一级的语法单位，是最小的能够独立运用的语言单位。也就是说，词是由语素构成的，词和语素不能混为一谈。由语素构成的词所产生的词义，并不是词内部语素义与语素义的简单相加，而是有深层次的内部运作机制。

在《古汉语常用字字典》中“姑”有以下几个义项：①父亲的姊妹。②丈夫的母亲。③姑且，暂且。这些义项中并没有指女儿或未婚女子的意思，而“娘”却有少女的意思（《子夜歌》：“见娘喜容媚，愿得结金兰。”），因此整个词要表示女孩的意思，“姑”无需表意，只需“娘”表意便可，故“姑娘”是一个“娘”起表意“姑”作陪衬的偏义复词。而“姑妈”

中,“妈”本义是母亲的意思,整个词要表示“姑妈”之意,显然“重任”要落在了“姑”上,故“姑妈”是一个“姑”作表意“妈”起陪衬的偏义复词。看来,“姑妈”和“姑娘”这两个词中的语素“姑”虽然形式上一样,但其语法作用是不一样的。而“娘”和“妈”表面上意义是一样的,但在“姑娘”和“姑妈”中,“娘”和“妈”一个起表意作用,一个没起表意作用,用法上已是“分道扬镳”,那又何谈“娘”就是“妈”呢?这样一来,夏天将“娘”等同于“妈”显然也就不成立了。

由此可见,给外国人教汉语并不是一般人想当然地认为的:只要是个中国人都能教外国人学好汉语。我想,对于一个没有扎实语言学基本功的人来说,外国人可真不好教。

恐龙，恐龙

中国社会科学院民族学与人类学研究所　黄晓蕾

作为1980年到1995年之间接受小学直至大学教育的文科生，我的自然科学知识是贫乏的，所幸还抱有好奇心，因此和四岁的儿子一起看科普故事时也觉得颇有意思。现在的儿童绘本和我们小时候的图画书相比实在是丰富，宝宝从几个月到学前可以从认知卡片读到百科全书。因为儿子对于科普故事，尤其是有关恐龙的科普故事表现出极大的兴趣，我这个做妈妈的当然是不遗余力地买有关恐龙的各种绘本、不遗余力地讲关于恐龙的各种故事给他听。讲着讲着，发现自己对于恐龙其实是很困惑的，虽然“恐龙”在如今的日常生活中已经有沦为常用词的可能，但是对于科普知识中的“恐龙”我仍然所知寥寥。为了在孩子面前更有底气一些，我稍稍查了一下，没想到查完之后，不仅科普意义上的“恐龙”让我困惑了，连带语词意义上的“恐龙”都让我纠结了，于是决定好好想想这个关于“恐龙”的问题。

在和儿子讲各种恐龙的科普知识之前，虽然所知寥寥，但是对于“恐龙”这种著名的古生物我还是有一些字面上的理解，当然也仅限于一些字面上的理解。这也是常理，就像不可能人人都是语言学家一样，人人都是古生物学家也是不太可能的事。因为本文的目的是讨论一般人眼中的"恐龙"含义，而非古生物学家或语言学家专业研究中的概念，所以后面选择了《现代汉语词典》和百度百科词条这两种常用的备查方式。

根据我长期以来的字面上的理解，恐龙是身体很长而且爬行的巨兽，因为常识让我觉得既然被称作"龙"，即使不像蛇类那样蜿蜒游动，至少也得像蜥蜴鳄鱼那样缓慢地爬行，难道还会像老虎豹子一般在丛林中奔跑不成？但是看了多幅恐龙图片之后发现很多恐龙的身体粗壮、四肢较粗且直立，最重要的是恐龙基本上不是爬行而是用四肢或后肢行走或奔跑的。这一下子让我困惑起来，既然都可以用腿奔跑，为什么还叫"龙"呢？

既然这个常识是从字面上来的，那么还是从《现代汉语词典》开始，而且《现汉》（第五版）确实也证明了我的认识不是臆想出来的。《现汉》对于恐龙的解释为"古爬行动物，种类很多，大的长达几十米，小的不足一米，生活在陆地或沼泽附近，繁盛于中生代，在中生代末期灭绝"。鉴于《现汉》没有明确地说明恐龙的行动方式，只将其解释为"古爬行动物"，可以再看一下《现汉》关于"爬行动物"的解释："脊椎动物的一纲，体表有鳞或甲，体温随着气温的高低而改变，用肺呼吸，卵生或卵胎生，无变态。如蛇、蜥蜴、龟、鳖、玳瑁等。旧称爬虫。"让我吃惊的是，关于"爬行动物"的解释也没有交代该种动物的行动方式。难道"爬行动物"不是因为其行动方式是"爬行"而命名的吗？而且解释中提到的“蛇、蜥蜴、龟、鳖、玳瑁”，其中哪一种动物的行动方式不是一般理解上的“爬行”呢？《现汉》虽然证明了我的常识并非臆想，但是在“爬行动物的行动方式是否为爬行或者匍匐行走”的问题上却没有提供明确的回答。

再看看百度。先看看百度的百科词条关于“恐龙”的定义，“恐龙是生活在距今大约2亿3500万年至6500万年前的、能以后肢支撑身体直立行走的一类动物，支配全球陆地生态系统超过1亿6千万年之久。大部分恐龙已经灭绝，但是恐龙的后代——鸟类存活下来，并繁衍至今”。如果说《现汉》证明了我的一个常识，那百度的百科词条则证明了我对于大量恐龙图片的观察，即恐龙是“能以后肢支撑身体直立行走”的动物。而这两个均获得支持的判断是矛盾的，所以我更加困惑了。

好在百度的百科词条还有如下说明，“说是脊椎动物而不说是爬行动物的原因是，恐龙曾经被归为爬行动物，但是其不符合爬行动物的基本特征之一：匍匐的行走方式，以及现在一直被质疑的冷血动物一说”。问题似乎有点头绪了，恐龙曾经被认为是匍匐行走的爬行动物，人们最初给恐龙命名也是根据这一判断。1842年，英国古生物学家查理德·欧文创建了“dinosaur”（恐龙）这一名词，“dinosaur”来自希腊文“deinos”（“恐怖的”）“Saurosc”（“蜥蜴”或“爬行动物”），“恐龙”是“dinosaur”一词的汉语对译。

但是为什么将“Saurosc”（“蜥蜴”或“爬行动物”）翻译成“龙”而不是“蜥”或“虫”什么的呢？百度百科词条也有解释，“后来，中国、日本等国的学者把它译为恐龙，原因是这些国家一向有关于龙的传说，认为龙是鳞虫之长，如蛇等就素有小龙的别称”。因为龙是“鳞虫之长”，因为“蛇等就素有小龙的别称”，所以将“Saurosc”（“蜥蜴”或“爬行动物”）翻译成“龙”。解释得似乎有点简单，不过可以明白《现汉》解释的来源了，其解释代表了人们对于恐龙的早期认识，而且难能可贵的是《现汉》并没有在恐龙的行动方式做过多纠缠，有时候模糊反倒成了准确了。

至此，我的困惑似乎也可以解开了。从字面上理解“恐龙是一种类似于龙，长大而爬行的巨兽”并非我个人的臆断，当初日本和中国的学者确实是考虑到这种已经灭绝的古生物与中国传统的神兽之间的某些共同点而给前者命名的。后来经过大量的化石发掘，科学家们才逐渐发现，恐龙基本上是行走或奔跑的，并非爬行，所以不能将其理解为匍匐行走的爬行动物（还有其他一些与传统意义上的爬行动物相违背的特征）。在此，我不想讨论古生物学上的专门知识，我也不具备这样的能力，仅仅只想讨论大众普遍接受的“恐龙”的概念，所以还是回到字面上来。

“dinosaur”早已创立了，“恐龙”也早已译成，并且均已沿用了下来，但是伴随着科学技术的发现，“dinosaur”或“恐龙”的内涵却发生了变化。《现汉》关于龙的解释有两个义项与本文有关：“①我国古代传说中的神异动物，身体长，有鳞，有角，有脚，能走，能飞，能游泳，能兴云降雨。”“④古生物学上指古代某些爬行动物，如恐龙、翼手龙等。”①是“龙”的本义，也是一般中国人耳熟能详的龙的形象，按照《现汉》的解释它的行动方式有“走”“飞”“游泳”，但以我个人的语感，“龙”的身体虽然很长，但是四肢却很短甚至只有脚没有腿，《现汉》解释为“有脚”而不是“有腿”可能也是源于此，因此所谓“走”应该是一种至少与鳄鱼类似的“爬行”，谁能想象中国龙用其粗壮的四肢或后肢在古神州大地上安然漫步或飞速奔跑呢？④义项是“龙”的延伸义，即作为古代爬行动物的“龙”，或者更明确地说是，恐龙的“龙”。按照现代的考古发掘，这样的“龙”很多时候是快速奔跑的，尤其还是使用粗壮的后肢，因此以前我关于恐龙的一些奇思妙想，例如在中生代的地球上蜿蜒而行、兴云降雨之类，现在看来颇有搞笑意味的。撇开古生物学上的一些争论姑且不论，单从语词的角度来看，伴随着作为科普意义的恐龙概念逐渐为大众所接受，“龙”的第四个义项的内涵开始逐渐更新和拓展，逐渐和第一个义项的“龙”的含义有所区别。作为语词的“龙”的含义不仅有“中国古代传说中神异动物”的层面，而且也有“中生代灭绝动物”的层面，更为重要的是，伴随着考古发掘的进一步发展，在一些基本特征方面后者与前者逐渐远离，原先因为相似性而延伸的“龙”的内涵现在进行了更新与拓展，或者说，此“龙”非彼“龙”了。

关于这一点，我曾经与四岁的儿子有一个有趣的小交流。儿子与我的知识背景完全不同，首先鉴于目前幼儿教育中科普知识绘本的数量和质量远远高于传统知识绘本，对于作为“中国古代传说中神异动物”的龙的概念儿子并不像我那样根深蒂固，同时由于极其热爱科普绘本中的恐龙，所以对于作为“中生代灭绝动物”的“龙”倒是耳熟能详，所以当我问他“恐龙与龙是一样的吗？”小家伙的回答是“恐龙与什么龙？大龙吗？”我说：“是，是大龙，也叫中国龙。”“不一样，恐龙跑得很快很快，可以抓到东西吃。大龙很长很长。”小家伙回答颇为自信。在儿子的概念中，龙的第一个义项在内涵上的优势已经不太明显了，已经需要加修饰词（“大龙”）与“恐龙”并列了，而且小家伙认为“恐龙跑得很快很快”，这很显然也不是第一个义项中的内容，因为对于“有脚”而并非“有腿”的“龙”来说，只能是“游得很快”或“飞得很快”而不是“跑得很快”。因此对于现在的中国孩子来说，龙的概念很可能既是在广袤的远古大陆上快速奔跑的巨兽，也是我们这一代以及此前无数代人所理解的在空中、在水中蜿蜒游动的传说。

当初的日本、中国的学者用“龙”来指称西方语言中的“爬行动物”或“蜥蜴”，自有其考量。然而，随着科技的进步，人们发现原先的认识有欠缺，对原有的概念进行修正，而名称一旦确定却不再更改，因此改变的就是名称的内涵了，“龙”含义从蜿蜒爬行的神异动物扩展到快速奔跑的远古生物，这种语词上含义的各种存留其实也如同古生物化石一样记载了人类思想意识中种种过往。

一幅汉语挂图

广西师范大学国际文化教育学院　赵燕华

在泰国，学汉语的人很多，因此对汉语教师的需求也比较大。泰国本土的汉语教师并不是都有机会来中国学习汉语，因此他们希望能够在本国通过各种途径的培训来提高自己的汉语教学水平。

2011 年 3 月，我有幸去泰国宋卡给泰国本土汉语教师暑期培训班授课。这次暑期培训班是由广西师范大学与宋卡王子大学文学院共建的孔子学院主办的，一共两个班，一个是预备班，学员都是汉语专业的大学本科应届毕业生，将来可能会从事教师行业，他们只有一个星期的培训课程；另一个班是教师班，学员都是泰国本土汉语教师，他们大多数是泰国中小学教师，也有个别是大学教师，他们有两个星期的培训课程。这两个班的课程内容是大体相同的，有汉语知识课、汉语教学技能课、汉语教学课堂用语课、汉语教学课堂活动课、教案设计课、多媒体教学技术课、教学实践与教学研讨课，还有中国结制作课、剪纸课和中国舞蹈课，可以说是汉语知识、教学技能和才艺并重。

我给他们培训的内容是汉语知识和汉语教学法。他们对汉语熟语很感兴趣，所以我在词汇知识的授课中主要介绍的就是汉语的成语、惯用语、歇后语和谚语。在汉语教学方法的讲授上，我主要用了大量的教学实例来展示不同的教学方法，最后还给他们介绍了十几种非常有趣的课堂游戏。

暑期培训班对学员是免费的，学习结束后还会发给他们结业证书，有的学员热情很高，每次孔子学院主办的暑期培训都会来参加。这次培训竟然遇到了我在桂林教过的一个留学生，真是倍感亲切！她毕业已经两年了，一直在从事汉语教学。她告诉我，现在她体会到了当老师的确不容易，总觉得自己的汉语不够用，特别是在汉语教学方面需要不断地学习。她也确实是在不断地找机会提高自己的汉语教学水平。

暑期培训班的学员上课时也都很积极地参与讨论。尤其是教师班的学员，由于他们有多年的汉语教学经验，有的还来过中国好几次，所以说起汉语教学，他们都有自己的一套方法，交流起来很有心得。记得有一次我让他们说说自己在课堂上用什么方法来给学生训练听力，很多学员都说给学生听中文歌，比如《甜蜜蜜》《小草》等。怪不得我们学校的泰国学生几乎都会唱《甜蜜蜜》呢，原来有这些传播中文歌曲的泰国老师们！至于《小草》，那可是我小时候最喜欢的歌。这样的歌好听易学，歌词也是很阳光的，教初学汉语的人唱是再合适不过了。说到听歌的方法，我建议他们让学生进行写歌词比赛，把学生分成几个组，每组成员可相互讨论，最后哪组学生写得最好则获胜。说到课堂上的比赛，我们又讨论了如何奖励获胜学生的问题。有学员说编中国结送给学生，这让我很感动，也明白了他们为什么那么认真地学编中国结。有的学员会编小花、蝴蝶，还会编好几种手链。除了听中文歌，还有学员说给学生看中文电影来训练学生的听力。什么样的中文电影比较适合泰国中小学生学习汉语呢？有的学员说给学生看中文电影的精彩片段，有的说给学生看卡通，比如《哪吒传奇》和《喜羊羊与灰太狼》。我觉得看卡通比较好，因为卡通既适合中小学生的年龄特点，每一集又不长，可以看完一个完整的故事。尤其是近几年中国的卡通不断地推出精品，像《喜羊羊与灰太狼》在中国几乎是家喻户晓的，也很容易从书店购买或从网上下载。随后，我向他们推荐了使用汉语绕口令来训练听说能力，还让他们欣赏了 S. H. E. 的《中国话》MTV 版，这首歌里的绕口令是很多留学生都会说的。

最让我感动的是一位上了年纪的泰国汉语教师，她大概有 50 多岁了。一天我刚给预备班上完课，她就进来了，指着墙上的季节和时间的汉语挂图问我在哪儿能买到（教师班上课的教室没有这幅挂图）。我说不太清楚，我在中国没有见到这样的挂图。她有点失望，随后从包里拿出一个相机，打算把这张挂图拍下来。只见她的手颤巍巍的，每按一下相机快门就上下抖动一下，我甚至怀疑她都没有对好焦。她这么用心地来拍这幅挂图，如果拿回去却看不清楚岂不可惜。于是，我对她说："我来帮你拍吧。"她很感激地把相机递给了我。我先帮她拍了整幅图，然后给每张小图都拍了特写。我拍得特别认真，我要把每张照片都拍得尽可能完美。我仿佛看到了这位老师在课堂上快乐地向学生展示这些照片。

泰国有这么多兢兢业业的汉语教师，我向他们致敬！

被拒，并非“杯具”

中国传媒大学文学院　崔　乐

哥哥即将从北大地质学系硕士毕业，一心赴美留学。为了增大录取几率，哥哥本着“全面撒网，重点捕捞”的原则，一口气申请了五所名校的博士学位。反馈最快的是麻省理工学院——

> 经过对所有海洋学/应用海洋科学与工程专业博士学位申请者的认真审查，很遗憾您未能录取为2011—2012年度的新生。如您所知，我们的招生名额非常有限。您不必为此感到气馁，希望您能继续保持对这一领域的学术热情。感谢您对这一招生计划的兴趣，祝您将来的事业获得成功。

被“牛校”拒也是情理之中，意外的是，作为最负盛名的理工科大学，拒信却丝毫没有人们刻板印象中理工科那种闪着寒光的冰冷，而是透着贴心的暖意。没过几天，又收到了伊利诺斯大学的回复——

> 地质学系的招生委员会已经收到您的申请。每年地质系都会收到大大超出招生名额的申请，令人欣喜也令人为难。今年的竞争

同样激烈，大量申请者角逐非常有限的招生名额。我们很高兴有大量优秀的申请者，但也遗憾只能录取其中的一小部分。很遗憾，招生委员会经过认真审查、投票，最终未能录取您。我们需要在众多出类拔萃的申请者中进行选拔，因而这是一个艰难的决定。很遗憾没能带给您更好的消息，祝您未来学业顺利。

这封拒信还真客气，光“遗憾”（sorry、regret）就重复了三次。这哪里是拒信，简直是为没录取咱而写的道歉信。看了不仅没沮丧，反而挺舒心。忐忑不安的等待终于尘埃落定，把希望寄托在接下来的学校上吧——

康奈尔大学地质学系很高兴收到您的博士学位申请，我们已通过您的资料与个人陈述得知您的情况。很遗憾，我们未能录取您。每年我们都会收到很多超出招生名额的申请，因而不得不拒绝一些完全符合要求的申请者。我们保证这一决定是在认真审查了您的申请材料之后做出的。感谢您对我们专业的兴趣，祝您在今后的努力中获得成功。

又一次被拒，又一个“杯具”。既然选择走留学这条艰难的路，就要有足够强大的神经。这不，哥伦比亚大学千里迢迢地送来了第四个“杯具”——

很遗憾地告知您，经过对一群优秀申请者的评估，招生委员会未能录取您为地球与环境科学专业的博士生。我们的决定必须基于申请材料，而申请材料将一个个独特而又复杂的个体简化为一张张档案资料。尽管如此，我能向您保证：您的申请经过了非常认真的考虑，招生委员会做出的决定经过了充分的审议。很遗憾这不是个好消息。祝您将来的事业取得成功。谢谢您给我们这个考虑您进入哥伦比亚大学的机会。

经历了多次被拒的洗礼，已经有了足够的心理准备，没了起初的郁闷，反而有一种如释重负的轻松。看了这么多拒信，不难发现美国高校的拒绝方式如此人性化。短短几行文字，言辞真诚恳切，既突出竞争之激烈、选拔之艰难，又饱含浓浓的歉意、感谢、祝福。这种拒绝方式给足了人“面子”，避免打击申请者的学术兴趣，最大限度地减弱了拒绝给申请者造成的心理冲击。与之对比鲜明的是国内高校的拒绝方式：考生大多不会收到来自官方的回信，而是通过一道冷冰冰的分数线得知自己的命运。每一次发榜都会有人笑、有人哭。也许可以从文化差异、教育体制等角度来解释这种拒绝方式的不同，但人与人之间的相互尊重却是普世的价值观。拒绝的策略是以对被拒者的尊重与关爱为出发点的，一次成功的拒绝往往不单单是拒绝，还包含着平等、尊重、歉意，甚至是谢意、关切、祝福。在人际交往中，拒绝可能是潜在的不和谐因素，处理得当可以相安无事，处理不当则可能激化矛盾。一个和谐的社会应当是一个不会让人轻易遭受无理拒绝的社会，一个即便被拒也心悦诚服、不会过于失望和沮丧的社会。

有时候，被拒还可以是一件甜蜜的事。2011 年 4 月 1 日的《成都晚报》有这样一则新闻：《美女手捧玫瑰花主动求婚　遭无房无车男友拒绝》。这位男士是这样拒绝女友的：求婚的应该是我，但是我现在什么都没有，还不能娶你，你等我三年，等有房有车了我再向你求婚，那时候你一定要答应我啊。听完这番感人肺腑的话，女友幸福得泪流满面。这无疑是一次成功的拒绝，原来拒绝也可以如此幸福和感人。试想，如果没有对拒绝原因的坦诚交代，没有对男人责任的自觉担当，没有对幸福未来的坚定保证，那么拒绝求婚就不会成为一个增进感情的纽带，而是一道让人心灰意冷的墙。

对了，也许你会好奇哥哥最后的命运。在收获了一个又一个"杯具"之后，哥哥人生的茶几终于摆上了一个"洗具"——来自美国马里兰大学的录取通知书。

中式英语里的中国特色

华东师范大学　李明洁

话说一名美国小伙儿来中国旅行。他下了飞机就瞧见机场里的等候厅写着 Welcome you，尽管和英语的 welcome 不一样，但看来英语是有的，他乡遇故语，他的心一下子安定下来。不一会儿，他就发现机场的商店、餐厅甚至厕所门上都写着各色各样的"欢迎光临"：Welcome you，Welcome to presence，Welcome again，Welcome the foreign friend come。他开始感觉眼花缭乱了。坐上出租车，看到前面座椅的后背上写着 Please take good personal luggage（请带着好的私人行李/请带好您的随身物品），他想糟糕了，我没带什么好东西呀；想冲司机打听吧，却看见车窗上贴着一条儿：I am smile messenger（我是一只笑着的传呼机/我是微笑使者）。他有些糊涂了。下了车先去填肚子，到了饭店，一拿菜单，大吃一惊：man and wife lung slice（夫妻两人的肺部切片/夫妻肺片）、Rolling donkey（打滚的驴子/驴打滚）、chop the strange fish（砍那陌生的鱼/生鱼片）……可怜的小伙儿当场晕倒。

这个段子的确有点夸张，不过，他遇见的事儿可是随处可见的。中国改革开放以来，来中国旅游、经商、学习和生活的外国人越来越多。根据中国公安部官方网站的资料，2010 年出入中国国境的外国人达到了 5211.2 万人。这在以前是很难想象的。不少外国人还在中国居住或者长期生活。英语作为一种公共交流的语言，在社会生活中发挥了很大的作用，特别是大城市的公共场所，指示牌、广告牌、路标、菜单上面几乎都能看见英语。

有意思的是，咱们中国人自己翻译的英语绝对有中国特色，受到汉语的词汇、语法和文化的影响，并不符合英语的规范，怪到可以吓晕美国小伙儿！人们给这种英语起了个特殊的名字，叫做“中式英语”（Chinglish）。

产生中式英语的原因很多：在中国专门翻译这些公共标志的机构和人员都很少。中国大约有 3 亿人学过外语，可是水平没有那么高。到处都需要翻译，商店里、饭店里、办公室里经常要与外国人打交道，没有通用的英语实在是不方便；当然，有时候菜单上、衣服上、说明书上加几句英语，只是为了表示很摩登、有外国味道。于是，只能自力更生，按照自己的母语知识，翻开英语字典，打开电脑搜索，逐字逐句地翻译起来。上海一个公园里的售货亭，兼卖小朋友的小玩具。顶上又是 toy（玩具），又是 plaything（玩物）。估计就是想弄个英文字儿装饰装饰，没想到遇到了个比较粗糙的翻译软件。嗨！中式英语就这样面世了，特别是北京、上海这样的旅游城市更是随处可见，连说英语的外国人也常常会看不懂，有人记下它们，还写成了书呢。

汉语的词汇结构与英语不同，中式英语常常只翻译字面上的意思。比如，汉语里有不少成语，它们的构词和意义都是固定的，不能简单地把每个字的意思加起来："人山人海"是形容"人非常多"，"马马虎虎"是说"差不多、不认真"；对应的中式英语是"people mountain people sea"和"horse horse tiger tiger"，估计不会说汉语的外国人肯定要糊涂了。

除了词语，汉语的语法和英语也不一样。中式英语不考虑英语的语法，总是按照汉语的语法把英语单词一个一个搬上去。"好好学习，天天向上"是毛泽东同志的名句，现在也是中式英语里的名句了："good good study, day day up"。中国人见面说"好久不见"，那么，中式英语就是"Long time no see"，这句话如今在美国很流行。正宗的英语里，主语的时候用"I, who"，宾语的时候要换成"me, whom"；中式英语没有这么复杂，直接说"You ask me, me ask who"（"你问我，我问谁？"）。

中式英语里，最有趣的现象是汉语和英语在文化方面的差异。有时候很容易闹笑话，比如，中国很多特色菜，名字都有来历，讲起来都是有意思的故事，三言两语可讲不清楚，翻译就更难了。"Ants Climbing the Tree"（"爬树的蚂蚁们"/蚂蚁上树）这道菜连很多中国人都不知道是什么，其实就是肉糜炖粉丝；"4 Glad Meatballs"（"四个快乐的肉球"）呢，就是北方的常见菜"四喜丸子"。中国人的文化传统讲究委婉，人们不太喜欢听到命令禁止的话，尽量不直接说"Don't, Prohibition"。所以，公园的告示牌上这么写着"Litter grass has life, please watch your step"（"小草有生命，足下请留情"）。

中式英语本质上是一种语言混合的现象，不同语言和文化相互接触并产生融合，具有地域性和阶段性。对于人们的交际，它有好处，也有坏处。但是，无论如何，中式英语是有中国特色的英语，它是当代中国语言生活中的常见事实，也是文化交流的生动记录。

“情人节”的汉语译名的误会

北京联合大学应用文理学院　陈　悦

公历2月14日这一天是西方的St. Valentine's Day，在汉语中，这个节日原译作“圣瓦伦丁节”，也有译作“圣瓦伦廷节”，两个译名的“圣”字可省略，是个音译与意译结合的外来词，其中“圣”“节”是意译，“瓦伦丁”是音译。

无论是“圣瓦伦丁节”还是“圣瓦伦廷节”，都会让不知其意的人看得“一头雾水”；提到它的来历，在几种不同的说法中有一种格外感人。相传在公元3世纪，罗马皇帝克劳迪亚斯二世公然禁止青年男子结婚，其原因竟然是单身男子没有家庭牵挂，可以在战场上奋勇作战，勇往直前。这个命令一发布，让许许多多的有情人难成眷属。这时，一位名叫圣·瓦伦丁(Saint Valentine)的牧师挺身而出，勇敢地继续为相恋的青年人举行教堂婚礼。为此，在公元270年2月14日这一天，圣·瓦伦丁牧师被罗马皇帝下令杀害了。从14世纪以后，人们在每年的2月14日纪念这位为了青年男女幸福勇敢献身的圣·瓦伦丁牧师，于是这一天被称为“圣瓦伦丁节”。

就笔者所能找到的现有资料,"圣瓦伦丁节"这个译名最早出现在20世纪80年代初期,比如:"自四十年代开始的以后二十年里,稍许有点吸引力的暴徒片只有《罪恶的力量》《暗杀公司》《圣瓦伦丁节大屠杀》等极少的几部。"(陆涌明、金忠强《暴徒片在美国再度兴盛》,《电影评介》1981年第5期)由于几十年前中国大陆地区对西方文化介绍得比较少,人们对这个节日的译名从字面上看不明白,所以有关文章往往要在这个译名后做一些补充说明,比如:"如果遇到银婚或金婚纪念日,以及圣瓦伦丁节(情人节),鹅也是表示忠诚爱情的最佳礼品。"(屠乐安《鹅在美国象征"忠诚"》,《家禽》1982年第1期)也有的文章就直接以"情人节"代替"圣瓦伦丁节"了:"情人节:2月14日。"(中国出口商品包装研究所上海分所资料室《礼品与礼品包装》,《包装研究》1982年第2期)以上资料虽然不够全面,但已大致可以说明问题。

汉语的外来词中,意译词总比音译词更通俗易懂。所以,许多汉语外来词都是先以音译词的面目出现,再过一段时间,在得到社会的认可,认为是有价值的,不会是昙花一现时,可能会出现相应的意译词。比如"水门汀/士敏土"与"水泥","梵婀玲"与"小提琴"等等,都经历了这样的发展过程。毫无疑问,汉语把 St. Valentine's Day 从"圣瓦伦丁节"改译作"情人节",是一个进步;但是,由于忽略了"情人"在现代汉语中有两个在道德观念层面相对立的意思,存在歧义,让人分不清这究竟是为哪一种"情人"设置的节日,则不能不说是有缺憾的。

"情人"在现代汉语中有两个意思:"1. 相爱中的男女的一方。2. 特指情夫或情妇。"(《现代汉语词典》第5版,1116页,商务印书馆,2005)

其中,上述第一个意思,"相爱中的男女"可以都是未婚,也可以都是已婚(但前提是二者是夫妻)。上述第二个意思,《现代汉语词典》第5版是这样注释的:"情夫:男女两人,一方或双方已有配偶,他们之间保持性爱关系,男方是女方的情夫。"(1116页)反过来,那么"女方是男方的情妇"。(1116页)显然,以现代文明社会的道德观念来衡量,以上第一个意思是合乎道德规范的,第二个意思则不合道德规范。"情人"一词在是否符合道德规范标准方面兼具如此两义,显然就少不了歧义。

事实上,从上文介绍的"情人节"这个节日的来源看,以及从现在流传的其他几种相关传说看,西方的 St. Valentine's Day 恰恰与婚外情的"情人"无关。

《牛津高阶英汉双解词典》第7版(商务印书馆,2009)对 St. Valentine's Day 的注释为:"圣瓦伦廷节,情人节(2月14日),常以匿名形式送情人卡。"(2010页,英文注释略,下同)对 valentine 的注释为:"1.(在2月14日常匿名寄送的)圣瓦伦廷节情人卡。2.(收受圣瓦伦廷节贺卡的)情人。"(2229页)显然,英语中的 St. Valentine's Day 是有特殊文化和含义的。

现代汉语中的"情人"在英语中怎么表述呢?《新时代汉英词典》释为:"sweetheart;lover"。(潘绍中主编,982页,商务印书馆,2003)《牛津高阶英汉双解词典》第7版对 sweetheart 释为:"恋人;爱人;心上人"(2043页);对 lover 释为:"(婚外的)情人,情侣"(1203页)。看来,在英语中,sweetheart 大致对应了汉语"情人"的"相爱中的男女的一方"意思,lover 则大致对应了"情人"的"特指情夫或情妇"的意思。"情人节"

(St. Valentine's Day)在英语中既不用 sweetheart,也不用 lover,正说明了这一节日的特殊性。

在汉语中,“情人”这个词,原本并没有婚外恋人的意思。《汉语大词典》释为:“1. 感情深厚的友人。南朝宋鲍照《翫月城西门廨中》诗:‘迴轩驻轻盖,留酌待情人。’……2. 恋人。《乐府诗集·清商曲辞一·子夜四时歌秋歌二》:“情人不还卧,冶遊步明月。”……巴金《春天里的秋天》十九:‘啊,河那边相对着的三颗星,顶上一颗青白色的大星不就是他的情人织女吗?’”(罗竹风主编,第 7 卷,577 页,汉语大词典出版社,1991)另外,在汉语中也有“情人眼里出西施”这样的俗语。显然,“情人”的“婚外恋人”的意思是从“恋人”的意思引申出的,至于何时出现则待考。

“情人”的“恋人”与“婚外恋人”的意思并存以后,慢慢地,“婚外恋人”的意思逐步占了上风,人们提起“情人”,首先想到的是“婚外恋人”的意思。《商务馆学汉语词典》有这样两个有趣的例证:“我们现在很少说‘情人’,爱说‘女朋友’和‘男朋友’。”“在中国,人们认为结了婚的人再有情人是不道德的。”(鲁健骥、吕文华主编,574 页,商务印书馆,2006)这两个例证在一定程度上也证明了这一点。

“文革”期间,由于极左思潮的影响,人们对于西方的事物往往不加分析,一概以腐朽落后视之。对于改革开放之初出现的“情人节”这个 St. Valentine's Day 的新译名,尽管有些人知道“情人节”的“情人”是什么意思,但也有不少人却想当然地把它理解为婚外情人的节日。在 2006 年的情人节前夕,北京的翡翠珠宝行恒昌翡翠连锁店突然对外宣布了一个令人疑惑的规定，它在北京的王府井百货大楼等25家大型商场的翡翠专柜前都贴出了这样的公告：“珠宝翡翠不卖给情人，只卖给合法夫妻，购买者需凭户口本或结婚证购买。”面对人们的困惑，该店负责人介绍了制定这一规定的考虑：凭以往的经验，该店发现“不少人都是趁着情人节给婚外恋的‘小情人’送礼，也有许多赶时髦、不惜一掷千金，大手大脚买珠宝送女朋友的大学生。”所以，该店这么做，“就是要和现在‘变了味儿’的情人节唱唱反调，以保证礼物送出的纯洁性。”（乐伍《购物须出示结婚证引发歧视争议》，《西部时报》2006年2月17日，7版）显然，翡翠店的这一规定，说明社会上有不少人把“情人节”与婚外恋人联系在了一起。

现在，随着时代的进步，随着国人对西方文化的认识的加深，对“情人节”心存误会的人已少了很多，但这样的理解直到现在仍然有，比如直到2011年情人节前夕，仍然有人在网上发帖说：“夫妻之间不能过情人节，情人是指有婚外性关系的人。”可见部分人对“情人节”这一译名误会的根深蒂固。

在现代汉语中，“情人节”原本可以有更好的表述方式。笔者认为，用“情侣”代替“情人”，就是一个很好的选择。《现代汉语词典》第5版1116页对“情侣”释为：“相恋的男女或其中的一方。”现代汉语中还有“情侣装、情侣衫、情侣表、情侣杯、情侣包、情侣戒、情侣鞋、情侣袜、情侣灯”等词，所以用“情侣节”取代“情人节”来对译St. Valentine's Day，不仅理据充分，也可以避免上述对“情人节”的误会的产生。

当然，道理虽然是这样的，但笔者并不主张把“情人节”改称为“情侣节”。“情人节”的译名沿袭已久，同时也仅仅是有歧义，特别是，它在近年来已成为国内很有影响的一个不是法定的节日，如果真要改名，只会在社会上引起混乱。另外，随着国内知识界对“七夕节”的重新提倡，并且把“七夕节”定位为“中国的情人节”；由于国人对牛郎织女这个美丽传说的熟知，受此影响，把“情人节”理解为婚外情人的节日的人也在逐步减少。

以上是“情人节”在中国，特别是在汉语中的大致情况。至于其他国家现在是怎么看待“情人节”的，则又另当别论了。

不一样的“情人节”

中国传媒大学对外汉语教育学院　陈晓宁

美国夫妇斯坦·博丹和简·博丹(Stan & Jan Berenstain)的《贝贝熊系列丛书》(*The Berenstain Bears'*)是儿子小时候最喜欢的一套系列漫画故事书。熊爸爸、熊妈妈、小熊哥哥、小熊妹妹、小熊宝宝一家五口人,讲述了一个又一个寻常、却洋溢着温馨和爱的家庭故事。人物形象卡通可爱,故事深入童心。对爸爸妈妈们来说,这部书的高明之处还在于每个故事都是一个不动声色的行为教育“案例”,孩子们乐于效法小熊哥哥和小熊妹妹,而大人们也能从熊爸爸、熊妈妈的经历中学到很多实用的与孩子相处的技巧。这套被誉为“美国孩子行为教育之父”的丛书,40 年来,在美国及世界各地共发行两亿四千万册,受到几代人的追捧和喜爱。

儿子识字很早,三岁多就开始了独立阅读。但是每晚睡前,他还是更愿意听我读书。在近一年的时间里,《贝贝熊系列丛书》是他唯一的选择。丛书的第一辑和第二辑共有 70 册,《学校的烦恼》《科学饮食》《实话实说》《对待陌生人》……话题涉及孩子生活的方方面面,画面充满情趣，翻译文字也精准地道。我读得不厌其烦，儿子也听得不厌其烦。

70本里，有一本让我有些小困惑——《意外的情人节》（*Funny Valentine*）。扉页上有这样一段话：情人节到了，屋外也许天寒地冻，但节日的气氛却暖暖的，小熊们都准备好了要互相赠送贺卡呢。故事讲述了情人节期间，小熊妹妹准备贺卡、接受贺卡和礼物的一连串儿小故事。

情人节，孩子也过情人节？

据说公元3世纪，为了使男人们无所牵挂地走上战场，罗马帝国皇帝克劳迪乌斯二世宣布废弃所有的婚姻承诺，男女恋人不得举行婚礼。神父瓦仑廷（Saint Valentine）却没有遵照这个旨意行事，继续在教堂为相爱的年轻人举行婚礼。事情传到皇帝耳中，瓦仑廷神父被捕入狱，鞭抽，被石头掷打，受尽酷刑。公元270年2月14日，瓦伦廷神父被处以了绞刑。14世纪以后，2月14日这一天被人们称为Valentine’s Day，用来纪念为有情人终成眷属付出生命代价的瓦伦廷神父。

情人节什么时候进入中国，译名又从何而来，已无法考据。这些年，年轻恋人们流行过情人节，2月14日，巧克力售罄，玫瑰身价倍增；已婚的爱侣们“慎重”过情人节，在中国，“情人”两字意味着婚姻以外的男女关系，那可不是闹着玩的。更有人把“情人节”称为“擒人节”，这一天，不少婚外情“昭然天下”。至于孩子，孩子过情人节？在中国，是冒天下之大不韪，这还了得？！

2011年2月，带着好奇和疑惑，我和儿子在美国着手迎接第一个“情人节”。两个星期以前幼儿园就发来了通知，每个孩子要准备11张贺卡，在“情人节”那天送给班里其他的小朋友。陪儿子到书店挑贺卡，品种很多，有送女孩子的公主系列，送男孩子的恐龙系列，还有机器人系列、汽车总动员系列等等。每个卡通人物都配合着一颗饱满鲜艳的“心”，呼之欲出，旁边还有一行大字——情人节快乐！儿子挑了自己喜欢的，回家又根据老师提供的全班同学的名单，一张张写上名字，写上祝词：Happy Valentine’s Day（情人节快乐）！

2月14日，儿子带着厚厚一沓贺卡欢天喜地去幼儿园了，我回到办公室准备一天的工作。咚咚咚，有人敲门。门一开，笑靥如花，是邻屋日语部的老师佐藤光代。“Happy Valentine’s Day ，Xiaoning！”（晓宁，情人节快乐！）光代一边说着一边递过来一大块巧克力，粉粉的，可爱又诱人。有没有搞错啊，瞬间有点儿晕。谈恋爱时不流行情人节，结婚以后没过过情人节，这是第一次有人祝我“情人节快乐”，还是一位同性好友！

“光代，今天可是情人节啊——”我终于忍不住表达了困惑。

“是啊，所以才送你巧克力啊。”

“情人节不是恋人们之间的节日吗？”我更迷糊了。

“不是，只要是你想祝福的、感谢的，都可以送花送巧克力送礼物。”光代看出了我的困惑，“连幼儿园的小朋友都可以互赠礼物的。你们家Matthew（儿子的英文名）没给小朋友送礼物吗？”

光代的丈夫是美国人，家里有一对漂亮可爱的混血双胞胎女儿。在美国生活多年的“美国媳妇儿”光代对美国的节庆、传统应该有比较深刻的理解和了解。看来，有情人表达爱意的 Valentine’s Day，在美国早已是大众化的节日，完全没有任何隐晦灰色的含义。这一天，不仅爱侣们可以相互表达爱意，男女老少们也都可以互致感谢和祝福。

这两年，咱们中国的节日也多了不少，新设的，从传统中“挖”出来的，舶来的，官方的非官方的……一年到头总有“节”过。2010年圣诞节回北京，感觉北京的圣诞节气氛比华盛顿D. C. 还要浓烈，场面也更加奢华气派。节多了，表达心情的机会多了，放纵身心的时间多了，当然好！只是，这个“情人节”有点儿不尴不尬，也许，可以试着改回她的本名——瓦伦廷节？

留学生语言趣谈

北京广播电视大学　张春华

语言不仅是人们用来交流的工具,还是一个民族文化的载体。所以语言习得的过程,同样也是了解一个国家文化的过程。跟许多语言相比,汉语自身的特点又比较鲜明,这些特点在留学生二语习得的过程体现得尤为明显。下面我们通过几则故事,来分析汉语的特色,以及所反映的极富个性的文化。

一、我要吃牛肉

一名美国学生来中国两个月后,觉得汉语有很大进步,于是决定走出学校的食堂,要去尝遍北京的美食。他打听到一家有名的川菜馆。选了一个阳光灿烂的日子,满怀信心和期待地到了那里。当服务员将菜谱递给他时,他才发现原来学的汉语还真不够,很多都看不懂。于是他只找自己学过的字来点,他因为刚学了“牛”字,所以想点个牛肉尝尝。经过一番比画,终于将菜点好了。过了一会儿,服务员端来一盆菜,香飘四溢。他迫不及待地要先尝为快,结果仔细观察发现,盆里漂着的似乎不是牛肉,而是青蛙的大腿。他在美国从来没吃到过这样的“牛肉”,还吓了一身冷汗，于是赶紧招呼服务员："这，这，这是牛肉吗……" 服务员先是一愣，而后恍然大悟了，笑着说："你点的不是牛肉，是水煮牛蛙。""牛蛙？什么是牛蛙？不是牛肉？"他只知道青蛙生活在池塘边，不曾想青蛙还能进入到餐桌。但他还是没敢吃，于是只好请服务员又换了一份真正的牛肉。他这才体会到汉语的奥妙，原来带"牛"的不都是牛的亲戚。牛蛙之所以跟"牛"扯上关系，是因为它不仅比普通青蛙大得多，而且叫声还跟"牛"相似，于是人们才给它命名为"牛蛙"。后来，他也知道了"凤爪"原来不是"凤凰"的"爪子"，"鱼香肉丝"吃起来竟然是猪肉。不过，留学生的适应能力是一流的。当我跟他聊天时，他竟然对在美国从来没吃过的"鱼头""猪脚""狗肉""鸭头"等赞不绝口。

"吃"不仅用来果腹，还可用来传情达意。吃的内容分层次，从街边小吃到高档餐厅；吃的方式也各种各样，吃大碗，吃小碗，吃独食，吃团圆；吃的目的更是千差万别，朋友聚会，商务谈判，结婚宴请，食疗养生。饮食是一种文化，而这种文化更成为一个民族的象征。在"吃"的过程中，留学生品的不仅是各种食物的味道，了解的更是中国的一种文化。

二、娶个中国姑娘

一名韩国学生找了一位北京姑娘，这名韩国学生汉语说得很好，也一心想在北京找个工作，他和女朋友憧憬着美好未来。时间在幸福甜蜜中度过，一来二去到了该去见见父母的火候了，于是找了个周末，北京女孩带着韩国小伙儿来到了家里。寒暄完毕，吃饭的时刻到了，妈妈准备了一大桌子菜。一边谈，一边吃，大家聊得很开心，不知不觉，一盘盘菜就都见了底，妈妈担心不够，又加了一个土豆丝，一会儿土豆丝也吃完了，妈妈又加了一个西红柿炒鸡蛋,西红柿炒鸡蛋很快又吃完了,妈妈思忖着:这小伙子饭量还真可以,不过我总不能不管饱吧。准备再炒他几个菜去。

这时韩国小伙子立马把女朋友拉到一边儿,一边揉肚子一边说:"可千万别再让妈妈做了,再吃一盘,我的肚子就要涨开了。"女朋友问:"你今天饭量挺大啊?"韩国小伙子回答:"我都快撑死了。"女孩问:"那你为什么还吃啊?""不吃完怎么行呢?在韩国,如果不把菜吃干净是很没有礼貌的,第一次来你家,当然得吃完了。"小伙子无奈地回答。女孩儿噗嗤一笑,原来如此。不过在中国,如果去别人家做客,菜都吃光的话,主人会觉得自己招待不周,担心客人没有吃饱,那样很没有面子,所以总觉得剩下一些饭菜才好。

虽然两个人谈恋爱时间不短了,可中韩文化也还有不少差异的。多方面了解双方文化的差异,才能避免一些这样的笑话,也才能让幸福的日子继续前行。

三、天上下起了猫和狗

一天上课中,外面忽然狂风大作,瞬间乌云密布,电闪雷鸣,不久就下起了大雨。雷声一震,同学们都有点小激动。学生,总是希望外面发生点什么才觉得有意思。这时,一名美国学生指着外面说:"老师,天上掉下了猫和狗。"哦,这可是从来不曾听说的事情,于是大家纷纷走到窗前,看看什么猫、什么狗是从天上掉下来的。结果大家大失所望,美国学生急忙解释:"老师,英语里是 It rains cats and dogs。"原来英语里用"下猫和狗"来比喻雨下得很大。"It rains cats and dogs"与"倾盆大雨、瓢泼大雨"简直有异曲同工之妙,不过,英语里强调的是内容,而汉语里强调的是方式。“牛毛细雨”仔细琢磨，更是形象生动。语言里的比喻用法俯拾皆是，它既反映了人们发明这个词时的认知心理，也常常用来表达人们的喜怒哀乐。

在汉语的海洋里，寓情于景，情景交融更是常有的现象，留学生在学习汉语的过程中，倘若把握不好景里的情，那就有可能理解有误。还是以“雨”为例，“春雨贵如油”表达对“雨”的珍惜和喜爱之情，“风调雨顺”表达对好年景的期盼，“和风细雨”指人的态度温和。这些“雨”都是我们喜悦的；而“风雨交加”“狂风暴雨”又表达了人们对灾难重重、时局动荡的一种无奈和恐惧。这样的“雨”又是我们不乐意看到的。

四、包子和饺子

留学生初到中国，初学汉语，总希望有一个响当当又令人喜悦的中文名字。岂不知中国人在给新生儿起名字的时候，也是极其讲究的：取得一个好名字，常常要绞尽脑汁，既要有意境，又要合八字，既要使名字像一幅赏心悦目的山水画，又要使名字成为一首内涵丰富的抒情诗。所以名字里总是反映着文化，寄托着期望，甚至代表着一个时代的兴衰。对外国学生来说，他们也希望能取一个喜欢的、有特色的、有意境的名字，不过，取名字可不是一件容易的事情，有些留学生的名字也常常令老师哭笑不得。

一汉语初学者，学到“包子”一词，又因为自己吃过几次包子，颇有好感，便决定给自己取汉语名“包子”。老师告诉他，“包子”有点大，适合那些比较胖的人。后来学生思索再三，决定叫自己“饺子”，稍微瘦一点儿。于是在教室里，经常听到有人喊“饺子，饺子”。

又一留学生，英文名里有“Mark”或是“Megen”诸如此类读音若“马”的字眼，又觉得自己喜欢成龙，也喜欢猫，于是给自己取了一个相当得意的汉语名“马成猫”。每当他自我介绍“你好，我叫马成猫”时，他就会特别自豪地解释一番他的名字的来历。

一天，老师讲到“一往直前”，说：“大家可以想象，一个骑士骑着高头大马，挥着宝剑……”话音未落，一老外激动道：“老师，我要这个名字，一——往——直——前！”老师解释道，这个词不适合做人名。老外仍很激动：“这个名字太好了，我喜欢这个名字！……”从此，这个老外就有了一个响当当的名字。

五、从三年前到三千年

上课的时候，老师问一名学生，“你什么时候读过这本书。”他回答：“我三千年读过这本书。”全班同学皆做惊讶状，他又重复了一遍：“老师，我三千年读过这本书。”老师很纳闷，很想知道这个三千年到底是多长时间，于是进一步问：“读这本书的时候，你多大？”“25 岁”，留学生回答。老师又问：“你今年多大了？”留学生回答“28 岁”了。此时，老师终于弄清楚了。原来“三千年”就是“三年前”。看来一字位置之差，竟成了神仙和凡人的区别。

语序比较固定是汉语的重要特点之一，汉语里没有像印欧语“性”“数”“格”的变化，因此在表达中语序就显得尤为重要。而留学生对语序总是有那么一点怕，他们也常常为此困惑。比如“我希望在贵公司服装模特做工作”“我非常对服装设计师感兴趣”等 。汉语特殊的句式、特定的格式常常成为留学生学习和操练的重点。

六、“很行”的“银行”

初学汉语的留学生，很早就接触了“哪里哪里”这个词。所以，当中国人当面夸外国学生时，他们的回答常常是“哪里哪里”“不敢当”“惭愧惭愧”之类。“谦虚”成了中国人的典型性格，所以外国人到中国，常常入乡随俗，甚至比中国人更谦虚。

有一留学生，满脸疑惑地问老师：“老师，我觉得中国人很谦虚，可是为什么中国人常常喜欢‘很行’呢？”老师不解，暗自思忖，难道学生对“神州行，我看行”这样的广告语不满？那名学生接着解释：“老师，我到北京以后，看到很多牌子写着：中国很行，北京很行，中国农业很行，中国建设很行，中国工商……”老师立即打断他：“银行，银行，不是很行。‘银’不是‘很’，这两字字形相似，但意义不同，‘行’（háng）不是‘行’（xíng），这两个字字形相同，但读音不同。”听完老师解释，学生恍然大悟，他为自己的马虎感到不好意思。

汉语里，同形词很多，同音词也很多，字形相似的词更多。要想学好汉语，这些细节可不能马虎大意。

语言是工具，语言又是文化，语言可以传情达意，语言又可能造成误解，语言惟妙惟肖，语言又大相径庭。要想把汉语学好，除了扎扎实实地掌握好汉语的基本特点，还需要更广泛地了解中国的文化。我们常说“活到老，学到老”，即使对母语学习者来说，语言也需要终身学习，更何况把汉语作为第二外语的学习者呢。留学生常常感慨，汉语学得越久，越觉得有意思，这或许正是汉语的博大精深之处吧。

不简单的对外汉语教学

南昌大学、中国传媒大学　李淑婷

人生真是充满了变数。就业安家之后，我以为自己即将进入一种安稳的工作和生活状态，不想单位却要把我派往京城。惊喜之余，却发现手头工作的交接不甚顺利，我担任的对外汉语辅导课找不到合适的人来接手。由于是学期中间，老师们都已被安排相应的教学工作量，年轻老师们的教学任务已经很重了，而当时辅导班里只有一位留学生，不敢去请年长的老师。几经沟通和请示，最终决定去请一位英语专业的年轻老师来代课。

我和这位老师私交甚好，知道她当时的课不多，便毫不犹豫地答应由我自己去做工作，满以为她不会拒绝。令我难以置信的是，她拒绝了！

难道我们甚好的私交是我自作多情一相情愿？当然不是。她很认真地向我解释说，她从来没有教过对外汉语，虽然她也是语言类专业出身，但正因如此，她更明白不同的语言有不同的特点，只怕她没有了解和掌握好汉语的有关知识，特别是对外汉语教学的知识，因而会教不好。真是一名严谨负责的教师啊！

于是，我们就在她家展开了一次关于什么人适合担任对外汉语教师的讨论。也许是不想放弃说服她来接手我的工作吧，我列举了一些我所了解的言论主张，想看看她的反应。有人说，对外汉语教学涉及多方面的内容，除了汉语本身的有关理论和知识外，还要掌握第二语言教学的理论和方法，懂得中国文化和文学常识，所以除专攻汉语言文字学及相关专业的人以外，文学、文化专业的老师也可以教汉语；也有人说，语言都是相通的，只要是学过语言类专业的人，都可以教对外汉语，外语人才教对外汉语也有优势，那就是可以用外语进行教学，与学生的交流没有障碍；还有人说，汉语是我们的母语，我们天天说还能说错？所以只要是会说普通话的中国人，都可以教对外汉语。

我们俩都对最后一种观点不敢苟同，但第二种观点似乎有些道理，加上她也的确想帮我，于是她答应先接手试试，并一定尽力而为。

春节，我从京城回家，特地拜访了这位同事朋友。她一见我就说："你终于回来了，我有好多问题要问你呢，没想到自己天天说的母语还有这么大的学问！"这是她的谦虚之辞，实际上她的教学工作已经完成，教学过程中遇到的问题她都借助工具书等方式解决了："比如有一次，我教学生'都'表示全部的意思，例句'全班同学都到了'。第二天，学生说有句话他听不懂：'都九点了，你还不去上课？'我一看，用'全部'的确解释不通啊，结果一查，原来'都'还表示'已经'！"她无非是感叹对外汉语教学并不简单而已。

我们又聊起那几种关于对外汉语教学工作的言论主张，经历了教学实践的她更加认定第三种观点是行不通的："我好歹还是学语言类专业的，都感到教学很吃力，很多东西在我们母语使用者看来不是问题，但是到外国人那里就成问题了。比如那次教‘打电话’这个词语的时候，学生一听就哈哈大笑，做出一个拍打电话的动作。如果说只要是中国人都能教对外汉语，那恐怕太随便了，不行。”

我忽然想起我听说过的一件事。在某大学，一位对外汉语教师说“一台自行车”，留学生反驳：“老师，不对，书上说‘车’的量词是‘辆’。”这位老师无从解释，只好回答：“我们就是这么说的，固定搭配。”真是让人无语！后来一了解，原来该老师的家乡方言中是这么说的。

现如今，汉语国际推广工作如火如荼地展开，对外汉语教师的缺口很大，加之不少人持有上述第三种观点，其中还不乏决策者，于是难免使对外汉语教师队伍参差不齐。其实，参差不齐也未必不好，我们本就应该以开放的思想和开阔的视野来看待事物。对外汉语教学的生源构成、学习目标、教学目的等都分层次，教师安排上也可以分层次，只是不同层次的各项条件和资源都应该相匹配，而不能乱搭。再者，对那些非汉语专业的教师，应该加强专业理论知识和教学方法等方面的培训，让他们从事对外汉语教学工作时不至于茫然不知所措，起码应该具备找到问题答案的能力。而所谓科班出身的老师们，也应该加强中国文化、文学、历史、地理、民俗、方言等各方面知识的涉猎，才能使教学工作得心应手，从而树立高层次对外汉语教师的良好形象，带动整体对外汉语教学水平的提高。

全世界的老乡

——赵元任

安徽大学中文系　赵苏怡

我曾在《赵元任语言学论文集》中读过这样一则小故事：有一天，一个小男孩在屋外玩耍，玩了一会后，觉得饥肠辘辘，这时突然想起家里人给他煮了一碗汤面，放在堂屋桌上，于是，他便小跑进堂屋，却发现一只猫正把他的汤面不的儿不的儿地吃了，见此景，这个小男孩便大叫道："猫雌了我的灭！"因为那个小男孩的上一辈说的话都是常州话的底子，他当时既不会发 zh、ch、sh 的卷舌音，又不会发 en、an、in 的尾音-n，所以"吃"变成了"雌"，"面"变成了"灭"了。（643 页，商务印书馆，2002）

像"猫雌了我的灭"这样的话，初看不解何意，还以为是别人生造出来的一个错误的句子，结合具体情境，才发现是用音近的词描写一句方言。这样的例子，在我们的日常生活中很普遍，毕竟中国的语言资源极其丰富，有十大方言区，而且每一个方言区里的话也各有特色。许多人由于受家乡话的影响很深，因而说不好普通话，甚至说外语时也带着浓厚的乡音。也许，此时，很多人会预测那个说"猫雌了我的灭"这句话的小男孩，以后若要想说一口标准的普通话会很难。

当然不是，因为故事里的那个小男孩就是语言学大师——赵元任。

赵元任从小生活的环境较复杂，他原籍江苏阳湖，出生在天津。祖父、父亲说常州话，母亲的北京话较纯正，带他的周妈说保定话，他的小玩伴——姑妈家的两个小表弟只会说江苏常熟话，若要和他们玩，就非得学他们的话不可。因而在赵元任五岁时，他说一种不很纯正的北京话，一种地道的江苏常熟话，念书时只会用江苏常州音念。生活在这样的环境中，赵元任从小就养成了对于各种口音特别留心的习惯，同时，又由于他本人对各种方言、外语很感兴趣，所以后来当他一听到一种方言或外语时，便有很强的学习欲望。

之前提到很多人都认为刚开始学习某种语言时，掌握正确的发音很重要，否则说出来的话就不纯正，而且发音很难被纠正，这个观点无疑是正确的。但如果有些人最初没有接触某种语言的标准音的条件，比如没有很好的语言启蒙老师等，也不要认为自己的语音一辈子都这样了，改不好了。虽然发音很难纠正，但并不是不可能完成的任务。像赵元任，他 1907 年跟着一位美国老师 David John Carver（中文名嘉化）学习英文，三年后，留学美国，赵元任到了美国后的第一印象是当地一般人说话和嘉化先生的口音很不一样，但他进了康奈尔大学后不久，就跟着一般人的语音改过来了。（同上，652 页）

从赵元任的这段经历中，我们可以发现学语言时，必须要做个有心人，认真听别人的发音，善于模仿，通过不断的练习，必能改善自己的发音。

后来,赵元任在大学接触了语言学,从此,他便迷上了对语言的研究。与此同时,他也抓住一切机会,向优秀的语言学家们学习,如在欧洲,他跟着伦敦的语音学领袖 Daniel Jones 学习语音学方面的知识等。在 1932 年到 1933 年间,赵元任在华盛顿当了一年的清华留美学生监督。在他各处视察学生的时候,在耶鲁大学拜访了萨丕尔。见面时,萨丕尔问了他常州话的几个要点,大约一个钟头,便把常州话的音位系统都差不多弄清楚了,后来几乎都可以直接和赵元任用常州话进行对话。萨丕尔学习语言的能力让当时的赵元任钦佩不已。(同上,655 页)

其实,赵元任本人也有如萨丕尔那般的本领。之前,罗素来华,他做罗素的翻译,每去一个地方前,在火车或汽轮上他都会向主办方的人学习当地话,经过一段旅程,他便能掌握那种话的精要之处,如在长沙时,他用长沙话翻译,以至于有学生在讲座结束后,问他何时返乡,可见他语言地道之程度。(同上,653 页)

正如赵元任所说,他一生最大的快乐,就是到了世界任何地方,当地人都认他做"老乡"。也许大多数人都无法达到像萨丕尔或赵元任那样的境界,但学好语言学,对于学语言肯定是有帮助的。

多音字趣闻录

湖北大学文学院　卢卓群

笔者在1964年听到一个故事，是刚毕业于武汉师范学院中文系的一位朋友说的。说的是该院有一位教现代汉语语音的教师叫李行夫，他的歌唱得好，朗诵也很好。不论是唱歌还是朗诵，其普通话字音都是准确无误的。

一次，李行夫先生去医院看病，那时是挂号以后，用病历在诊室门口排队，由护士叫患者姓名，再进诊室看病。护士一个一个叫名字，一个一个进诊室看病，叫到"李行(háng)夫"，没人回答，又叫一次，还是没人回答。最后，诊室门口只有一个人坐在条凳上，护士问他："您坐在这儿有什么事吗?"李先生说："等着叫名字看病。""你叫什么名字?""叫李行(xíng)夫。""刚才叫了好久没人答应。""你叫的是李 háng 夫。"护士微笑着请李先生进诊室看病。这故事听起来像一个笑话，李行夫先生确是认真的。

"行夫"在古代就有这个词儿。读"xíng 夫"，指乘传骑驿的使者，是地位较低的使臣。读"háng 夫"也是一个词，指士兵。抗战期间，李行夫先生曾经是星海合唱团的团员（冼星海 1938 年 11 月去延安之前），作为一名音乐战士也可称“háng 夫”。不过，也可能李先生把“行”“夫”分取其义，再行合成。究竟如何，我们不得而知。现在，我问过认识李先生的朋友，只说他 20 世纪 80 年代初病逝了。“行”不论读什么音，其含义一般都属中性，两个读音难以确定时，叫名字，一个读音没回答，再叫另一个读音即可。另有一种情况，有一位学者叫“李一氓”，这个“氓”可确定读 méng，不能读作带贬义的“氓（máng）”。

只要我们留意一下日常生活，多音字的“趣闻”是不少的。有一位朋友去作客吃饭，主人做的菜肴十分可口，他一面不停地吃，一面连声称道：“好吃！好吃！”另一位朋友开玩笑说：“好（hǎo）吃者，好（hào）吃也。”这是故意用文言句式“……者……也”来解释“好（hǎo）吃”，开玩笑说对方“好（hào）吃”，使餐桌上气氛活跃。又一件趣闻：几年前，一家小银行办理存取款的窗口旁，贴着一条标语，上面有四个字：“假钞没收”。一个排队取款的人说：“假钞为什么还没有收啊？”大家一看小标语，都笑了。小标语上说的是“假钞 mò 收”，人们都能按常理去理解，可是排队的那位朋友故意说成假钞票“méi 有收”，用多音多义字来开玩笑，以消除排队的疲惫感。又：一辆长途客运汽车上高速公路时，有一个收费关卡，上面有八个大字：“贷款修路，收费还贷”。车上，一个学生模样的男孩精灵地看着这八个字调皮地说：“爸，你看，他们收了过路费还（hái）要贷款。”嚯，小孩也会用多音字开玩笑啦。他爸问：“谁教你的？”“我们刚学过多音多义字。”“一学就用啦。”又提醒这个调皮的儿子：“可不要歪用。还（huán）贷就是还（huán）贷。这样开玩笑，叔叔阿姨会不高兴的。”前几天看到一部香港电视连续剧，里面有一位演员把骂人话“鸟（diǎo）”读成“鸟儿”的“鸟（niǎo）”。联想到以前有位朋友用这个多音字去劝人解除烦恼。小D问小K：“你和女朋友现在还好吧？”小K答道：“好个鸟（diǎo）！”小D知道了他和女友分手了，借他的话说成“好个鸟（niǎo）”，接着唱流行歌曲《爱情鸟》：“我的爱情鸟已经飞走了，爱我的人他还没来到……”随后又劝说一番。

以上趣闻录中的多音字（即一字多音）有声母不相同的，如“鸟”；有韵母不相同的，如“没、还”；有声调不相同的，如“好”；有声母、韵母都不相同的，如“行”；这是由于不同的读音代表了不同的意义，有了字的形、音、义的纠结，才产生了趣闻。还有一种多音字，只是一字有不同的读音，没有意义的差别，一般很难产生“趣闻”。如“熟（shú）”在口语中又读 shóu。“尿（niào）”，口语中又读 suī，虽然两读中，某个词语习惯用某一读音，但其意义没有变化。我们要注意的是多音多义字，特别是要注意学习常用的多音多义字。

说起学习常用的多音多义字，有一个小故事。湖北省武汉市郊新洲区李集镇有一位50多岁的农民叫李英华，他能识两万多字，乡亲们称他“识字大王”。2004年8月下旬的一天，记者请我一起去李集镇李正村李英华家，见面后，李英华要我从词典中选出十个字来考他能不能认出来。他回避了，让我出题。这段故事在2004年8月28日《长江日报》第5版的一篇报道《识字大王李英华》上，文章第一部分说的就是出题考识字的故事。现将相关的内容摘抄如下：

见记者请来了专家，李英华自信地将《辞海》递给教授说：“这里的字不敢说百分之百的都认得，但可认百分之九十以上，您出题。”

……

“考试”开始后，令记者和李英华意外的是，卢教授出的字并不难：“月”、“着”、“和”、“被”、“硕”、“陀”、“繁”、“荤”等 10 个字，其中大部分是常用字，李英华显然认为考题太简单，他只把其中较难认的“硕”和另一个字注音后不理会其他 8 个字，在卢教授的执意要求下，他对另外 8 个字进行了注音，结果其中一个字注音失误，其他虽对，但多音字没注全，看似简单实则很难。其中仅“和”字就有 5 个读音，李英华颇有点大意失荆州的难堪。

报道中接着这段文字说了此前记者曾来考过两个不常用字，他脱口而出，并说出一个字是某省县名和另一个字的意思。记者随后又从字典中找出 13 个字，其中有 9 个在电脑上打不出来，李英华仅在十几秒钟内用同音字注出。这样，传媒就全面报道了李英华的识字。中午吃饭时，李英华和我们还讨论了检字法方面的问题。告别李英华，在回家路上，记者问我：“为什么要出这样的字？”似乎觉得让李难堪了。我回答：“是他要我考他，是‘考试’，并没有要我跟他讨论识字问题。”我又对“为什么要出这样的字”谈了我的想法：“除了特殊需要和个人癖好之外，对一般人来说，主要的，或者说首要的，是弄清常用字，包括常用的多音多义字，识字癖好者也应如此。”

成语中的多音字也是值得注意的。去年，香港一家电视台的节目主持人把“参差不齐（cēn cī bù qí）”读成“cān chā 不齐”。再如有人把

“发人深省(xǐng)”读成“发人深 shěng”,把“自怨自艾(yì)”读成“自怨自 ài”,如此等等。另有多音多义字造成的同形成语也应注意。如“一日之长(zhǎng)”,源自《论语·先进》,指年龄比别人稍大。“一日之长(cháng)”源自《世说新语·品藻》,指才能比别人稍强。再如“久假(jiǎ)不归”,指长久借用而不归还。例见《孟子·尽心上》。“久假(jià)不归”,指长久告假在外而不回来。例见清·文康《儿女英雄传》第三十回。类似的再如:“心宽体胖(pán)”和“心宽体胖(pàng)”,“臭(xiù)味相投”和“臭(chòu)味相投”,“难(nán)兄难(nán)弟”和“难(nàn)兄难(nàn)弟”等。

最后附带说一个小问题。“说”是个多音字,近年来,有电视台的节目主持人把“说(shuō)服”读成“shuì 服”,且有蔓延之势。依《普通话异读词审音表》(1985 年)“说 shuì”条下只列例词“游~”。徐世荣先生《普通话异读词审音表释例》(194 页,语文出版社,1997)指出,除“审音表”上列的“游说”一词,“另外如‘说客’及古文中单用‘说’字,如‘苏秦以连横说秦’(《战国策》)。‘说’均读 shuì,为特定音义,专指以言语舌辩服人。”其“特定”和“专指”表明它已具有特殊性和规定性。我们不能用特殊事物去套用一般性的事物;再者,具有规定性的事物,通常是不具有推导性的。不能认为“说服”与“游说”在意义上有某些联系,而把“说 shuō 服”读成“shuì 服”。若照此推导,“劝说、说服力、好说歹说、现身说法”就得读成“劝 shuì、shuì 服力、好 shuì 歹 shuì、现身 shuì 法”,如此一来,不就乱套了吗?请节目主持人按国家审定的标准音读“说服 shuōfú”,不要再读“shuìfú”了。

网络新语“你懂的”言微力量大

华中师范大学文学院　黄江园

2011 年 2 月 25 日，在中国青年网上刊登了这样一则消息，标题为：“赌徒打民警电话求救，暗语‘你懂的’助其获救”。说的是一个好赌之徒杨建（化名）因欠下巨额高利贷被债主给囚禁起来了。在债主的步步威逼下，他想到了萧山警方打黑除恶行动队的民警吴炳。杨建因前些日子赌博被抓过，目前正处于取保候审阶段，负责办案的就是吴炳。于是，杨建对债主说他马上打电话给他一个朋友或许可以送钱来。电话接通后，杨建说：“小吴啊，借 6 万给我，马上就要哦。”吴炳存过杨建的电话，所以知道是他打来的，但是对他一开口就要借钱的这种行为感到很奇怪，心想自己和这个叫杨建的嫌疑人通过办案才认识，谈不上什么交情，怎么一张口就毫不客气地要借钱呢？杨建看吴炳没什么反应，继续暗示吴炳，让他马上把钱送到所说的地址，吴炳也觉得事情有些蹊跷。最后，杨建压低声音说了一句很关键的话：“你一个人来哦，人多了不好的——你懂的。”刹那间吴炳似乎明白过来了，表示马上送钱过去。随后吴炳就带着一队便衣警察来到了杨建说的小区，最终杨建获救了。

就这简简单单的三个字,却成了该赌徒的一根救命稻草。而要说其来源,有人说它最早来源于2008年天涯和猫扑论坛上关于求索某淫秽事件门套图的专用隐语,在2010年闫凤娇“厕所门事件”后大规模流行,时至今日,其势头仍不减当年。“你懂的”的表达极具创造性与形象性,一出现便深受大众喜欢,并逐渐从网络中走出来,走进了我们的日常生活当中,成为一句时髦的口头禅。

突然想起我的一次网购经历,一次在淘宝商场购买化妆品(防晒霜),和店主有这样一次对话:

我:老板,能再少点吗?可以给我免邮不?(因为买了两支)

店主:不好意思,亲,不能再少了,这已经是最优惠的价格哦!

我:那为什么比其他的店子贵了十几块钱呀?呵呵……

店主:亲,都是一分价钱一分货的,我们的商品都是原装进口,有正品保障,亲,你懂的!

该店主可能是出于职业道德考虑,不能肆意诋毁同行的商品,但我却从她的话语中听出了弦外之音——“其他店面的商品很有可能不是原装的,而且不能保证质量”。一句“你懂的”让店主既显示了自身最起码的职业道德,保全了声誉,又省去为顾客详尽解释所花的时间,与此同时,作为顾客的我们也能有所领悟。

作为一个新鲜的网络词语,“你懂的”口语色彩浓厚,带有幽默、调侃之意,成为一种默契的象征,听者在意会之余,不禁会心一笑。小小的词语却蕴涵深意。我们不必过多的去问是什么、为什么、怎么样?因为我们彼此都清楚明白；同时也可以避免出现尴尬、不愉快的情形。

大家在日常生活中也许常常会遇到这样一些难以言说的情形：所要说的，对方或许知道，但自己却因某些原因不便明说；所要表达的意思一时不能用言谈来表达，只能靠大家用心慢慢去体会；甚至有的时候自己所要表达的事情，彼此都很明白，觉得没必要再去重复啰唆了……此时，一句“你懂的”便能很好地传情达意，让彼此心领神会。就像杨建一样，在关键时刻，“你懂的”就能让其获救。

老外眼里的“老外”

湖北大学文学院　卢卓群

近二三十年，外国人来中国的越来越多，中国人称外国人为“老外”。张德鑫先生在1994年《语文建设》第12期上发表的《“海关”无海“老外”不老》一文中谈到一个故事：有一位年轻的外国留学生来中国后，听到中国人叫他“老外”，他不解地说：“我不老，为什么叫我‘老外’？”

张先生说：这是犯了望文生义的毛病。他告诉外国朋友：“汉语有一字多义，只根据该字的一两个基本意义去理解在不同词语中的意义。如‘老’字，一般先学‘年岁大’和‘陈旧’两义，不知还能做前缀用于称人及排行次序等，因而将‘老外’误为‘老年外国人’。”

我国的汉语教师、学者和相关人员在这方面做了很多有益的工作，来帮助外国朋友正确理解汉语词义，然而，世界上学汉语的外国人越来越多，望文生义地理解“老外”仍然存在。2007年11月9日美国《国际先驱论坛报》转载了记者霍华德·弗伦奇写的《奥运临近　中国敦促国人要“举止文明”》，这篇文章被我国的《参考消息》(2007年11月12

日）刊载，题为《“老外”称呼让外国人不舒服》，现将与“老外”一词相关的内容抄录如下：

> 过去4年我在中国最现代的都市——上海生活，为了摄影我流连在工人阶层生活的社区里，每次我都能听到人们叫我“老外”。
>
> 这是一个让外国人感觉不大舒服的词。它的字面意思是“年老的外来人”。这个词语通常还伴随着嘲弄意味的、唱歌似的英语问候——“hello”。人们的语调没什么错误，但语气绝不友好。
>
> 我不是说其中存在敌意，我的观察也并没有恶意，当然我的情感也没有受什么伤害。我真的很感谢那些让陌生人走进他们的家，或是当我近距离拍摄他们时，并没有拒绝我的人们。
>
> 事实上，如果“老外”的称呼仅限于工人阶层生活的社区，我根本不会说出自己观察到的这一现象。
>
> 情况并非如此。在酒店和餐馆，在城市的中心街道上，在整个中国我听到过各个阶层的中国人随意且大声地说出“老外”这个词，我在想，如果在国外，无论他们走到哪都有人用手指着他们说，“中国人”，他们会有怎样的感受。

前面那位留学生和这位记者对“老外”的理解都是“望文生义”，但有区别，前者是对词义的理解，后者是在中国人的运用中去认识这个词儿的，按他个人的理解，这个词儿，听起来感觉不大舒服，但他观察到中国人用“老外”一词“并没有恶意”，至少这个词是中性的。

2008年10月瑞典汉学家斯德哥尔摩大学语言研究所研究员布克

斯特先生来我国做学术访问，讨论1956年前后的简体字变异问题。10月23日到武汉访问，湖北省社会科学院文史研究所副所长黄南珊研究员请我与布克斯特先生进行学术交流。午餐时，我问他对“老外”一词的看法：“您听到‘老外’一词后有没有不舒服之类的感觉？”布克斯特回答说：“就是对外国人的称呼，没有什么不舒服的感觉。”他认为，“这是一个很平常的词儿。中国人习惯把‘老’加在‘姓’的前面，用来称某人，有时还有尊称的意味。加在‘外国人’的‘外’字前面，就是指看到或说到的那个外国人嘛。”

外国留学生、外国记者、外国汉学家，都是老外，他们对“老外”一词的理解与认识，由对词本身的“望文生义”到在中国人的实际生活中去观察理解，再到根据当今中国人的文化习俗去认识，如同布克斯特的理解，就不会误解“老外”一词的含义了。

语言难以完成的电视相亲任务

中国传媒大学播音主持艺术学院　赵　俐

电视相亲类节目这几年在各电视台都比较时兴，有湖北卫视的《相亲齐上阵》、江苏卫视的《非诚勿扰》、湖南卫视的《我们约会吧》、上海电视台的《相约星期六》等等。我看了一些这类节目，发现相亲方式大多是男嘉宾和女嘉宾之间通过一些问答来考察和决定是否选择对方。于是，语言在这里就显得非常重要，我也期待着看看语言是如何发挥它的威力的。

在2011年3月的一期《相亲齐上阵》中，一位男嘉宾显然是有备而来，信心满满，面对种种提问，可以说是对答如流，亢奋大方。

当节目开始不久，一位女嘉宾的母亲问他："你能不能今天在你喜欢的姑娘面前大声地说疯狂地说我爱你？"

男嘉宾思索片刻，走到女嘉宾面前大声说："你，三号某某某，我爱你，还有你的爸爸妈妈爷爷奶奶和所有会和我们在一起幸福的人。"

女嘉宾说："我没有听到，请再大声一点。"

男嘉宾又放大声音，加大顿挫，像唱流行歌一样在舞台上转圈说：

“我爱你，我爱你，I love you，可以了吧？”

我看到这里，觉得这位男嘉宾确实毫不怯场，很有表现欲。但是“我爱你”这么分量十足的情感表达，竟然能在相识这么短的时间内像嗑瓜子一样说那么多遍，声音外形还极富演绎感，不禁让我质疑——这小伙子真的爱上这位女嘉宾了吗？怎么整体问答看起来有些像不太高级的表演？虽然这位男嘉宾确实在节目一开始就选择这位女嘉宾为心动姑娘，但是现场的这种单纯卖力的语言付出，令原本可能有些真实的爱意也变得令人质疑起来。

节目进行到后来，男嘉宾还表示自己喜欢漂亮的老婆，说：“漂亮，我比较看重，实话实说。找一个漂亮老婆对于我来说，会使我们的婚姻大大稳定，然后会降低离婚率，降低出轨的概率。”

一位女嘉宾向他发问：“人的外表会随着时间而消损，但是她的内心、她的智慧会越来越深。那你如果现在选一个漂亮的老婆，她以后人老珠黄了，你是不是再去找另外一个呢？”

男嘉宾回答：“这个问题我早就想好如何回答了。因为我对美女的界定是，美女是和她同年龄段的人比，就是说无论赵雅芝是10岁，还是70岁，她在她的年龄段永远都是美女，这就是我对美女的不变的定义。”

男嘉宾确实有备而来。问题回答出来了，很有一点成就感。可惜，这种颇有几分理论色彩的回答，避实就虚，没有道出自己的更深刻的思索，也无法令人信服。也许，这位男嘉宾在精心准备的过程中，为了对付机智问答，只在语言外形上而非内心感受上下工夫。可是恰恰好的语言一定是同内心的体悟相吻合的。虽然语言能力可以培养，语言的外形也可以得到优化,但是,如果语言成为一个漂亮的外衣,让别人看不到你深刻的内心想法,感受到你真诚的态度,那么你的一番华丽的语言抵挡,也就将大多数对你开放的心门抵挡了回去。看来,单纯的语言技巧是不够的。

我想,生活中的相亲,需要时间,需要相处,需要一些私密的空间,而目前这些媒体相亲大多没有给予满足。在媒体平台上,相亲变成了短时间内、众目睽睽之下的相面加问答。好比面试,好比竞选演讲,这些时候语言显得格外重要。虽然,这些场合的语言确实也有层次高低之分。

在 2010 年 10 月的一期《非诚勿扰》中,我看到一位男嘉宾所心仪的女嘉宾有喜欢逛夜店的生活习惯,大约是一周两次、一月八次的频率,这一点男嘉宾不太认同。在最后的选择中,矛盾焦点再次聚集在这里。

女嘉宾:“你能接受泡夜店吗?”

男嘉宾:“我不反对泡夜店,但是要有个度。如果这个月我们的应酬、我们的需要比 8 次还多,我都非常赞成你。如果没有什么事就去夜店消遣,我觉得我们还是可以稍微乖一点,在家里休息也好干嘛也好。”

这个回答最终没有留住姑娘。之后,节目现场的专家级嘉宾为这位男嘉宾支招:“你刚才的那番话具有高风险。因为你那番话假设的前提是玩夜店是不对的。有一种说法可能会让你死里求生,就是:我相信终有一天,当你和我在一起以后,你会发现和我在一起的快乐可能远超过逛夜店的快乐,我愿意等着那一天的到来。我真的很喜欢你。”

专家的这番话确实更加柔和,对未来有一些展望和信心,没有就事论事。但是，我想男嘉宾的真诚是值得肯定的，他确实设想了他希望的生活状态，对女方也做了让步。假设在节目中的这一刻，他因为语言技巧而获得了女方交往的入场券，但在进一步相处中，仍然会涉及焦点问题而难以维系持久的关系。相亲是为了选择生活的伴侣，电视相亲中如果纯靠语言上的技巧可能难以帮忙到底。

我该拿你怎么办？

——也谈“望文生义”

付云华

词由语素构成，词义和语素义之间的关系复杂多样。“眉目”不等于眉毛和眼睛，而是指容貌；至于“麻利”与“麻”有什么关系，真不好说。记得小时候学习语文，难免有时看词猜词义，猜准猜不准的情况都有。不了解词语的确切含义，光从字面上去牵强附会，做出不确切的解释，这就是望文生义。这种“望文生义”的“技巧”想必学习外语的时候运用得更多。记得初中学英语时，难免有不认真学习的学生以为“look out”是“看外面”的意思，弄得课堂上笑声一片。至于自己，上大学时，单凭英语前缀 in-表示否定，后缀-less 也表示否定，常混淆 invaluable（极有用的）、valueless（无用的）。

无独有偶，外国人学习汉语的时候，也同样容易犯望文生义的错误：

> 春天的一天，我骑车去公园看花。在路上，我被周围的景物吸引住了，停下来呆呆地看着。正在我看得高兴的时候，一声“看

车!”把我吓了一跳。我左右看了看,没有别人啊,肯定是对我说的。就在这时,又一声:“看车!”我抬头一看,原来是一辆大卡车停在我的面前。我想大概是司机想让我看看他的车吧。可是一辆普通的大卡车有什么好看的呢?这时,司机从车里伸出头来,又喊了一声:“看车!没长眼睛啊!”这时,我有点儿生气了。我是人,怎么会没有眼睛呢?不过这个司机虽然厉害,还是让我先推车过去了。(日本美千代《“看车”趣谈》。见《汉语教程》177页第三册(上)第七十六课《汉语越学越有意思》,北京语言大学出版社,1999年11月第1版)

望文生义的做法不只出现在学习语言的初级阶段,也不只限于第二语言习得者,作为母语,碰到不熟悉的词,难免也望文生义。高考对成语运用有严格的考查,因此教学中特别注意要求学生准确掌握成语的意义和用法,但是总有些成语难为学生,甚至有时作为语文老师也得特意去记忆这些成语的意义。

身无长物:除自身外再没有多余的东西。形容贫穷。常误用来形容没有特长。

罪不容诛:形容罪大恶极。易误解为罪行还没有达到被杀的程度。

不足为训:不值得作为效法的准则,此词与教训无关。不能理解为“不值得作为教训”。

凡事都有两面性,望文生义也不例外。别看望文生义着实难为了外语初学者，甚至母语使用者，但是生活中不乏巧用“望文生义”的趣事。

某日，在网络上看见这样一则小幽默。卖瓜小贩说：“快来吃西瓜，不甜不要钱！”饥渴的路人说：“哇！太好了，老板，来个不甜的。”不得不佩服路人的机智。

前几日，我和先生一同坐地铁回家，在五道口地铁站附近，看见地上立着一块牌子，上面写着“回收购物卡”。

“回收购物卡？哎呀，我们那些废购物卡……”

“什么啊，人家是1000元购物卡比如给你600元现金，你不会以为……就你这样的，也就是我嫁你，要是别人，早完了。”

“我也不找那样的，我找能独当一面的。”

“你找能独当一面的，那你干什么？”

“我独当三面，不就齐了嘛！”

先生前后两次“望文生义”，让我有点儿搞不懂他，只能理解为再聪明的人也有时思维短路，会以为“回收购物卡”是回收花完了的购物卡。总之，先生还是有点儿小幽默的。

生产幽默的手段有很多，谐音、口误、滥用词语等，望文生义也是制造幽默的技巧之一，下面这个故事想必家喻户晓：

赵本山：这鸡啊，连下蛋带打鸣。这一个人接两样活，累啊。来喝酒来。你说这鸡能那么值钱吗？你别赔着！

牛　群：大叔，我实话跟您说吧，这个鸡，要搁在您二老手里头，一个子儿不值，不值钱，您交给我了，我炒作，炒完了，这就值钱了。

赵本山:那要炖完了呢?

牛　群:那也值钱啊!

赵本山:啊,就是说这只鸡,它是“名鸡”,无论生到死,哪怕吃肉炖了它也是值钱的!

牛　群:没错。

宋丹丹:你太有才了!

……

牛　群:大叔,不能再喝了。无论如何啊,一会儿你得让我把那鸡抱走。

赵本山:抱你是抱不走啦!你可以端走。

牛　群:端走?

赵本山:实话告诉你吧,你要的那只鸡让儿媳妇炖了,吃着就是。不过按你的要求做法不一样,你说的是炒,但我们是炖的。价钱呢,你都定完了,反正情况就是这么个情况。两万块钱你要留就留下,不留你就拿走。你要愿意吃两万大餐你都端走,我一块没动,你看咋样。

宋丹丹:你太有才啦!

(2007年春晚小品《策划》)

记得有一天,在北大校园听见一学生说“语言就是一种习惯”。望文生义使“炙手可热”误用流行,让我对“习惯”“约定俗成”有了更深刻的“领悟”。

今天无意间在搜吧看到一篇《在娱乐圈打拼的富豪级韩星》，在论及金成泽在电视剧《人鱼小姐》中的成功表演，让他收获了年度两项大奖，也一跃成为韩国炙手可热的广告模特时，炙手可热这个词再次让我思维停顿。记得在读高中时，对成语的掌握要求比较高，那个时候天天背这些个成语的解释、出处，而记得最清楚的是这样一个例子：赵薇扮演的还珠格格让她一夜成为炙手可热的明星。当时很多同学都看出这个成语错在哪里。是啊，（现在）娱乐报道，娱乐搜吧里面，很多主持人记者都用炙手可热这个词来形容红极一时的大明星，哪里有错啊，同学们那个纳闷啊。

……

这已经不是一个新问题了，只要你看娱乐新闻，那么这个词就会频繁出现在你的耳畔，而且他们还为自己能用到这么个词来形容明星而感动自己的博学！其实（我）很想知道，为什么他们就要用这个词？还用得乐此不疲？（hj 流沙《说说明星与“炙手可热”》，见新浪论坛）

望文生义导致词语误用，有时也让语言幽默风趣。如果望文生义太“流行”，对语言发展来讲，不知是件好事还是件坏事。“望文生义”，如此种种，真不知该拿你怎么办？

“月亮”讨论会

湖北大学文学院　卢卓群

这场“月亮”讨论会是听歌引起的。

四名喜爱流行歌曲的朋友听到《月亮代表我的心》中的“我的情不变，我的爱不移，月亮代表我的心”时，赵甲说：“月亮怎么能代表‘我’的心？月亮初一十五不一样，一个月要变两次，谁受得了?!”李炳说：“是呀，前几天还听了苏轼的中秋词《水调歌头》(梁宏志曲)：‘人有悲欢离合，月有阴晴圆缺’嘛——”话没说完，被孙明打断了：“这是两首不同的歌曲，不要硬拉到一起。”赵甲紧接着说：“两首歌是不同，可月亮还是那个月亮！”钱彩说：“我们都是同学。”他面对赵甲，“你我都在读大学，不要让人家把玩笑当真。”赵甲说：“没开玩笑。”“没开玩笑?”钱彩说，“我们都读过唐诗宋词，都明白月这个意象，它常作为一种美好、纯洁的象征，与真挚的感情结合在一起，诗词中常以月亮的洁白晶莹比喻纯洁、美好的真情。苏轼的这首词我们都学过，词中以月亮圆缺变化为喻，说明‘人有悲欢离合’，‘此事古难全’，以此劝慰兄弟不能团聚就共赏中秋美好的月色吧。”钱彩停了一会儿，接着说，“有一年电视上有一位中国台湾省歌手唱了《月圆花好》(范烟桥词、严华曲),就是以月圆喻团圆。”孙明听得起劲,心想,到底是学中文的,说起来一套套的。孙明的特点是善于概括,他说:“可以用月亮的洁白无瑕比喻纯洁情真,也可以用满月比喻团圆、团聚。这是取月亮的不同相似点来作不同的联想形成的。”他点明了赵甲的问题。

李炳知道的流行歌曲最多,又善于联想引申,反应也快,他由苏轼的词马上联想引申到月亮的另一个喻义,插话道:“月亮还可比喻思念亲人。”赵甲说:“月亮怎么思亲呢?”李炳回答:“《四季歌》(田汉词、贺绿汀编曲)里就有‘大姑娘夜夜梦家乡,醒来不见爹娘面,只见床前明月光’,不是以月喻思故乡亲人吗?”赵甲正想说话钱彩却接上了:“这是化用李白的《静夜思》,还有一首《月之故乡》是化用《静夜思》的后两句;‘举头望明月,低头思故乡’,既以望明月喻思故乡。歌中唱道:‘天上的月亮在水里,水里的月亮在天上,低头看水里,抬头看天上,看月亮,思故乡。’这首歌是中国台湾省诗人彭邦桢写词,大陆作曲家刘庄作曲,词曲作者都饱含爱国热情,用传统的月亮意象,表达了台湾人民思乡之情,渴望祖国早日统一。”话刚落音,孙明又概括了:“这是月亮第三个比喻用法——喻思念。”没等孙明说完,李炳由“明月光”联想生发月光的多个比喻点,他说:“取月亮柔和为喻,有‘月光,月光,你是亲人般温柔,像母亲一样慈祥。’(《月光啊,月光》王晨湖、唐翼兴词,沈传新曲)有取月光美色为喻,如‘月光像霓虹,晚风好比美酒……’(《月光迪斯科》佚名词曲)还有以月光斑斑为喻,如‘再见,我的朋友,今夜晚月光斑斑情意忧,再见,我的朋友,别为我送行。’(《别为我送行》丁小琦词、张平曲)这三首歌都以月光为喻,各按自己的联想和当时的心境取不同的比喻相似点以表达自己的思想感情。"

孙明又概括了:"上面讲的以月亮及月光从不同角度不同层面选取的喻点,都是喻情的,还有一类是喻形的。"李炳当即联想生发,举了喻形的两例,一例以圆月喻脸,《我的月亮》(尤小刚词、郭小笛曲)中有月亮"像妈妈的笑脸";一例以圆月喻眼睛,《脸儿微笑梦儿香》(庄奴词、左宏元曲)中有"姑娘一双眼睛月亮一样圆";这是对月亮外形所取的相似点。

笔者注:比喻中有本体(如"眼睛")、喻体(如"月亮")、比喻词(如"像""一样")三者,是明喻,比喻词用"是"之类为暗喻,如"月亮代表我的心"。诗词中常有对喻,如苏轼词中"人"对"月","悲欢离合"对"阴晴圆缺",李白诗中"举头"对"低头","望明月"对"思故乡",皆以本体和喻体相对。这场讨论会没有讨论比喻的类型,讨论的中心是以"月亮"作喻体的种种情况。

笔者赞曰:这四位喜欢流行歌曲的朋友各有特点,赵甲善提问,钱彩善铺陈,孙明善概括,李炳善引申,正是有了他们的自然配合,才有这场有趣的"月亮"讨论会。

谁叫谁尴尬？

湖北大学文学院　卢卓群

声明:本文中的两则小故事为笔者所编,请勿对号入座,如有雷同,纯属偶合。

某青年歌手大奖赛,轮到知识问答,男声小合唱,五人组合中推出小赵回答节目主持人的提问。主持人:“请说出‘后天’的意思。”小赵对这个突然的问题愣住了,他准备的音乐知识倒不少,这个词是什么意思呢？他思索、犹疑。主持人说:“这也答不上来吗?”试图提示,这时,时间已到。主持人说:“我告诉你,‘后天’是明天的明天。”后面四人中突然站出一个小伙子,说:“‘后天’不是这个意思。”主持人望着他:“那是什么意思呢?”回答:“我妈常说我‘先天不足,后天失调’,‘后天’就是出生以后生活的时期。”主持人认为在跟他“挑战”,马上“反击”,问道:“有一条成语叫‘父母遗体’,请说出它的意思。”小伙子回答:“指父母去世了。”主持人说:“不对。我告诉你,这条成语说人是父母所生,身体是父母留下来的,这就是‘父母遗体。’”小伙子没有回答上,主持人似乎得到了满足,仍然保持了他的“高位势”。

笔者插话：节目主持人已发现接受者对问话及语气的理解有偏离意图的倾向，若不以“反击”方式处理，而是以平等和善的态度就小伙子对“后天”的理解加以肯定再来说明，可能效果要好些。比如可以说：“你说的‘后天’和我说的‘后天’并不矛盾，这两种解释都对，它们是书写形式和读音都相同而意思不同的两个词儿。所以我们两个人说的都对。今天，我问一知二，两个不同的‘后天’都搞清楚了。谢谢这位小伙子。”这样也许可以消除这位小伙子对“高位势”的疑虑，小合唱队没有答上问题的也给了面子。

在某城市一家超市。两位顾客一同进入超市的购物店堂，边进门边说：“上周不允许带包进入今天可以带包了，不怕人家偷东西。”门口的服务员以为是对她说的，马上回应，带情绪地说：“你进去偷倒看看。”说话的顾客面对营业员，说：“昨天晚报上登了一个营业员偷自己货架上的东西被抓了，你没看报？照片上的那个女营业员有点像你哦。”这位服务员气呼呼的，那两位顾客已经走向货架挑选商品去了。

笔者想：“服务”与“被服务”的关系存在于社会的各行各业之中，它不等于政治上人格上的不平等。这位服务员大约以为“服务员”和“顾客”的关系中，自己低人一等，这就形成了角色意识错位，摒弃了服务与被服务的角色意识，并试图改变自己的位势，使之成为“高位势”角色对待顾客，引起顾客的“反击”。这位服务员听到顾客“不适当”的谈话，似可做些解释，比如可以说：“我们相信绝大多数顾客是好的。我们这样做是对顾客的信任和尊重。再说，大门口有个小牌，上面写着‘进入电子监控区’，这对个别小偷是个警醒。您背包进去也方便您保管手机等重要物品。"服务员说着,并微笑示意请顾客进去购物。

陈建民先生在《说话的艺术》上说:"以不谦让为尊严,这也是汉民族传统文化落后的一面。"(78 页,语文出版社,1994)陈先生分析了这个问题与交际双方地位和等级的高低、关系的亲疏有关。其后陈先生说:"在我国,政治上人人平等,彼此之间的地位和等级不像旧时代那么悬殊。特别是改革开放以来,人们的思想观念和价值观发生了显著变化,人人都渴求尊严。因此,那种摆出一副盛气凌人、兴师问罪的架势的责问,往往不得民心。"(82 页)陈先生的这段话,我并非用来批评上面编制的两则故事中的人物,我以为,可以供这四位交际者参考,因为问题不单在一个方面,当然有主体和客体之分。

公关小姐的故事

湖北大学文学院　卢卓群

20 世纪 80 年代,“公关”成了一门时尚的职业,很多商场酒店门口的女迎宾人员,也都冠以时髦的新词语“公关小姐”。

这是一个闷热的秋天,然而,城市的街道上仍然很热闹,人来人往,络绎不绝。这里新开张了一家金银首饰店,红地毯从店内延伸到了人行道上,店门两边有两个铜柱,金光耀眼,门的两边靠近铜柱子各有一个一尺来高的小圆台子,台子上各站着一位迎宾小姐。她们画着淡妆,身着红色缎面旗袍,斜背着一条金边红带,上面有六个金黄色的正楷字,表明她们是宣传销售方面的“公关小姐”。这打眼的六个金字,吸引了众多的路人,也吸引了我。我看了一愣,不由自主地走近一点,再看一次,是想核实一下这六个金字,没错,这六个字就是“销售公关小姐”。我的第一反应是,人怎么能销售呢?!果然有一个小伙子问公关小姐:“小姐,你卖出要多少钱?我买回去。”小姐没理睬他。我作为一名汉语教师的职业反应,认定这是动词“销售”和它的宾语搭配不当。我犹疑了一下,还是对着迎宾小姐说了:“小姐”,她微笑着有礼貌地望着我,我指了一下红带子上的六个金字，说："这个，动宾搭配不当。"小姐疑惑地问："什么？冻冰？搭配？是冰冻吧？"她说着，没等我回话，紧接着说："往前两家有个冷饮店，冰冻搭配的很多，有冰冻酸梅汤、冰冻赤豆汤，您往前走吧，我们是金号。"她边说边笑起来，似乎觉得我说的话很奇怪，没法交流了。刚巧，两个路人从那边走过来，看到这六个金字，笑了，一个说："现在公关小姐只'悦目'，不'赏心'。"另一个说："做到'赏心悦目'谈何容易。孔夫子说过，'文'和'质'配合谐调，就达到了'君子'的标准，成为'君子'本来就不容易。"他们边说边走过去了。

还有一位朋友告诉我，20 世纪 90 年代初还见过"销售小姐"的字样。20 多年过去了，现在很多企业、商场的公关小姐，公关先生都是大学生，还有一批是学过相关专业的研究生，像 20 年前"销售公关小姐"这样的问题已经见不到了。

附记：有人说"销售公关小姐"是歧义短语，可以是动宾结构，也可以是偏正结构。即使是偏正结构，修饰的对象恐怕也只能是"商品"，不能是"人"。

“雷人”的广告语

湖州师范学院　苏向红

在语言生活丰富多彩的当今时代，时不时会冒出一些“雷人”的广告语。这些广告语有的“雷”得吓人，有的“雷”得有趣，有的“雷”得没有品位，有的“雷”得让人产生邪念，有的“雷”得令人回味无穷。

为了保护一块草坪，某城建部门在草坪中央先后更换了五块警示牌（参见周云龙《草坪上的提示牌》，《特区展望》1999 年第 6 期），其中四块作用都不大，许多人熟视无睹，照踩不误，只有一块牌子作用最大，人们看到后都不敢轻易踏进草坪。浙江电台交通之声《阿宝路路通》节目主持人阿宝把五块警示牌上的语句抄录下来登在《浙江广播电视报》上，请读者猜猜哪一句的作用最大、最灵光。结果，半个月之内收到来自全省各地的两千多封来信。选第一句“请不要践踏草坪”的有 80 多封，占 4%；选第二句“严禁践踏草坪，违者罚款”的有 40 多封，占 2%；猜第三句“小草正在静静生长，请不要打扰”的有 500 多封，占 25%；猜第四句“请走正道，草坪下预埋电线，踩踏后易发生触电事故”的最多，有 1300 封，占 68%；猜第五句“践踏草坪者死全家”的最少，只有 14 封，占0.7%。

但现实生活中,恰恰是第五句最灵光,“践踏草坪者死全家”,这块牌子挂出以后再也没有人踏进草坪了。正如一封听众来信所说,“第五句最灵光,但也恶毒,咒语这东西此刻实难评价”。这个结果颇让人哭笑不得。

2009年1月,云南大理州弥渡县设置了一块极为抢眼的大型广告牌,选的是当地妇孺皆知的一句俗语——“到了弥渡不想媳妇”,落款是“中共弥渡县委外宣办”。这条以官方身份发布的广告在网上“疯转”,人们纷纷对此发表看法。

有网友说:作为宣传部门,所宣传的内容应该健康、向上,引人入胜,不应让人产生歧义,甚至浮想联翩。宣传首先要准确、到位,不然还是不要宣传的好。有网友属于“想歪了”的,将这句广告语与色情行业挂上了钩。有网友认为,“不想媳妇”是因为弥渡的山美、水美、人美,好玩的地方多,好吃的东西多,好听的山歌、民歌多,让人们流连忘返、乐不思蜀。大多数人则认为,这则广告属于非常“雷人”的广告,单从广告语来说,难免会令人产生遐想。

弥渡县委宣传部办公室主任接受记者采访时解释道:“到了弥渡不想媳妇”这句话,目前无法考证它在民间流传的具体时间,大约形成于马帮文化时期,在弥渡县一带的老百姓中口耳相传,成为宣传弥渡的一句经久不衰的广告语,因此,“设立这句广告语,属于顺民意”。

弥渡县党史办主任专门写了一篇文章《“到了弥渡不想媳妇”的文化内涵》,认为这句话是农耕文明的产物,这样的文明在游牧文明和海洋文明里是产生不了的，这样的文明不具现代化，但更具人性化，一直也是现代人在找寻的精神家园。“媳妇”就是“家”，“到了弥渡不想媳妇”应该理解为“到了弥渡不想家”。不想家的主要理由有四：一是因为弥渡县拥有不想家的物质基础：土地肥沃，是滇中粮仓，是中国农耕文明的典型或代表；二是因为弥渡有着丰富的精神文化，弥渡长期以来形成的民歌文化和花灯文化堪称弥渡文化大花园的两朵奇葩，其中《小河淌水》堪称一绝；三是因为弥渡饮食文化独特，酸腌菜、卷蹄、大芋头、黄粉皮、红糙米在全省乃至全国独具特色；四是因为弥渡是典型的礼仪之地，会使异乡人产生一种宾至如归的美好感觉，“单纯从广告来说，有争议才会有广告效应”，这句广告语经得住推敲。

当地老百姓认为，“到了弥渡不想媳妇”其实很简单，有丰富的精神文化、丰盛的食物、令人流连忘返的景色，足可让游人不想家。

显然，官方有着坚强的民间支持力量，因此这块广告牌才能安然立于公路边。

弥渡县是闻名中外的东方小夜曲《小河淌水》的故乡，拥有非常成熟的民歌和花灯文化，以及美丽的景色和令人垂涎欲滴的豆腐宴。对拥有着各种美誉的弥渡来说，旅游方面的开发却还处于初级程度，外地游客甚少。当地官员们认为，旅游方面未得以深度开发，主要是弥渡县所处的地理位置所局限，与传统旅游线路相距甚远，游客少所以难开发。（参见《“到了弥渡不想媳妇”雷人　弥渡：广告有争议才有效应》，新浪网 2010 年 4 月 14 日）

江西省的宜春建城于西汉初年，距今已有两千多年历史，山明水秀，人文厚重，自古便有“江南佳丽之地，文物昌盛之邦”的美称，是一个旅游的好去处。

2010年3月4日，有网友在论坛曝光，江西省宜春市旅游政务网上，该市的广告语竟为“宜春，一座叫春的城市”，这引发了网友的大讨论，认为政务网以如此“雷人”口号作为广告语，有欠斟酌。当地旅游部门则认为，要的就是这个效果。（源自《下面这句广告语中的××请你填空　“宜春　一座××的城市”　该市旅游部门认可“叫春”这两字　这条“史上最雷广告语”真出名了》，《江西日报》2010年3月5日）

大部分网友认为该口号“有欠斟酌、太雷人了”；但也有网民认为，“虽然有些不妥，但是宣传效果达到了”；甚至有网民套用春晚台词——“你们心里阳光一点好不好”，认为这本来是一个正常的广告语，是网民自己想歪了。当晚，这一富有争议的广告语被撤掉了，换成“宜春归来不看月”。（参见《“到了弥渡不想媳妇”雷人　弥渡：广告有争议才有效应》相关链接：《江西雷人宣传语：宜春，一座叫春的城市》，新浪网2010年4月14日）

有评论认为：在这种拙劣的广告策划创意背后，隐藏着政府的推手和身影，反映了少数地方在发展中的急功近利和政绩冲动。政府的旅游部门想营销自己并没有错，错在选择了一种低俗的表达方式。也许，凭着此般声嘶力竭的“叫春”式吆喝，旅游局的官方网站会增加一些点击率，宜春也能提高一点知名度，但是，这种人气和知名度却是以牺牲宜春的形象为代价换取的，注定得不偿失。一座城市犹如一本书，政府的网站则如同书之扉页，打开扉页，充斥眼帘的尽是“叫春”信息，让人如何消受？一个地方要想有长足发展，一座城市要想引人入胜，靠的是内功、实力和特色，而不是搞些花哨无聊的噱头。宜春应该做的是挖掘文化内涵，做好特色文章，以美丽的景色和优质的服务来聚拢人气，而靠"叫春"式的炒作和恶搞来"一夜成名"，既没有内涵，又缺乏品位，还割裂了世代传承的城市文化底蕴，即使能侥幸"勾引"来游客，可当人们在品味宜春之后，收获的不是赞誉和掌声，而是摇头和鄙夷，那又将给宜春的声誉带来怎样的影响和打击？（参见《"叫春的城市"想勾引谁？》山西新闻网 2010 年 3 月 8 日）

2010 年 5 月 11 日新浪网发布了一条消息：湖北蕲春县街头出现了一块交通警示牌——最讨厌驾驶无牌套牌、遮挡挪用号牌的车辆，一点品位也没有。这块警示牌被网友拍下传到网上，因为用语及语气与"传统"警示牌内容形成巨大反差，迅速引起网友围观，被冠以"史上最娘娘腔警示牌"的称号。但也有不少网友认为警示牌内容蛮有趣的，无伤大雅。

蕲春县公安局交警大队负责人向记者介绍说，这块警示牌是由县公安交警大队和县机动车驾驶员协会共同树立的。当时蕲春县立了好几块告示牌，不过其他的牌子都是传统意义上的标语，例如"喝酒不开车，开车不喝酒"之类的。这块警示牌的内容是根据网上一些用语演变来的，打算从一种温和的角度去提醒驾驶员。之前并没有预料到网友会认为过于发嗲，"不过这块牌子最近就会拆掉了，也是因为大家的反响不是很好"。

记者发现，网友确实认为警示牌语气"发嗲""娘娘腔"，但之所以引起网友热烈追捧却是因为警示牌“颇具喜感”、网友“过于寂寞”。记者并未发现“反响不是很好”的情况，也没有网友提出拆掉警示牌的要求，大多数网友只是以一种“围观”的娱乐心态来看待、跟评，多是为了得到参与的快乐。（参见《交通指示牌提示语被指娘娘腔　官方称将拆掉》，新浪网2010年5月11日）

以上案例说明，成功的语言交际活动应该是语境、语言传意者和语言接受者的良性互动。从语言环境来看，交际中的语句除了字面意义之外，往往还渗透了社会文化方面的隐含意义。如果不了解特定语言的社会文化背景，就可能出现理解与运用的偏差。从语言传意者来看，于根元先生提出“功力、思维、情趣”三要素应动态地结合起来，语言功力管准确，思维管生动，情趣管品位（参见于根元《二十世纪的中国语言应用研究》223页，书海出版社，1996）。从语言接受者来看，除了语言能力之外，语用心理、道德素养等因素的作用也不可小觑，尤其是对广告语的接受。这是因为，广告语的接受过程是受众的审美经验参与作品创造的过程，这种接受不是被动的消费，而是显示赞同与拒绝的审美活动。广告文本只是广告创意者创造的与受众发生关系之前的状态；它只有与读者构成对象性关系之后才能突破孤立的存在，成为融会了受众的情感、经验和品位的广告作品。换言之，一则成功的广告语与受众的审美观照和情感体验融为一体，是被受众感知、规定和创造的作品。

以上案例中，“请不要践踏草坪”平淡无奇，“严禁践踏草坪，违者罚款”是生硬的命令，“小草正在静静生长，请不要打扰”颇具文采和人性化，“请走正道，草坪下预埋电线，踩踏后易发生触电事故”表达出提醒的善意，而最管用的“践踏草坪者死全家”则让人不寒而栗；“到了弥渡不想媳妇”有可能让人联想到“外遇”；“宜春，一座叫春的城市”也可能让人联想到“动物发情”；“最讨厌驾驶无牌套牌、遮挡挪用号牌的车辆，一点品位也没有”给人以“发嗲、娘娘腔”的感觉……这样的广告效应是否与广告创意者的初衷相吻合呢？广告创意者是否在利用言语的歧义而刻意炒作、制造轰动效应呢？广告接受者是否故意曲解原意而借题发挥或无聊起哄呢？广告创意者、广告文本、受众之间的动态交往过程会产生怎样的相关效应？如何让广告语既具有知名度又具有美誉度？如何让广告语“雷”得新人耳目、“雷”得富有情趣、“雷”得具有品位、“雷”得取得成效？这些都是值得我们思考的。

词语“蒙太奇”

贵州省毕节市水西大道城市综合执法大队　李兴春

苏联电影导演列夫·库里肖夫做过这样一个著名的实验:给演员拍一张毫无表情的脸部特写镜头,然后把这个特写镜头分别接在另外三个镜头前面。这三个镜头拍摄的是一碗汤、一个老妇人的尸体和一个正在高兴地玩游戏的孩子。他发现:在一碗汤镜头前的演员脸部特写上,观众看出了饥饿;在老妇人尸体镜头前的演员脸部特写上,观众看出了悲伤;在游戏孩子的镜头前的演员脸部特写上,观众看出了喜悦。这个实验说明的就是蒙太奇的效应,被命名为“库里肖夫效应”(普多夫金《论电影的编剧、导演和演员》,何力译,中国电影出版社,1984)。

普多夫金在评价库里肖夫的实验时,举了又一个例子:假如有三个电影镜头,一个是一张微笑的脸,另一个是一张惊恐的脸,第三个镜头是对着一个人瞄准的手枪。试把这三个镜头按照两种不同的次序连接起来。第一种次序是首先表现微笑的脸,其次是手枪,最后是那张惊恐的脸;而第二种次序是首先表现惊恐的脸,其次是手枪,最后才是微笑的脸。从第一种排列的次序中,观众得到的印象是:那个人是一个懦夫;在第二种排列的次序中,那个人就成为一条好汉了(同上)。

与此相对应,词语的库里肖夫效应可以用一个古代的酒令游戏为例子:

在一颗骰子的六个面上分别镌刻"公子""老僧""少妇""屠沽""妓女""乞儿",在第二颗上镌刻"章台""方丈""闺阁""市井""花街""古墓",在第三颗上镌刻"走马""参禅""刺绣""挥拳""卖俏""酣眠"。三颗骰子一起掷下去,如果掷出这样的组合:"公子章台走马""老僧方丈参禅""少妇闺阁刺绣""屠沽市井挥拳""妓女花街卖俏""乞儿古墓酣眠",这叫本色成语,因为每个人所做的事都与自己本来的身份相合,除此之外的参差错综名目,都与本色不合,令人发笑,如"老僧花街卖俏""妓女方丈参禅"等。这就是同样的主语和其他一些同样的词语组合不同,导致语境不同,使人产生了迥然相异的主观感受,即语感,从而形成库里肖夫效应。

语序不同导致语感不同的最著名例子,大概就是曾国藩奏文中易"屡战屡败"为"屡败屡战"的例子了:

闻诸先辈云:平江李次青元度本书生,不知兵。曾国藩令其将兵作战,屡战屡败。国藩大怒,拟奏文劾之,有"屡战屡败"语。曾幕中有为李缓颊者,倒为"屡败屡战",意便大异。(杨树达《汉文文言修辞学》38—39页,中华书局,1980)

屡战屡败和屡败屡战初看似乎都说了同一个意思,但前者颓丧,后者奋扬;前者给人总以失败收场的感觉,后者却留下了虽败不馁还能反败为胜的余地。这样改过的奏文上奏到皇帝那里,自然比没有改过的奏文能让皇帝从轻发落。

另一个有趣的例子是：斯大林同志去剧院看演出，剧中角色有他本人。扮演斯大林的演员演得十分出色，大家都说真像斯大林同志。斯大林同志也向演员表示热烈祝贺说：“您演得真好，我真像您啊！”（转引自潘晓东《1+2≠2+1》，《修辞学习》1984年第2期）

演员扮演的是斯大林，本应以演得像斯大林本人为最高褒奖，即“您真像我”。但斯大林却倒过来说“我真像您”，除了有一点幽默自谦的成分外，这比说“您真像我”更能赞扬演员表演的出色。

有没有同样的主语和其他一些同样的词语组合不同，却又语境相同，能产生相同的语感呢？或同样的词语，按相同的顺序接在不同的词语前后，能产生相同的语感呢？词语确有这样的“反库里肖夫效应”，例如：

> 甲队大胜乙队，甲队大败乙队；
>
> 东西放在地上，东西放在地下；
>
> 生前留下遗嘱，死前留下遗嘱。

人们通常能理解为：第一组两句话都表达了甲队战胜了乙队的意思，第二组都表达了东西放在地面的意思，第三组都表达了活着时留下遗嘱的意思。但奇怪的是第一组中的“胜”“败”，第二组中的“上”“下”，第三组中的“生”“死”语义完全相反，而且处在相同的上下文语境中，由此看来，每一组的两句话都应该是相反的句义，相反的语感。

但每一组却都表达了相同的意思，产生了相同的语感。事实上，例子中的“胜”“败”、“上”“下”、“生”“死”并非语义完全相反，而是带有歧义或者说是一种“双歧性”语义。词语的反库里肖夫效应在电影语言中有没有相对应的效应，则是另需探讨的问题了。

爷爷流利的维吾尔语

首都师范大学国际文化学院　惠天罡

小时候是姥姥、姥爷带大的，家里人觉得叫“爷爷”“奶奶”更亲，所以一开始我就叫姥爷、姥姥为“爷爷”“奶奶”。爷爷是西北野战军的一员，解放大西北到了新疆，然后把我奶奶也接到了新疆，于是我的妈妈、舅舅、姨姨都在新疆出生了。我就更是如此，我们都是新疆军垦的后代。生在阿克苏、长在阿克苏的我从小就喜欢当爷爷的“小尾巴”，爷爷也很喜欢带着我到处溜达。

爷爷经常带着我去菜市场买菜，新疆的羊肉好吃，卖羊肉的主要是维吾尔族，很多汉族人想吃羊肉就要去维吾尔族的肉摊上去买肉。去维吾尔族那儿买肉，有两个问题：一、维吾尔人汉语不好，大多不会说汉语；二、维吾尔族的食物都是清真的，而汉族人并不是如此。基于以上两个问题，很多汉族人买羊肉时常常是用手隔空比画，手是一定不能碰到羊肉的，而且要离羊肉很远。这与到汉族人那儿买猪肉完全不同，到汉族人那儿买猪肉可以拿着猪肉翻翻，用手指按按，有的人还会凑近去闻闻，这在买羊肉时是肯定不可能用的“技术手段”。当时人们的收入不高，所以买猪肉时都会表现得相当专业，有时候遇到的老板方音很浓，比如四川人、河南人，有的模仿能力强的顾客则会马上进行“语码转换”，用四川话或者河南话跟老板讨价还价，用方音的交流拉近了彼此的距离，很多顾客常常能用这种“交际策略”买到物美价廉的猪肉。可是到维吾尔族人那儿买肉时，汉族人往往是英雄无用武之地，任凭你的模仿能力再强你也模仿不来跟汉语完全不一样的维吾尔语，任凭你的用手鉴别肉质的能力和技术多高，你的手也只能与羊肉保持距离，所以只能看维吾尔族老板当时的情绪状态，如果他今天很高兴，可能能多给你点儿瘦肉。现在说我爷爷带着我去买羊肉，我就看着爷爷用流利的维吾尔语跟维吾尔族的老板交谈，从对方的表情我完全可以感到他们很愿意跟爷爷聊天，常常双手握着爷爷的手不停地摇，然后和爷爷一起哈哈大笑，笑声往往感染了我，我也跟着笑，虽然我不知道他们在聊什么。接下来，则是爷爷用很专业的手法在羊肉上按，然后用手指很清楚地在羊肉上划一下，老板则心领神会地在我爷爷用手指划过的位置上用锋利的刀，把爷爷想要的那块肉切下来，有时还常常多切一点儿，然后又说一些话，我猜是希望爷爷下次再来光顾之类的话。回到家后妈妈、姨姨，特别是奶奶直夸买的羊肉物美价廉，妈妈和姨姨则会发牢骚，说自己每次去买羊肉都买得不是特别尽如人意，说爷爷每次都能买得物美价廉。然后爷爷则很满足地摸摸我的头，说他的维吾尔语这个时候还能派点儿用场，总算是做了让奶奶满意的一件事。

我想，是维吾尔语淡化了民族之间的文化差异？还是其他什么原因？或许在不违背什么原则的时候能用流利的对方的话跟对方友善地交际也有一些好处？我真的不得其解。总之,有个事实不曾改变,就是爷爷流利的维吾尔语让我们一大家在那个年代每次都能吃上物美价廉的羊肉。

有趣的城市名

中国传媒大学文学院　潘　娜

刚上大学时，班主任让我们每一个人都介绍一下自己的家乡，一位女生的第一句就是："我的家乡重庆，又叫'山城'。"之后很多同学都提到了家乡的别名。我觉得非常有趣，当时觉得中国不仅地大，就是城市的名称往往都是不止一个啊！

先说说我的家乡——通化，母亲告诉我一个歇后语"冰棒通炉子"，我让不少同学猜过，很少有人猜中。通化是吉林省东南部的一个城市，东北冬季寒冷，平房一般都有火炕，火炕要烧煤或柴火，就需要铁棍去通一通，这样烟和氧才能在火炕中通畅，火炉也才能热炕。"冰棒通炉子"，冰棒自然要溶化喽，"通化"乃正解。很多同学猜不中，就是因为不知道东北地区的风俗习惯。

看来，要了解城市的名称，知道风俗习惯是不可少的。语言与生活、语言与社会、语言与地理历史密不可分。

再来看看城市有趣的"名字"吧！

深圳——第26届世界大学生运动会举办城市。

“深圳”地名始见史籍于1410年(明永乐八年),于清朝初年建墟。当地的方言客家话俗称田野间的水沟为“圳”或“涌”。深圳水泽密布,村落边有一条深水沟而得名。

深圳又称鹏城。始建于明洪武二十七年(公元1394年),占地面积达十万平方米,是明清军事要塞——南澳镇,又叫“大鹏所城”,是“鹏城”的起源;深圳特区的崛起又如大鹏展翅,有速度、有力量。

广州——全国华侨最多的城市。

秦始皇三十三年(公元前214年)统一岭南后建南海郡(郡治设在“番禺”,即今天的广州)。公元226年,孙权为便于统治,将交州分为交州和广州两部分,“广州”由此得名。

广州可是别名较多的城市,穗城、羊城、五羊城、花城、商塬、金塬、竑塬都是它的别名。前三个叫得最响,我记得自己小学的时候就看到过《羊城晚报》,当时还不知道“羊城”是哪儿,以为养羊最多的城市都可以叫“羊城”,就像澳大利亚因为盛产羊毛被称为“骑在羊背上的国家”是一样的。现在想想,还颇为有趣呢。

五羊衔谷,革于楚庭。关于五羊的由来,主要有以下两种说法。

第一种是周夷上八年(公元前887年),广州连年出现洪涝灾害,田野荒芜,农业失收,民不聊生。突然有一天,南海的天空传来一阵悠扬而动听的音乐,五位仙人驾着五朵彩色祥云,身穿五色彩衣,各自骑着不同毛色的山羊,羊口中衔有一茎六出的优良稻穗,降临楚庭。仙人们将稻穗给了广州百姓,祝愿他们风调雨顺,永无饥荒。顷刻间仙人腾空飞逝,五只仙羊化为石头留在广州山坡。从此,广州成了岭南最富庶的地方。这就是广州有“五羊城”“羊城”“穗城”名称的由来。

第二种是晋朝时,未到任的广州刺史吴修目睹五仙人骑五色羊,背着五谷来到广州州治的厅堂上。于是吴修在厅堂上绘五仙人像以示祥瑞纪念,并且称广州为“五仙城”。现在的广州惠福西路五仙观据说就是五仙人降临之地,广州人为了纪念五仙人专门修建了五仙观,在大殿内还有五仙和五羊的塑像。

与地理环境有关的,常常是城市的别名:

四季如春的昆明,叫做春城;

泉水绕城的济南,叫做泉城;

依山而建的重庆,叫做山城;

座于岛上的青岛,叫做岛城;

天寒地冻的哈尔滨,叫做冰城。

有趣的城市名能让我们看到活生生的人类文明史。有趣的同时,也令我不禁感叹先人的洞察力和想象力。正是祖祖辈辈的口耳相传,才有了今天活生生的镌刻着人类文明的语言。

“老鹰”“臭老妈”与现代汉语课

河北大学文学院　李胜梅

2010年12月3日(星期五)带小宝(5岁10个月)去机场,出门时碰到一位同事,顺路,我们正好可搭她车。小宝晕车,情绪很不好,在车里说我是“臭老妈”,我同事就开玩笑问她:“是不是老妈闻起来好臭啊?”这问话其实有一点小陷阱,我以为小宝会感到为难,不知道怎么回答。没想到小宝很镇定,她没有上当,认真地解释说:“这个‘臭’不是闻起来好臭的意思,是另外一个意思,是‘很讨厌’的意思。这是跟妈妈开玩笑说的话。这你都不知道吗?”她很清晰地把“臭”这个词的两个意思分析出来了,很准确地做了区分。她能如此分解常用词的义项,车上三位大人都是大学教授很是吃惊。我没有跟她解释过“臭”,没有对她做过类似的词义解释特别是义项分解细化。这个词的义项分解完全是她自己体会到的。她思路很清晰,思维很细致,表达很准确。

后来我特地查阅了《现代汉语词典》(第5版,2005年),“臭”列了5个义项,前两个是:

【臭】(1)[形](气味)难闻(跟“香”相对)。(2)[形]惹人讨厌的。

小宝的解释与词典的释义几乎一致。

2010年12月19日(星期天)晚饭后,路过大操场,小宝要进去跟我玩老鹰抓小鸡的游戏。一会儿让我做老鹰,一会儿让我做小鸡,她跑得很欢很快,我倒是跑了一会儿就累了,跑不动了。她批评我:"妈妈,你为什么不跑了?"我说:"老鹰老鹰,就是老了,妈妈跑不动了。"她马上纠正我的说法:"哎呀,不是这样的。你说得不对。'老鹰'是它的名字,不是'老人'的'老','老人'的'老'才是老呢。"她这种清晰的分析简直就是现代汉语课上的内容。她很善于分解词包括语素的义项。可是我没有对她说过类似的知识。我赶紧表扬她,然后顺着她的话给她补充:"宝宝说得太对了,老鹰有小老鹰也有老老鹰,老虎有小老虎也有老老虎。"她马上很干脆地评价说:"对。"她居然表扬起妈妈来,她那表情和口气,好像我是学生她是老师。

在这个问题上,一个普通语言使用者的语感,一个五岁儿童的认知,与受过严格专业训练的语言学分析者的结论相同。为什么?

我联想到"现代汉语"课。教材中提到的某些语音现象、词义现象、语法现象,连幼儿园小朋友都知道,我们是不是讲得有点儿浅了,某些内容是不是有点儿多余,是不是有点儿故作高深了。为什么中文系大学一年级学生往往觉得现代汉语课有点枯燥、无用?这是不是原因之一?

人们说的就是现代汉语,人人都能对现代汉语的语音词汇语法现象说出点儿道道来。大学教师要想把"现代汉语"课讲得既有理论价值又有实践指导意义,既有学术性又能够吸引学生,把语言常识与语言学理论科学地区分开来,实在不是一件容易的事情。

语词表义中的度量和参照

二十一世纪出版社　凌　云

《三国演义》第五回中有一段经典情节：面对华雄的嚣张气焰，关羽主动请缨，称“愿往斩华雄头，献于帐下！”众人推测马弓手身份的关羽只是夸夸海口而已，唯曹操认为关云长“既出大言，必有勇略”，并斟热酒给他壮胆。关羽说酒待会儿喝，随即“出帐提刀，飞身上马”，经过一番搏杀，提着华雄的首级来见曹操。书中用“其酒尚温”四个字衬托出完成“非常任务”的时间之短、速度之快。此种表达的巧妙之处在于，借助温度和时间之间的内在联系，让温度来度量时间，从而生动地描述迅雷不及掩耳的速度。

汉语语词系统中也不乏按这种思路的造词，如成语“席不暇暖”用“连席子都没有时间坐暖”说明逗留的时间之短，形容“忙于事务，四处奔走，无暇休息”。“尸骨未寒”、“墨迹未干”分别用来指某人去世不久或某项协议签署不久。按照旧俗，父母或丈夫去世后百日之内为不宜出访的“热孝”时期。为了便于随时联系而专设的通讯线路称之为“热线”。“胡子工程”喻指迟迟不能完成的工程，其造词思路在于“旷日持久犹如时间长久了人长了大胡子一样”。(沈孟璎《新词·新语·新义》,福建教育出版社,1987)露水是凝结在地面或靠近地面的物体表面上的水珠,遇热即散发,据此特征产生引申义“短暂的”。所以“露水鸳鸯”“露水夫妻”用于指非法的两性关系。“泡”的词义是“长时间地放在液体中”,所以“泡病号”指称病长时间不上班,“小病大养”。“煲”的词义是“用小火慢慢熬”,所以,新造词语“煲电话粥”指“在电话里长时间地闲聊”。

说明时间短暂可用日常生活中的抽烟、焚香所需要的时间作为时间的度量,因此,汉语就有了“一袋烟功夫”“一炷香功夫”“半炷香功夫”的说法。形容极短的时间也可以将人的生理现象或动作来度量,如“转眼之间”“眨眼功夫”或“瞬间”(瞬:眨眼)“转脸之间”“转身之间”“弹指之间”(弹指:弹动指头)。另一方面,借助视野所及来度量,指称“说话的时候”这么一个很小的时段,汉语有“目前、目下、眼前、眼下”等使用频率很高的语词。很近的距离往往说“一箭之遥”“一步之遥”“一臂之遥”“眼皮底下”“鼻子底下”。用距离说明差别很大往往在书面上说“天壤之别”或“云泥之别”。这种类型的成语或短语还可举出不少,如“齐腰深”“举手之劳”“手无缚鸡之力”“伸手不见五指”“鼎力相助”“不费吹灰之力”“著作等身”“学富五车”等。

事物命名也可以借助这种思路。如“五步蛇”(也叫“五步倒”)用五步的长度表明被这种毒蛇咬伤后有可能在极短的时间里致命,可见其毒性;“一步裙”得名于该款式裙装的开幅仅够迈开步子;“十二指肠”指小肠的第一段,得名于这一段肠子的长度相当于十二个横排着的指头那么长。

成语“汗马功劳”和“汗牛充栋”也是这种思维方式的产物。古人骑马激战时，马都跑出汗来了，故用“汗马功劳”转指征战的辛劳；用牛车运书，牛累得汗水直淌，可想车上的书有多么沉重，故用“汗牛充栋”形容藏书或著作的丰富，可见古人创造语词的智慧。

再来看看汉语造词中借助时间、空间参照系表义的情况。

由于花开与结实大都有时间性，因而中国民间习惯将开花期和结实期作为事物命名的参照系。如早春杏花盛开，故将这一时段下的雨称之为“杏花雨”。春末夏初梅子黄熟的一段时间，我国长江中下游地区连续下雨，空气潮湿，东西容易发霉，故把这一时期称之为“黄梅天”，把这一时期下的雨称之为“黄梅雨”（也称“梅雨”或“霉雨”）。桃花盛开时节往往河水暴涨，故水利部门把这种自然灾难称之为“桃花汛”或“桃花水”。同理，这个期间下的春雪被命名为“桃花雪”。一种皮肤病因多在桃花盛开的三月时节发生，故称为“桃花癣”。还可将中国的节气作为命名的参照系，如清明时节采制的茶叶称之为“清明茶”；“清明”节气之前采制的茶叶称之为“明前茶”（“明”是“清明”的缩略）；“雨水”节气前采制的茶叶称之为“雨前茶”（“雨”是“雨水”的缩略）。

一天的两端是“早”和“晚”，汉语中对季节中的时段指称以一天为参照系，把四季的初期分别称之为“早春”、“早夏”、“早秋”和“早冬”；对人生阶段或事物发展阶段的指称造出“早年”、“早期”和“晚年”、“晚期”等词语。汉语中的“暮”指“傍晚”，故汉语中以一天中的这个时段为参照，指称与时间有关的概念，如：“暮年”（老年）、“迟暮”（衰老，如

"美人迟暮")。书面语中"垂暮"指天将晚的时候,后来被用来喻指老年,如"垂暮之年"。类似的造词还有"暮春"(春季的末期)、"暮秋"(秋季的末期)、"暮岁"(也说"岁暮",指一年快完的时候)。有趣的是,汉语新造词"黄昏恋",指老年阶段的恋爱和婚姻,造词思路一脉相承。

青色是植物生长旺盛期呈现的颜色,没有成熟的庄稼也呈青色,故"青"被用来比喻年轻,如"青年"。呈青色尚未成熟的果子味道往往有些涩口,故称之为"青涩",后多用来比喻涉世未深的年轻人身上所表现出来的处事不成熟,如"青涩年华"。人们也喜爱将草青树绿的春天喻指人的青年时期,将这一时段称之为"青春"。

汉语中历来把人的身体作为给事物命名的参照系。如将山最上面的部分称之为"山顶"或"山颠(巅)"("顶"和"颠"均指人体最高的部分),山的中部称之为"山腰",山的最下部称之为"山脚";与正房相连的两侧的小屋称之为"耳房",排在版心上端的文字及符号统称为"书眉",等等,非常形象。

汉语造词的方式极为丰富、极具思辨色彩。我们通过对汉语词语系统中借助事物度量和参照系造词现象的考察,可以看出汉语造词理据和造词思路的某些侧面。

“借代”面面观

二十一世纪出版社　凌　云

“借代”是语义表达的重要手段。它作为一种独特的思维方式，贯穿于汉语的造字、造词、词义引申和修辞等各个层面。其中，汉语中丰富多彩的借代造词无疑是这种思维方式的最突出体现。

借代造词的所指与符号之间具有“借而代之”的逻辑联系，可分为两种情况。

第一种情况，从所指对象中抽取与属性有关的内部因素造词。

以特征代。“丫鬟”得名于古代妇女把头发梳挽成环状，分别于左右两鬓的发式；“花脸”指京剧行当中的一种，得名于演员脸部化妆勾出的图案；“孩提”（孩：小儿笑；提：扶持）指“幼儿期”，理据是，用小时候喜欢笑和需要在大人的扶持下学步的两个特征借代人生的某一阶段。

以特征所在代。用“须眉”指代“男子”，古代妇女化妆时大都把眉毛剃掉，再用青黑色颜料重新描画；因此，天然的眉毛和胡须成为男子的性别特征。用“面首”指代强壮娇美的男子，后专指男妾；“面”取其貌美，“首”取其发美。

以功能代。旧时女子结婚时用头巾盖在头上,故头巾也称为“盖头”;放在室内用来挡风的装置称之为“屏风”;行军时用于缠裹小腿的布带取名为“绑腿”;“顶针”得名于做针线活时的一种工具的功能。

以携带或使用方式代。旧时女子插戴在头上的装饰品被称之为“插戴”;古人出远门时将钱袋盘在腰间,故称之为“盘缠”;“琵琶”本写作“批把”。东汉刘熙《释名·释乐器》说:“批把本出于胡中,马上所鼓也。推手前曰批,引手却曰把。象其鼓时,因以为名也。”

以涉及范围代。旧时妇女将饰物装饰头部、面部,故称之为“头面”;古时官员章服上区别品级的徽志,因以金属彩线绣于胸前及背上,故称为“背胸”;只蔽胸背而无袖的衣服,因心在胸部,故将其称之为“背心”。

以事物的局部代。“春”“秋”是一年中的两个重要季节,所谓“春华秋实”,故以“春秋”指代“年”;“干”和“戈”是古代战争的主要武器,用以指代“武器”,进而指代“战争”;古时军队建制,五人为“伍”,二十五人为“行”,故用“行伍”指代“军队”。

以使用物代。“丹”(红)和“青”是国画的常用颜料,故以“丹青”指代“国画”,进而指代“绘画”;古时女性用白粉搽脸,用青黑色(黛)的颜料画眉,故以“粉黛”指代“美女”;“巾”和“帼”均为古代妇女戴的头巾,故用“巾帼”指代“妇女”。

以相关名称代。将古代兵书《六韬》和《三略》的书名缩略为“韬略”,指代“用兵的计谋”;将《诗经》中的《国风》和《楚辞》中的《离骚》缩略为“风骚”,指代“文采”;相传黄帝常与岐伯讨论医学,以问答形式写成《黄帝内经》。故后世用“岐黄”指代中医或中医学。

第二种情况是,借助于与所指对象有某种联系的外部因素造词。

以行为代。“薪水”原指打柴汲水,后用来借代生活上的必需费用,现专指工资。旧时拍卖货物,以拍打木板表示成交,故用“拍板”表示“做出决定”。同理,用“打算盘”表示“算计”,用“掏腰包”表示“付钱”。

以结果代。露齿笑人,久之觉冷,故用“齿冷”极言“耻笑”。因开除员工通常将其名字从花名册中删去,故用“除名”指代“开除”。吃饭时看到或听到可笑的事突然发笑,容易把嘴里的饭喷出来,故用“喷饭”指代“可笑之极”。笑得过猛常会用手捧着肚子,故而用“捧腹”指代“大笑”。事情的结果与预料相差很远,让人吃惊,以至于所戴的眼镜也跌落下来,故用“跌眼镜”指代“出乎意料”。

以表情、动作代。有羞愧心理时脸上往往出汗,故用“汗颜”指代“羞愧”。看不起人时眼睛往往朝上或向旁边看,现出眼白,故用“白眼”指代“蔑视”。相反,人高兴时眼睛正视,黑色的眼珠在中间,故用“青睐”指代“感兴趣”或“重视”。同理,用“眼红”指代“嫉妒”,用“扼腕”指代“惋惜”,用“咋舌”指代“惊异”,用“脸红”指代“惭愧”,用“挠头”指代“事情难办”。

以工具代。舌头是说话的重要器官,故而用“舌头”指代“敌方能提供情报的人”。同理,用“耳目”指代“刺探情报的人”,用“口齿”指代“说话”,用“拳脚”指代“武艺”,用“手脚”指代“举动”或“动作”,用“胃口”指代“食欲”,用“笔墨”指代“文字”或“文章”。

以处所代。西汉末年,王匡、王凤等领导农民起义,聚集在湖北绿林一带,故用“绿林”指代“聚集山林反抗官府或抢劫财物的群体”。相传三国时期,吴国有一位叫董奉的名医为百姓治病,不收报酬,治愈的病人只需在他的屋旁种植几株杏树,数年后蔚然成林,后世用“杏林”指代“医家”。唐玄宗选了数百名乐工和宫女在内庭的梨园教习歌舞,故而后世用“梨园”指代“戏曲界”。旧时,高堂(正厅)是父母接受各房晚辈礼拜之处,故用“高堂”指代“父母”。

以人名或地名代。相传西晋人阮咸善弹一种弦乐器,故以其名为该乐器命名。传说名叫刘海的仙童前额留着短发,故将妇女或儿童前额整齐的短发称之为“刘海儿”。神话传说月宫有仙女嫦娥,姿态娇美,因称婵娟,后用以指代“月亮”。“龙井”因产地杭州龙井而得名。“茅台”因产地贵州茅台而得名。

以效果代。“不求人”指抓挠的工具,遇背脊有痒,人手不及,即可用以挠痒,不必求于他人,故称。“狗气杀”是装鸡食的器具名,鲁迅在小说《故乡》中说明了命名的理据:“木盘上面有着栅栏,内盛食料,鸡可以伸进颈子去啄,狗却不能,只能看着气死。”“热得快”和“尿不湿”也是这种思路的命名。

借代的类型很多,而且是一个开放的表义系统。“东西”一词用两个方位词组成,泛指各种具体的或抽象的事物。尽管其造词理据语源不一,但可以肯定的是,从其使用范围来看,无疑是汉语中最不可或缺的借代造词。

寻找丢失的理据

二十一世纪出版社　凌　云

通常情况下，汉语造词体现一种造词心理，反映语词的能指（语素组合）与所指（指称对象）之间的逻辑联系，即造词的理据。如“丫头”一词的来历与古代女子的发式有关。古代女子凡未成年，多将头发集束于顶，编结成两个小髻，左右各一。由于与树枝丫杈相似，故有“丫头”的说法。周代建立后，地位低下的商代遗民以做买卖为固定职业，故周代人将这些生意人称之为“商人”，沿用至今。

然而，有一部分语词尽管仍在使用，却已经看不出造词的理据，或者说，“望文生义”获得的语义与原本要表达的语义有相当的偏离。这是因为，汉语中有一部分语词经过历史的变迁，造词理据已经脱落。从理论上来说，每个语词造出来都不是任意的。因此，通过一定的途径，能够寻找到这些语词丢失的理据。

字形演变。有些词的语素字形受相邻语素的影响或某种表义需要而发生变化。如“蚂蚁”原写为“马蚁”。汉语中，“马”有“大”的意思。“马蚁”是指体型大的蚂蚁（后产生泛指义）。“马”受“蚁”字偏旁的同化作用,该词演化为“蚂蚁”。“凤凰”东汉以前写作“凤皇”,后来,“皇”受“凤”字字形的影响演化为“凰”。“吩咐”原写作“分付”,意为“分别委付”。唐人用为告嘱之意,在两个字上都加上“口”,成为现在的写法。“榔头”一词由“狼头”演变而来,因钉锤的形状颇似狼头。由于从瞳孔中可看到很小的人像,故将瞳孔称为“童子”“童人”。因为和眼睛有关,这两个词的字形演变为“瞳子”和“瞳人”。“瞳人”后来又被写成“瞳仁”,理据就更加看不出来了。南方有些地区依据视觉联想将小芋头称为“芋奶”,后来“奶”字受“芋”字偏旁的影响,字形演变为“艿”。旧时“码头”写作“马头”,据说是因为船到码头要用绳子拴住,就像用绳子把马头拴住一样。后改写为“码头”,可能与码头的建筑材料有关。“玛瑙”原写作“马脑”。曹丕《马脑勒赋 · 序》云:“马脑出自西域,文理交错。有似马脑,故其方人因以名之。”后字形演化为“玛瑙”。

字形讹变。有两种情况。一种是笔画增减。如“崭新”原写作“斩新”。古人发现凡物刚刚经刀斩切处特别新鲜,故把极新的事物用“斩新”形容。后人把它误写为“崭新”,并且取而代之。“搭档”原写作“搭当”,指“合适的搭配”,后人将“当”误写为“档”,理据消失。一种是据音写词的讹误。“楣”是旧时家门前的点缀物。凡做官应考,标着门楣,以示荣耀。一旦罢官或应考不及第,则取消这个点缀物,称为“倒楣”。后人凭借读音误写为“倒霉”,大概是因为东西发霉是令人不愉快的事情。“烧卖”或“烧麦”本写作“梢梅”。理据是,这种小吃的外形颇似小蒸包,顶端部分有突出的环形褶子,犹如盛开的梅花。后因方言音近之故以讹传讹,习非成是。“荔枝”原写作“离枝”,因为荔枝成熟时为了保鲜要连枝砍下来，与获取荔枝的方式有关。

心理因素。一种情况是忌讳。黄瓜产于西域，原名为“胡瓜”。由于隋炀帝讳言“胡”，故将其称为“黄瓜”，实际上黄瓜的颜色是绿色的为多。秦代称“筷子”为“箸”，由于“箸”与“住”谐音，让人联想到停滞不前，船家很忌讳，便取“住”的反义词“快”，将“箸”称为“快子”（因为“快子”多用竹制成，后加竹字头演变为“筷”）。“原来”本作“元来”。明代忌元，“元来”有“元朝卷土重来”之嫌，故改写为“原来”。“端午”最早写作“端五”，指农历五月第一个逢五的日子，即纪念屈原的日子。唐代因玄宗皇帝生日为八月五日，故讳“五”，改“端五”为“端午”，语源变得不清晰了。还有一种情况是求雅。丁香花的命名与这种花的种子有如钉子有关。作为花名有求雅的需要，故将“钉”字谐音换为“丁”字。北方的“梨花大鼓”是大鼓中的一种，使用的道具多为半月形金属片，有点像犁铧，为求雅将“犁铧”写作“梨花”。同理，北京胡同的老地名为了求雅也有变更的，如将“牛血胡同”改为“留学胡同”，将“狗尾巴胡同”改为“高义伯胡同”，将“猪市口”改为“珠市口”，将“牛房”改为“柳芳”等。

词素脱落。“花生”是一年生草本植物，子房下的柄伸入地下才结果，故写作“落花生”。清代张璐《本经逢原》云：“长生果，一名落花生，花落土中即生。”后来在使用中，“落”字脱落，演变为“花生”，于是理据也跟着脱落了。“桃酥”原名“核桃酥”，制作时在酥饼上用核桃仁做点缀。后来该点心名称上的“核”字脱落，称为“桃酥”，让人误以为这种点心和“桃”有什么关系。更滑稽的是，后来有些作坊为了降低成本不用核桃仁做点缀了,词的理据就更是无从探究了。同理,“腐竹”完整的写法是“豆腐竹”。顾名思义,指的是视觉上像竹子的豆制品(有些地区仍保留了这种指称)。“石榴”的完整写法是“安石榴”。“安石”是石榴的产地(西晋张华《博物志》云:“汉张骞使西域,得涂林安石国榴种以归。”)。

值得注意的是,尽管汉语中一些语词的构词理据丢失了,却几乎不影响语言社会对符号的使用。原因在于人们并不依赖字面义或通过类推去获取语言符号的“所指”,而是“浑言其义”,即从整体上把握语词,对语言符号建立起了“语言直觉”。

台斤与市斤

中国传媒大学文学院　许　蕾

在收听著名作家叶永烈先生的纪实文学《第三只眼识台湾》的音频时听到了这样一段叙述："妻逛台北菜场时，总是习惯于跟上海的价格比较。长媳提醒了一句：'这里菜场用的可是台斤，不是大陆的市斤。一市斤等于500克，一台斤却是600克！'"听到这里，我突然觉得有必要说一说"台斤"与"市斤"的问题，一是将来可能方便祖国大陆地区过去旅行或访问的朋友购物，其二，这也是一种非常有趣的语言现象，词同音同形，但所表示的意义却不尽相同。

其实，我国台湾省一直沿用着中国古代度量衡的标准，而大陆地区则在中华民国成立后逐步改变确立了新的计量标准。民国十六年(1927年)，国民政府成立了"度量衡标准委员会"，研究实施公制的可行性。最后，采纳了徐善夫、吴承洛的方案：在实施公制之前，先实施"市用制"作为过渡，即1公斤等于2市斤。市用制的数值和旧制相近，和公制间又有简单的比例。民国十七年公布后，大陆就渐渐普及开来。而台湾是1895年被割让给日本的，虽然日本也在台湾岛推行公制，但台湾人还是沿袭了古已有之的习惯，采用旧制度量衡。尤其大陆在采用新制度量衡时台湾还没有光复，不可能实行市用制，也就形成了两岸度量衡单位不一致的情况。

中国幅员辽阔，年代跨越久远，各地和各个时代使用的度量衡标准难免会有差别。这也是各个时代的统治者总是要统一度量衡的一个原因。中国古代重量的度量，从战国时期到东汉几乎没有什么变化，都是1斤等于250克左右。到了魏晋南北朝时期，度量的数值开始逐步增大，从南朝齐1斤等于375克，到北魏、北齐1斤等于500克，直到北周1斤等于700克。这主要是因为这一时期，战乱纷争，北方少数民族政权竞相增大度量衡，以此收纳百姓粮赋，聚敛钱财，提升各自的政治实力。到了隋唐，及至元明清时期，重量的度量又基本稳固下来，固定在1斤等于600克左右。

以往，大陆一些地方使用老的秤杆，计量单位是16两，半斤即为8两。这就是按照旧制计量的，而不是现在常用的1斤10两。因此，我们常常说“半斤八两”，实际上这种说法是非常有道理的，其构词方式的确是联合式的，而且是两个语素意义相同的联合。

在同一种语言中，因使用时期、使用地域的不同，往往会出现同音同形不同义，或者意义有一定差别的情况。汉语中这样的例子比比皆是。像“高考”一词，台湾省的“高考”是指一种行政考试，录取后，赋予公务人员荐任任用资格或特定类科的执业资格，相当于大陆地区所说的“公务员考试”。而在大陆普通话中，“高考”是指高等学校的招生考试，与高中入学考试“中考”及其他相关考试形成对应。再如“机车”，无论在大陆还是台湾省，均指铁路上的动力发动机，能用来牵引若干节列车车厢。但在台湾省，“机车”还有另一层意思，就是大陆普通话中的“摩托车”。可见，两岸长时期的阻隔，因为在政治经济、文化教育、社会生活、思想观念、风俗人情、外来影响等很多方面都存在差异，所以，语言交际中这类同音同形意义或千差万别、完全不同，或一部分相同、一部分存异的现象为数不少。

我们这里只简单举例说明了祖国大陆与台湾省用词上的差异，而在更长的时间跨度和更广大的华人社区，像中国的香港和澳门，以及新加坡、马来西亚、泰国、印度尼西亚等东南亚地区，还有日本、韩国、澳大利亚、美国、加拿大等国的华人地区，他们所特有的词语，或者与大陆普通话同形不同义的词语是很多的，我们可以从中窥探出许多语言背后的历史和文化，了解更多语言文字的故事和奥秘。

反宾为主

二十一世纪出版社　凌　云

有些语词产生了具有消极色彩的引申义或转移义后，作为本义反倒不便使用。因为，说写者主观上想使用字面义，而听读者往往容易理解为它的引申义或转移义，造成负面的表达效果。

笔者有过这样的经历：公共汽车进站，前门下车的人多，相当拥挤，售票员提醒道："乘客同志，请走后门！"这时，车上有人窃笑，或干脆笑出声。这是因为，人们由"走后门"这三个字联想到社会上盛行的通过人情办事的不正之风。难怪著名语言学家陈原先生在王府井看到某企业门口的大牌子上写着"有事请走后门"引起他的那么多感慨。他在一篇题为《后门》的短文中借题发挥地调侃道："'前门'走不通了，也只能'走后门'。后门，走后门，请走后门，只好走后门，只能走后门。"（尘元《在语词的密林里》，生活·读书·新知三联书店，1991）有一年，在北京听中国气功研究会的一位女士介绍足部反射区探病治疗法。当主讲者提示与会者："足部穴位丰富，与全身息息相关，为保证身体健康，不要穿小鞋。"顿时引起哄堂大笑。尽管主讲者所说的"穿小鞋"是指"穿尺寸比脚小的鞋”，而听讲者却由于“语言直觉”，将“穿小鞋”往惯用语的意义上去理解，自然觉得好笑。当引申义在人们对符号的条件反射中占上风时，符号字面义的使用倒成了被称之为“返源格”的修辞现象。如《羊城晚报》上有一篇报道某鞋厂为顾客定做特号鞋的通讯，其标题《他不用穿“小鞋”了》便属于这种情况。“第三者”原是中性词，指“当事双方以外的人或团体”，后用来“特指插足于他人家庭，跟夫妇中的一方有不正当的男女关系的人”（《现代汉语词典》，商务印书馆，2005）。由于这种新用法使用频率很高，“第三者”一词逐渐染上了贬义的色彩，作为中性词使用已经很不方便，特别是在法律场合和日常生活中谈论道德问题的场合。为了避免新起义对本义干扰的情况，语言社会采取“另起炉灶”的办法，造出新词“第三人”，从而切断了人们的消极联想，填补了表义系统由于“反宾为主”现象造成的空缺，即分担了“第三者”一词原先的中性义。笔者注意到，《现代汉语词典》1996 年修订本及时地收入这个新词。“吃醋”一词源于典故，多指在与异性的关系上产生嫉妒情绪。这种引申义几乎取代“吃醋”作为词组的字面义。因而，在日常生活中，人们绝不轻易使用“吃醋”这个词。女作家张辛欣曾以语境作掩护，开过一场语义玩笑。在镇江恒顺酱醋厂采访时，张辛欣用平静的语调问女工们：“你们爱吃醋吗？”女工们爽快地回答：“我爱！”张辛欣又一字一顿地说：“是吗？你们都爱吃醋？”女工们发觉中了圈套，都一口否决自己爱“吃醋”（《文汇报》1986 年 9 月 3 日）。出于一种禁忌心理，人们在表义上宁可放弃某些既成词而重组新的表义符号。因而，人们在日常生活中多半把“吃醋”称为“吃小酒”，北方有些地区干脆把“醋”称之为“忌讳”。这种语言现象和“第三人”一词的产生出于同一种心理需要。由此,我们观察到词义系统不断改组和完善的一个特殊层面。

近年来,有两个称谓的变迁值得关注。表达敬意和礼貌的“同志”和“小姐”这两个称谓在一些场合已经不可随意使用。据说,“同志”在台湾省指男同性恋者,后来这种特定用法蔓延到大陆,使这个很革命很正统的称谓带上神秘色彩。为了避免反感或误会,语言社会想出很多应急的称谓,如“先生”“老师”“师傅”,或干脆一视同仁地称呼“老板”,基本都不贴切,只能凑合。再说“小姐”。某些娱乐场所提供年轻女子陪唱、陪酒(或陪吃)、陪舞等带有某种色情成分的服务。这种服务简称“三陪”,从事这个职业的女子被称为“三陪小姐”。结果,“小姐”和“三陪”组合在一起,这个优雅的称谓被玷污了。如果在大街上或服务场所用“小姐”称呼陌生女子肯定会引起对方的反感。针对年轻女子称呼出现缺位的现象,语言社会以种种方式应对。在服务场所现在很盛行服务人员和顾客之间互称“美女”“靓女”。年纪大些的女性则被称为“大姐”。饭店里一度受冷落的“服务员”的称呼复活了。几年前到海南旅游,发现当地饭店的食客称女性服务员为“小妹”,也是一种变通的用法。最近看到一篇论文中收集到的用例:我国中部某省城的餐馆女服务员被食客们用“翠花”称呼,也许是由电视剧《东北一家人》中一家小餐馆服务员的名字而来,不失为权宜之计。

大学录取通知用上了网络流行表达

北京语言大学　施春宏

在这个网络狂欢的时代中，在线互动的网民们掀起了一阵又一阵的造句运动，并将具有特定形式的表达方式称作“××体”。像什么“知音体（仿《知音》杂志的常用标题形式）、校内体（仿校内网即现在的人人网常用的标题形式）、纺纱体（仿莎士比亚风格）、琼瑶体（仿琼瑶小说或琼瑶剧的风格）、梨花体（仿赵丽华诗风）、羊羔体（仿车延高诗风）、走近科学体（仿《走近科学》节目解说词）、见与不见体（仿歌曲《见或不见》词）、子弹体（仿《让子弹飞》台词）、脑残体、蜜糖体、传教士体、咆哮体、决定体（我决了个定）”等，各种网络文体纷呈迭现，令人目不暇接。其中，“淘宝体”一出现就爆红网络，而且影响深远。

淘宝体源于淘宝网卖家对商品特征及买卖过程中相关事项的描述，语调轻快，用词随和，其中最常用的字眼是称谓词“亲”（源自“亲爱的”）和语气词“哦”。如：

给好评哦，亲！！

亲，这个不可以哦～

亲,下次来九五折哦~

亲,记得好评哦　有红包哦　亲~

包邮哦!!!

显然,这种展现亲切、可爱的说话方式,很容易打动特定群体的使用者,拉近卖家和买家的距离。正因为这种网络文体具有“拉距”效应,因而广受青睐。对于那些长期为距离所困的个人、群体、地方或单位,这种表达方式显然是值得一试的。除了上面这种买卖关系,实际上,只要有等级存在,有相对而立的情况,如人际关系中的上下级关系、师生关系、官民关系等,都必然存在着距离。在这些场合,只要用得得体,都可以用这种文体来调剂一下生活和情绪。

2011年的暑假,有几件趣事使淘宝体表达从民间走到了官方,从而让淘宝体更是热上加热,随夏天的气温一同飙升。

7月中旬,南京理工大学别出心裁地用上了“淘宝体”来发送录取短信:

亲,祝贺你哦!你被我们学校录取了哦!南理工,不错的哦!211院校哦!奖学金很丰厚哦!门口就有地铁哦!景色宜人,读书圣地哦!亲,交不起学费也没有关系哦!我们有“绿色通道”哦!亲,记得9月2日报到哦!亲,录取通知书明天“发货”哦!上网(http://www.ems.com.cn)就可以查到通知书到哪了哦!查询编号EK*****CS哦!亲,有疑问电我哦!025-********!还可以登录学校微博哦!亲,全5分哦!给好评哦!

接到这种另类短信通知的考生无不眼睛一亮。或许,这则短信会给他们留下终生难忘的印象。

这则淘宝体作品面对的是年轻的群体。还有面向一般老百姓的。8月初,成都、郑州等地的街道上都出现了许多用“淘宝体”形式书写的交通安全提示牌,如:

亲,请按交通信号灯通行哦!

亲,注意避让行人哦!

亲,红灯伤不起哦!

亲,快车道很危险哦!

亲,慢车道安全哦!

其中的“亲”往往写得很大,独占一行。这种形式一出现,立马引起了广大行人和网友的强烈关注,并引发了社会各方热议。有人觉得这样的提示新鲜、温馨,展示了警察亲民的形象。郑州市交巡警一中队长的说法是个很好的注解:“这是我们对文明交通宣传的一种新尝试,目的是用活泼生动的网络语言更有力地宣传文明交通,进一步拉近警民之间的距离。”(李凤虎《郑州警方首次用“淘宝体”宣传交通安全》,《河南日报》2011年8月11日第3版)也有人则并不首肯,认为有哗众取宠之嫌。尤其是“亲”这一网络称谓,有不少中老年人觉得接受起来有些困难。

还有堪称另类中的另类的。7月15日,四川省崇州市济协派出所竟然利用微博对一逃犯发出了温柔的“淘宝通缉令”:

亲,您今天终于来自首了,我们包接包送,管伙食!您要给我们五星的评价哦!

甚至连外交部这样一个一直端着架子的国字号单位也不甘人后了。8月1日上午,外交部新闻司开设的“外交小灵通”微博平台用“淘宝体”发了这样一条招聘启事:

亲,你大学本科毕业不?办公软件使用熟练不?英语交流顺溜不?驾照有木有?快来看,中日韩三国合作秘书处招人啦!这是个国际组织,马上要在裴勇俊李英爱宋慧乔李俊基金贤重 RAIN 的故乡韩国建立喔~此次招聘研究与规划、公关与外宣人员6名,有意咨询 ******** ~不包邮。

这则语调轻松、行文幽默的招聘微博发布后,引来了大量网友的围观。3个小时之后,外交部就再发微博,称“不得了啦!中日韩三国合作秘书处招聘咨询电话快被打爆了”。然而,这则淘宝体招聘启事在获得某些赞誉的同时,也招来了很多口水,批评者认为它亲民有余、严肃不足,用在外交部事务中,不甚得体。

显然,上面这些淘宝体作品的共同诉求和现实效果都体现在“亲民”上,而这正是当下官方惯常的思维、表达和行为所相对缺乏的。但综观网友们对这几则淘宝体作品的态度,很有意思。对录取通知中的淘宝体短信,围观者大多数持可以接受的态度;对交通用语中的淘宝体提示牌,围观者中好评和争议均有不少,争议集中在这种行为是否在“作秀”,是否考虑到了接受对象的不同层次;而对外交部招聘启事中的淘宝体微博，围观者中虽不乏赞美之声，但恶评的声音也很大，主要是指出这种做法跟外交部的身份不协调，而且这次招聘的内容也不完全适合用淘宝体形式来表现。也就是说，围观者对淘宝体使用中的“距离”感比较敏感，而这正是淘宝体所能彰显、希望彰显的地方。

可见，即便为了赶时尚而使用淘宝体，也并非所有使用“淘宝体”的场合都能得到大多数人的肯定。除了一些简单的判断而外，很多围观者并非简单地对淘宝体的使用做出√或×的选择，而是结合适用的语境、交际的对象、表达的内容来评说。如果将这种讨论提升到规范语言学的高度，它实际上已经告诉我们，交际值是评判规范与否的根本标准了。而交际值是动态的，交际值的评判是一种在境评判，需要结合适用的语境、交际的对象、表达的内容来考察，而不能抽象地根据既有的规则来申说高低好坏，做离境评判。

再者，时尚的一个特点就是“尚时”，时者，势也；或者说，所尚者，时也，势也。越过了特定的时空，以及无节制地模仿使用，都有可能使曾经时尚的东西变得了无新意，甚至招致接受者和围观者的反感。因此，对一些新颖的表达形式需要特别的保护。而现在，淘宝体的使用正面临着这样的现实：很多公共职能部门对淘宝体等网络文体的使用已呈泛滥之势，当事人和围观者已经不怎么“感冒”了。尤其是“亲”这个词，有的群体是不怎么能够接受的，正如作家洁尘所说：“称呼可以换成和蔼可亲的，但也不一定要用‘亲’。”（周滔、刘沁《106个路口尽是“淘宝体”左亲右亲，会“亲”麻不?》，《成都晚报》2011年8月4日第3版）这也是交际值动态性的体现。

流行网络语言形式，让人欢喜让人忧

中国传媒大学文学院　许　蕾

前不久，各大媒体纷纷报道南京理工大学的“淘宝体”短信录取通知书，略谓：“亲，祝贺你哦！你被我们学校录取了哦！211 院校哦！奖学金很丰厚哦！门口就有地铁哦！景色宜人，读书圣地哦！录取通知书明天‘发货’哦！”（网址略）此则短信一出，可谓引起轩然大波，各方评论风起云涌。学校称，这样做是考虑到录取学生基本为 90 后，为了增加与他们的亲和力。媒体也采访了多位接到该短信的考生，大部分人都表示接受这样的方式，这样令人感到十分轻松、有趣。

最近，7·23 甬温铁路特大交通事故发生后，铁道部新闻发言人面对记者的提问，回答“这只能说是生命的奇迹”“至于你信不信，我反正信了”等。网友们纷纷用此句式造句，并命名为“高铁体”。如：“中国足协说：中国足球能进 2014 世界杯，至于你信不信，反正我信了！”“北京今天没堵车，这是一个奇迹，但它就是发生了。至于你信不信，我反正信了。”

看到近一段时期来，网络上频频流传出各种各样的“××体”，我也十分感兴趣，于是在网络上一搜，又看到了这样一则“强大”的帖子，摘录部分如下（网址略）：

很强大！看看人家怎么用十五种流行网络语言体说出生日快乐，挺有趣的。

琼瑶体：今天是你的生日？噢，天啊，今天是你的生日啊！？你的生日啊？！生日啊！！多么特别的日子啊，多么美好的日子啊，多么宝贵的日子啊。也许有那么一个人对你说过生日快乐，也许有那么一群人对你说过生日快乐，也许有男人对你说过生日快乐，也许也有女人对你说过生日快乐，也许有同学对你说过生日快乐，也许也有老师对你说过生日快乐，但是，山无棱，天地合，才敢对你不说声生日快乐。于是，在这个那么特别那么美好那么宝贵的日子里，真心地祝愿你生日快乐！！并衷心地祝福你生日快乐！！诚挚地再说一声，生日快乐。

知音体：一个人的隐私，或者一部分人的隐私，一个男人和一个女人的隐私，即使暴露了也不过承受一定的甜蜜代价——生日快乐。

走进科学体：深夜，一声巨响，繁荣大街上突然出现十几个奇怪生物，他们张牙舞爪，做扑倒状，做捶胸状，做撞墙状，还发出呜呜哈哈的莫名声音，听来恶寒，全街道的人都不知道是怎么回事。大家议论纷纷，有人说是火星人，有人说是UFO下来的天外异客，有人说是深山里出来的猿人……到底是天外来物还是另有原因？《走近科学》为您揭开谜底，敬请关注……最后的结论：一群人为一朋友庆生，过于疯狂。

红楼体：直到有一天，当我翻开日历，发现日历好几页没有撕了，我撕去好几页日历……无奈岁月匆匆时，一个大大的日历数字突兀地告诉我："时间不过去了一会子，这转眼就是你的生日了，还就是今天了！"琢磨着，"人家这会子都送生日礼物了，还做起诗来当礼物。我也不懂什么湿咧干，勉强胡诌了一把。到底是不好，只是我原也没什么才和财，在这世界里，给你说声生日快乐还使得。因此胡乱对付了几句，不过大家一起乐和乐和，笑一会子罢了。"

凡客体：爱果汁，爱蛋糕，

爱祝福，爱礼物，

爱美女，更爱人民币汇到自己卡上，

这不是神马泡妞日子，

也不是神马发财日子，

这没什么特别，这很特别，

这和其他日子不一样，这和你出生的日子一样，

这是你的生日。

（附注：围巾　RMB：0.00）

蜜糖体：偶滴旁友哦～～哇```今天素你的生日日哟```（⊙o⊙）

偶感到灰常滴高兴鸟 O(∩_∩)O～

偶家 mammy 告诉偶哦```有人生日日滴话，就要送物物哦```可素偶虾米东西都灭有```555```o(>﹏<)o

八过后来偶回家问 daddy```daddy 说有心就好捏```

哇```酱紫(⊙o⊙)啊！

嘻嘻```偶滴旁友哦```猪你生日日快乐乐啦 O(∩_∩)O ~

看了上面诸多特殊的表达，实在让人忍俊不禁。这些“××体”基本上模仿于书籍报刊、电影电视、网络购物、聊天等的语言交流方式，经过网友们的加工创造，迅速在网络上传播开来，并跨界应用于现实生活中。网友们大多以此或娱乐玩闹，或讽刺调侃，或抨击声讨，我们可以从中体味出民间智慧无穷大的力量，更能看到人们对于语言无限的创造力。但我们更要注意，本来属于网友们的“××体”，如今已经应用于极为正经严肃的大学招生事件中，这不得不引起我们的关注。

面对这众多不断翻新的“××体”，各方人士可谓有人欢喜有人忧。前不久，上海高考作文阅卷组禁止高考作文中使用网络词语的消息引发社会讨论，有人反对，有人赞成，双方各持充分论据，说理头头是道。我们究竟该怎样看待一种新的语言现象的出现，怎样评价语言的演变呢？

据有关统计，目前中国互联网社区论坛发帖人的平均年龄在16—20岁，基本上为高中生和大学生。这些90后们从小伴随着电脑、网络成长起来，好奇心强、接受新生事物能力也强，更喜欢张扬个性。网络流行语对于他们来说是司空见惯，是他们日常交流的一部分，而且他们相信存在即有存在的道理，消失自有消失的理由。网络流行语瞬息万变，有些慢慢稳固下来进入大众语汇系统，有些过眼云烟、很快被人们遗忘，流行着、好玩、新奇，就去使用，反之就不予理会。面对这样的群

体,我想"一刀切"的禁止是行不通的。而且语言有其自身发生发展的土壤,我们只能因势利导,顺乎自然,不能强制推行或是禁绝一种语言。

至于其他社会大众,我想,当今社会越来越开放、多元,人们的思想也越来越开放、独立,我们都应该以一种学习、包容、理解、融入的心态来看待很多新事物。其实,语言自身的包容性是很强的,我们能在现代汉语中看到非常多的外语借词,还有很多借自少数民族语言的词语,以及一直传承下来的古语词等等,这就说明语言演变的过程中也在不断吸收着各式给养,丰富着自身的系统。而且,各种语言体式的相互借鉴、不断融合本身就会使我们的日常表达多姿多彩。面对这些生动鲜活、有滋有味的语言,我们尽可以放开自己禁锢的思想,在合适的场合,对合适的对象,大胆地交流,开心地分享。

一个笑脸一个世界：:-)的故事

广州大学人文学院　汪　磊

时下，在许多公共场所，在各式各样的告示牌上，或是在异彩纷呈的广告上，你会常常看到一张满月形的脸，上面两个圆圆的或是弯弯的眼睛，一个上翘着的大嘴，向人们送出欢笑、传递着爱意……

笑是人类最基本的表情，与生俱来，亘古通今。国外的科学家研究认为，人类的“笑”可能比人类的语言还要早几百万年；国内的红学大师周汝昌先生曾在《谈笑》(《红楼柳影》辑四《晴窗随笔》，江苏人民出版社，2007)一文中，用简约的文字从不同角度描绘了人类千姿百态的笑。微笑、浅笑、娇笑、妍笑、含笑、苦笑、傻笑、憨笑、假笑、佯笑、谄笑、冷笑、大笑、狂笑、奸笑、狞笑，还有哑然失笑、仰天长笑、回眸一笑、相视而笑、胁肩谄笑、嫣然一笑、捧腹大笑……不一而足。

而前面所提到的笑脸符形式，历史却不长，并且是伴随着互联网的兴起而出现的。

互联网无疑是20世纪人类最为伟大、最具革命性和创造性、最具颠覆性的一项发明，它拉近了人与人之间的距离，把整个地球变成了一个村落,真正实现了"海内存知己,天涯若比邻"的理想。与此同时,它也拉开了人与人之间交往的距离,远在千里之外,甚至世界任何一个角落的人们,凭借着电脑键盘的输入、字符的跳动,彼此就可以畅快地交谈,而人与人在面对面或电话交谈时的一声叹息、会心的一笑,完全隐匿于跳动的字符背后,网络上的语言交流一下子变得冷冰冰的,缺少了现实生活中的活灵活现,就像《纽约人》刊登的漫画式黑色幽默所描绘的:"在互联网上,没有人知道你是一条狗。"

美国科学家曾经做过这样的研究,发现一个人要向外界传达完整的信息,单纯的有声语言成分只占7%,声调占38%,另外55%的信息都是由无声的体态语言来传达,比如一笑一颦、举手投足、服饰打扮、空间距离等都会传递出某些信息,所以麦克鲁汉才会说"媒介即信息"。

而当人们最初走进由无数台计算机构筑的网络世界时,曾经熟悉而不可或缺的无声语言——体态语言消失了,人们一下子变得无所适从,该如何应对这毫无声息的世界呢?让我们穿越时光,回到互联网使用之初的20世纪80年代吧。

那时候,美国的卡耐基·梅隆大学的电子公告板是大家交流信息的新玩意儿,师生们常在上面讨论学术问题、发布寻物启事或者聚会通知,时不时也会讲几句搞笑的话,而有些教授却总是看不出其中的幽默,以科学的精神颇为认真地争论起来,一个有趣的帖子往往这样被淹没在对事实的辩论之中。无奈之下,大家商量不如以后在"笑话帖"前面加个#或者&什么的符号,免得有人再当真。

一天上午,30多岁的语言技术和人机互动研究教授斯考特·法尔曼(Scott E. Fahlman)端坐在办公室里，眼睛盯着键盘，来回扫视那些字符，却没有发现一个长得有趣点的。或许可以用几个字符来组成一个笑脸，他灵机一动，把冒号、连字符和左括号敲在了一起，组成:-)，偏转过头来看，就像一个笑脸；把左括号再换成右括号，就像一个不高兴的脸:-(。

于是，他发帖建议大家把那个笑脸符放在信息里，作为笑话的提示。结果，第二天这个符号就在学校的公告板和邮件里传开了，网上交流也变得更具有人情味儿了。

而直到互联网逐渐普及的90年代，笑脸符才开始在网络上流行开来，成为网络世界最为心爱的也是最有爱心的符号，而大受欢迎，这是法尔曼先生所始料不及的。此后，以它为蓝本，人们利用各种键盘符，创造出一些新的表情符号，如：眨眼睛的;-)、俏皮吐舌头的;-p、哈哈大笑的:-D、还有更为简洁的:)，等等。

计算机生产商们也积极开动脑筋，设计出在键盘上自动生成的表情符号，你只要输入:-)或:-(，电脑就会为你转换出☺☹，人们再也不用偏着脑袋看了；很多即时通讯软件，像MSN、腾讯QQ，还有各式各样的网络论坛上也都纷纷设置了表情图标，来弥补网络交流中无声语言形式的缺失。你只要点击相应的图标，对话框或帖子当中就会出现你想要的图标，那一个个生动传神的表情符号，可以帮助你表达语言符号之外的各种情感，网络世界又多了一种现实世界日常语言交流中难以实现的表达手段，网络交流也平添了许多乐趣。

随着互联网的广泛应用，世界各地的网民纷纷加入网络表情符号的创作与创新行列，创造出千奇百怪、姿态万千、蔚为大观的表情符号，有主创于日本的“颜文字”，有发扬光大于台湾的 Orz 系列；创作于本土的仅用于 QQ 聊天的表情符号就不下百种，有网友十分喜爱的兔斯基系列、洋葱头系列、小 P 孩系列，等等，还有数不胜数的网友即兴创作。

网络表情已经成为网络交际一道独特的风景线，并且走进了手机短信，走出了互联网，行走于现实世界了。

有意思的是，法尔曼先生的“笑脸符之父”的身份，直到 20 年后才被最终确认。卡耐基大学的毕业生、微软雇员麦克·琼斯为此花了半年时间，动用了数位学校员工和学生，从陈旧设备中“考古”一样地“挖”出了那个笑脸：法尔曼教授在一个讨论网络幽默的限度的帖子当中第一次使用了 :-) 这个笑脸符号，时间是 1982 年 9 月 19 日 11 点 44 分。（新浪网《寻访网络表情之父：笑脸符号今年 25 岁》）

法尔曼先生和他的笑脸符带给网络世界和现实世界的欢笑，也就从那一刻开始了。

起死回生的“囧”及其他

广州大学人文学院　汪　磊

春运，对中国人来说，都不会陌生，或许你就曾有过春运的经历，它被誉为人类历史上规模最大的、周期性的大迁徙。影片《人在囧途》讲的就是一个关于春运的故事：

春节将至，玩具公司老板李成功要回长沙过年，在情人曼妮的逼迫下，准备年后跟太太离婚。在机场，他遇到了去长沙讨债的“资深”挤奶工牛耿，受命运的捉弄，原本生活在两个世界具有不同身份的人，不得不结伴而行，一路上倒霉始终与他俩如影随形，遭遇了各式各样的人和千奇百怪的事，弄得李成功狼狈不堪，高贵的形象荡然无存。为了能回到家，他们换乘了各种交通工具，飞机、火车、大巴、轮渡，搭过货车，甚至拖拉机。但最终，两人还是在荒郊野外度过了中国人的大年三十。经历了从敌对到朋友的过程，牛耿的憨厚与真诚改变了李成功对人世的冷漠，唤醒李成功对真情的回归……

摄制方给这个2010年上演的搞笑又爆笑的公路电影，起了一个十分贴切而又非常时尚的名字，叫《人在囧途》。说到其中的“囧”字，许多人或许不知道它到底读什么、确切的含义，但也不会太陌生，因为从“囧”字的字形上，多少能看出点什么来，而且它入选了2008年十大网络流行语，好不风光，至今不衰。

其实，在2008年之前，除了那些专门研究古文字的学者，没有几个人能把“囧”字说清楚的，因为它的的确确是一个古字，从我国第一本字书《说文解字》，到后代的《康熙字典》《中华大字典》《辞海》《汉语大字典》《汉语大词典》等，都收录了“囧”字；我们现在常用的《新华字典》和《现代汉语词典》却没有这个字，而收录了一个与它字形相近读音相同的“冏”(jiǒng)字。

《说文解字》中设有“囧”部，释“囧”为“窗牖丽廔闿明。象形。凡囧之属皆从囧。读若犷。贾侍中说：读与明同。俱永切”。从“囧”的字形看，自当是一个象形字，然而意义取自“丽廔闿明”，所以后代一般都解释为“明亮貌”，即明亮、光明之意，当然也有解读为仓廪、祭名、地名、牛耳等意思的，但不管怎么说，都跟时下网络上的意义没有任何关系。

那么，是谁在当代最先使用了“囧”字，让它起死回生，在网络时代大放异彩的呢？

这个问题现在也无从确切考证。据说“囧”这个字最早出现在日本的网络符号中，因同属汉字文化圈的缘故，接着在中国台湾的网络论坛中开始流行，例如，台湾省网民创造了失意前屈体Orz的新形象“囧rz”；随后又传到了中国大陆地区，为中国大陆地区的网民所喜爱。

“囧”是一个古字，普通网民不大可能知晓它的音和义，网络上最初借用的是“囧”的字形以及它所蕴涵的丰富联想：

“囧”字的外框是一个“口”，像一个方形脸的轮廓，民间称作“国字脸”；“囧”字内里的“八”字形，与民间的“八字眉”契合，通常被认为是一种愁苦相或倒霉相，而“国字脸”和“八字眉”则是独具汉语言文字特征的词；“囧”字下部的“冂”与下面横线结合，无疑就是一张“口”。这样，大张着嘴、具有八字眉的一张“国字脸”，就活脱脱地呈现在人们的面前。

“囧”又与“窘”（jiǒng）字同音，因此，网友又将“囧”字借为“窘”意，“形”与“意”巧妙结合，于是作为流行语的“囧”除具有困惑、为难等意义外，又被赋予了郁闷、悲伤、无奈、无语等意思，而且在各种语境中，又引申出许多不同的意思，内涵也愈加丰富，大有不用不足以表达内心复杂而丰富情感的味道：

> 坐高铁吧，停电了；坐动车吧，追尾了；乘飞机吧，晚点了；坐大巴吧，自燃了；开车吧，路淹了；乘地铁吧，电梯倒行了；看篮球吧，姚明退役了；看国足吧，老挝2:0领先了；吃拉面吧，有毒了；捐个款吧，钱都买玛莎拉蒂了。现在玩的就是心跳，一直玩到你心不跳为止。至于你信不信，我反正信了！（按：整理自网络）

面对如此复杂、多变的社会现实，网民除了惊愕得大张着嘴，就是一脸的郁闷和无奈，直至无语……怎一个囧字了得！

各种以“囧”命名的网站、贴吧如雨后春笋，有“囧客”——囧人囧事聚集地；有“囧吧”；“囧东西”——囧图囧文囧视频各种雷人囧事尽在其中……网络上的“囧文化”蔚然成风。

于是乎，大陆的一些网民调动起全部的聪明才智和群体的力量，开始了网民自发的汉字“考古大发现”，从数以万计的古文字中，挖掘出更具有直观表现力的字形，并赋予它们以新含义，使其再生。列表举例如下：

序号	汉字	造字方式	古音	古义	网络意义
1	槑	不详	méi	同“梅”	很傻很天真
2	烎	不详	yín	光明	富有斗志/开火
3	兲	象形	tiān	同“天”	王八/天
4	氼	会意	nì	溺水	救火的和事老/潜水
5	嘂	形声	jiào	高声大呼	大叫/板凳
6	焱	会意	yì	火貌	很火/人气高
7	煋	形声	xīng	火烈	火星
8	靐	会意	bìng	雷声	很雷人/太雷了
9	恏	会意	hào	欲望	好
10	忈	会意	rén	同“仁”	心
11	玊	形声	sù	有疵点的玉	俗/玉
12	奣	会意	wěng	天空晴朗无云	天明/天亮
13	勥	形声	jiàng	同“強”	强力
14	硄	会意	guāng	同“光”	光/花

表中这些字的网络意义，有的与其古义相关，如“兲”“嘂”“奣”“硄”，但同时也被赋予了新的含义，如“兲”喻指“王八”，“嘂”借指回帖中的“板凳”，而多数是与其古音、古义没有直接的关联，被赋予了全新的网络意义和用法。如“槑”的古义同“梅”，名词，清代龚自珍就有《病槑馆记》，现在表示很傻很天真；“靐”的古义是“雷声”，名词，现在表示很雷人、超雷，是形容词。

而它们的网络意义和用法，都有一个共同的特点，那就是都与这些古字的构成字形直接相关，而在使用中，网民不太关心这些字的字音、字义是否合拍，尽管网上也有许多人发帖征询这些字的读音和意义。在这一点上，与前面提到的“囧”可谓殊“字”同归，具有异曲同工之妙。

“槑”从字形上看，是由两个“呆”组成的，于是网民借其表示呆而又呆，自然就是很傻很天真了；“靐”是由三个“雷”构成的，如果某人某事的雷人指数超乎寻常，自然是雷声滚滚，“雷人”显然是不够的，应该是“靐人”；在网络上火一把还嫌不够的话，要想大火、特火，那就只有“燚”才能诠释其火的程度。（《彭城晚报》2010年4月8日A12版）

光有古字还不够，网民还到方言用字中寻宝，于是，嫑（jiào）、嫑（biáo）、圐圙（kūlüè）等，也开始行走于网络。前两个方言字，不用解释，相信大家也能说得出它们的意思，两个合音合意字，自然一个表示“只要”，一个表示“不要”。后面的两个字是蒙古语“库伦”的旧译，指围起来的草场；网民同样用构成这两个字的字形，去掉外面的“口”，内里分别由“四”“方”“八”“面”构成，于是网络把它用作一个成语：四面八方。

如何看待这些起死回生并在网络上大行其道的古字和方言字？不同人可以从不同视角进行解读，但我们不能简单地用现行的法律、法规或规范来评判其优劣，甚至限制其使用，因为网络传播有其独特性，它是以视觉传播为主要特征的大众传播媒介，平面阅读与计算机功能结合，造就了网络的读图时代。同时，它又是一个众生喧哗的娱乐平台，在网上“一切皆有可能”。

实际上，这些古字、方言字真正在日常生活中流行开来的并不多，无非就是“囧”“槑”“烎”等，而多数出现在前几年风行而今式微的火星文中。让这些汉字得到再利用，不也是件好事吗？

语言，要看得懂，也要听得懂

中国传媒大学文学院　许　蕾

赵元任先生曾在20世纪50年代创作了完全用同音字写成的三篇文言微型短文，一篇为《施氏食狮史》，全为shi音节；一篇为《漪姨》，全为yi音节；另一篇为《饥鸡集机记》，全为ji音节。我们在这里看一看第一篇《施氏食狮史》，如下：

石室诗士施氏，嗜狮，誓食十狮。氏时时适市视狮。十时，适十狮适市。是时，适施氏适市。氏视是十狮，恃矢势，使是十狮逝世。氏拾是十狮尸，适石室。石室湿，氏使侍拭石室。石室拭，氏始试食是十狮尸。食时，始识是十狮尸，实十石狮尸。试释是事。（转引自《咬文嚼字》1999年第4期）

这篇短文可大致翻译为：

住在石头房子里的诗人施先生喜欢吃狮子，发誓要吃十只狮子。施先生经常到市场上查看狮子。有一天，十点钟的时候，正好有十只狮子被运到市场。这时，恰好施先生也来到市场。施先生观察这十只狮子，依仗弓箭的力量，把这十只狮子射死。他拾起这十只狮子的尸体，回到石头房子里。石头房子很潮，他吩咐仆人擦拭石头房子。石头房子被擦干净了，他开始试着吃这十只狮子的尸体。吃的时候，才知道这十只狮子的尸体，实际上是十个石头狮子的尸体。请试着解释这件事。

赵元任先生当时创作此文的目的是希望以幽默诙谐的文风来说明汉语从中古发展到现代，单音节词和语素的同音现象增多。而同音字和单音节同音词的增多，会造成口头交流听不懂的障碍，只有通过书写汉字才能使人看得懂。他委婉地表示，以单音节词为主的文言文，难以承担口语交际的职能；只有以双音节词为主的白话文才能让人听得懂又看得懂，从而担负起口语交际和书面交际的双重职能。而本文则从语言看与听的角度，另辟蹊径来谈一谈。

语言是人类最重要的交际工具，它可以为所有人的所有层次的交际服务。交际是语言出现的原因，也是语言发展的原因和动力。这种交际就应该包括口头和书面两个方面。汉语某些方言中有少量有音无字的词，只能进行口头交流，而不能进行书面交际。“zua”即为一例。这个音因为侯宝林先生的相声而出名，也成为河南人的标志音，大意是：“你干啥”“你干嘛”。侯先生相声的大意是：一个人起来小解，别人问他干什么。于是就有了下面的对话：

第一种情况：你是哪个啊？

我是某某某。

你起来干啥？

我起来尿尿。

第二种情况：是哪个啊？

是某某某。

起来干啥？

起来尿尿。

第三种情况：你是谁？

我是我。

你干啥？

我尿尿。

第四种情况：是谁？

是我。

干啥？

尿尿。

第五种情况：谁？

我。

zua？

尿。

（网址略）

上述分别代表着中国不同省区的人们进行口头交流的方式，其中第五种即为河南人对话的方式，本意是想突出河南人说话的简练干脆，但也同时带出了方言中有音无字的现象。我想这就是一种听得懂的语言，而无法让读者看得懂。

从另一方面讲，汉语中还有很多字词是只用于书面语的，它们在日常生活交际中基本不用，只是一种看的文字。记得鲁迅先生曾这样以自己举例："例如我自己，是常常会用些书本子上的词汇的。虽然并非什么冷僻字，或者连读者也并不觉得是冷僻字。然而假如有一位精细的读者，请了我去，交给我一支铅笔和一张纸，说道，'您老的文章里，说过这山是崚嶒的，那山是巉岩的，那究竟是怎么一副样子呀？您不会画画儿也不要紧，就勾出一点轮廓来给我看看罢。请，请，请……'这时我就会腋下出汗，恨无地洞可钻。因为我实在连自己也不知道'崚嶒'和'巉岩'究竟是什么样子，这形容词，是从旧书上抄来的，向来就并没有弄明白，一经切实的考查，就糟了。"（《人生识字糊涂始》，见《鲁迅选集》554页，人民文学出版社，1995）我想，在日常口语交际中，像"崚嶒""巉岩"这一类的词是很少有机会进入的，它们应该就是一种看的语言，而非说的语言，人们在口头交流中自然也很少听到。

汉语言文字和汉语交际交流的确是丰富多彩而又错综复杂的。冷玉龙等编著的《中华字海》（中国友谊出版公司，1994）收字 85568。在日常生活中，大众真正常用的字不过 7000 左右，常用的词不过 8000 左右，这些字词是为我们日常生活交流交际服务的，还有成千上万我们不太常用或熟识的字词，它们也在为不同领域的人、不同层次的交流交际服务着。博大精深的汉语言文字蕴涵着许许多多的神奇和奥妙，这也是我们可以为之一生去探寻、去开发的。汉语之妙在于此，学习之乐更在于此！

网上我们拿什么说话

——说说网络语言

广州大学人文学院　汪　磊

几年前，报纸上的几幅漫画曾被广为转载，其中一幅画的是，一张作文纸上写着："昨晚，偶GG带着他滴GF到偶家来7饭，那个MM在吃饭时一直向偶妈妈PMP……"小学生对满脸困惑、一头雾水的老师说：不会吧！老师，你连这"语言"都不懂？

而另一幅上，小学生指着"……但是当时他那种口气真是7456，所以偶才说他是青蛙……不喜对家长PMP……希望老爸不要还是286……"的内容，取笑一位抱着汉语辞典的老先生：不会吧！还汉语学家呢，连这"语言"都不懂。

漫画中的那种"语言"就是时下常听说的"网络语言"。其实，明眼人很容易发现，虽然两幅漫画的色彩不同，但人物形象、关系、构图，以及所要表现的内容基本上是一致的，它们一直被作为网络语言影响中小学生语言学习，并且造成与家长、老师语言交往障碍的典型场景，广为宣传。而第一幅漫画中的作文内容，据说是某位专家开玩笑自己编出来的,却被某些媒体记者如获至宝拿来说事,赚取读者的眼球!

为什么老师一定要懂得这种语言?为什么汉语学家一定要懂得这种语言?本身就是一个违背语言学原理的伪命题!老师不懂网络语言,照样可以上网,可以交流,可以传道授业解惑;汉语学家不懂网络语言,同样可以上网,依然可以研究他心爱的汉语,古人有云“闻道有先后,术业有专攻,如是而已”。

那么,在网上我们究竟拿什么说话?这个问题看似容易,但想三言两语说清楚却很难。无论哪个国家上网的人,通常使用自己国家的语言,中国人主要是用汉语;美国人、英国人、加拿大人、澳大利亚人等主要是用英语,俄罗斯人用俄语,法国人用法语、德国人用德语,等等。

有人会提出疑问,他们不用网络语言吗?网络语言又是一种什么语言呢?

没有网络,即没有网络语言,然而网络语言并不是一种独立的语言,是伴随网络传播的兴起与发展而产生的一种语言现象,它最突出的特点是在我们日常使用的通用语言基础上,混杂了各式各样的符号,从专业的角度讲,叫做“语码混合”,而且应该是广义的语码混合。通俗地说,以汉语的网络语言为例,它包括了汉字、数字、字母以及其他符号,还有图片(摄影、绘画)、音频、视频、网络图示,等等,凡是计算机网络所能提供的一切表达手段,都可用在网络的表情达意、嬉笑怒骂上。

两幅漫画中的网络语言表达,去掉其中的标点,总共有77个字符,其中：GG（gēgē，哥哥）、MM（měiméi，美眉）、PMP（pāimǎpì，拍马屁），是汉语拼音首字母缩写形式；GF（girl friend）是英文首字母缩写；7（吃）、7456（气死我了）、286（反应慢、落伍）则是用阿拉伯数字谐音或表意；其余都是汉字，只不过是用“偶”来谐音“我”、“滴”等于“的”、“青蛙”代表了丑男。

为什么会形成这样独特的、与日常语言交际不同的表现形式？这就要从计算机网络本身的功能以及传播特点说起。

所谓互联网，实际上就是无数台电脑联结在一起构成的信息传播网络。在网络环境中，每一个登录到互联网的人和电脑，都是一个信息的节点，人们凭借电脑键盘输入、屏幕文本阅读进行网上的信息交流，因此从传播类型上看，它属于视觉传播，主要依靠我们现行的语言文字系统，也可以利用计算机网络所能提供的一切表达手段。

互联网上既有与报纸、广播、电视相似的新闻传播平台，又有讨论组、聊天室、网络论坛、电子邮件，以及后来居上的各种个人空间、博客、微博等，这就使网络不单单是新闻传播工具，更是一个拥有海量信息的集信息传递、娱乐、游戏等多种功能于一身的交际平台，使网络传播语言多了些个性张扬、特征鲜明的表现形式，也使语言的“游戏功能”在网络传播过程中得到更加充分的展示。

网络传播的这种独特性，使得网络传播语言应势而变，在语言经济原则的支配下，人们有意识地以最简洁的表达方式，应对快速、多样、多变的信息交流，进而寻求以新造的、缩略的、替代的等形式，来代替以往有词典规范的“传统”表现形式，如“菜鸟”代表“新手”，用 CU 代替 See you，等等；表情的缺失，又促使人们借助电脑的强大功能创造出各种生动的表情符号，如 :-)、:-(、☺、☹等等。

如果我们全面考察一下，就会发现互联网对网络传播语言的影响和改变主要反映在两个方面：

一个是篇章形式。网络信息传播融合了语言文字、图片、音频、视频等多种表达手段，形成了以信息表现形式的多元融合和语言运用的多语码混合为总体特征的网络语篇，这与现实生活中的口语和书面语具有明显的区别。

另一个是词汇层面。这是显而易见和十分正常的，随着互联网的应用与普及，必然会产生大量的与其相关的词语，相应地就会在汉语词汇系统中出现“网页、菜鸟、版主、楼主、博客、微博、FQ、LZ、JS、1314、520、88、+U、8 错、V5”等汉字型、字母型、数字型、混合型的网络新词语。

20 世纪 90 年代中期，随着互联网进入国人的生活，以英语缩写和表情符号为主的网络语言是最初的主要的表现形式，如“AFAIK（As Far As I Know）、ASAP（As Soon As Possible）、BTW（By The Way）、IOW（In Other Words）、VG（Very Good）”等；利用键盘符和各种符号生成的表情，如“:-D（开口大笑）、|-D（笑得眼睛眯成一条缝）、;-)（笑着抛媚眼）、:-i（叼着烟卷）、@>>->--（送你一束玫瑰花）”等。

伴随网络的日益普及,网络语言也开始了“本土化”的历程。由最初描绘网民生活的汉字、汉语拼音形式,如“大虾、美眉、恐龙、斑竹、bs(鄙视)、bt(变态)”等,以及各种数字谐音、寓意形式,如“88(拜拜)、886(拜拜了)、7456(气死我了)、555(呜呜呜)”,向多元化发展,网络语言使用的热度不减,并且不断推陈出新。

根据我们编撰的《网络语言词典》,虽难以做到“一网打尽”,但收录的字母型和混合型的总共有800余个,数字型的近500个,而其中多数已退出网络交际领域,真正沉淀下来的并不多;汉字型的数量略大,两千左右,当然不包括与网络有关的专业术语,这部分是最为变动不居的,像“青筋、温酒吧、瘟都死、馨香、油墨”等很少使用了,而代之以“粉丝、围脖、咆哮体、伤不起、有木有”,等等。

它们是网络语言传播中最具网络特色、最为活跃的部分,因此人们也常把这部分网络词语等同于网络语言。

而随着网络媒体影响力的日益扩大,网络内外语言传播的互动,会使网络词语走出网络进入现实生活,亦如“菜鸟、顶、跟帖、拍砖、达人、PK、FB、520、1314”等等,进而丰富现代汉语的词汇系统。网络语言对日常通用语言的影响,如语言的结构、语言的演变、语言未来的走向,我们不能无端夸大,网民恐怕自己都不会相信“网络语言”代表了21世纪语言发展的方向(钱乃荣,北大中文论坛);但对现实语言生活的影响,诚如新词语的孵化、词语的传播速率和广度、词语的新陈代谢,还真不能小看了它。

网络语言确实曾经带来许多的是是非非,但它算不上洪水猛兽,更担不起造成汉语危机的历史重责。语言本身具有自我调节功能，网络语言自然也不例外，只要华夏民族强盛、中华文化不败，我们大可不必动辄高喊“拯救汉语”。互联网自踏进国门，十几年的时间过去了，而汉语依旧！

“回归”的故事

中国传媒大学外国语学院　张　彤

在日常生活中，我们每天都会接触到形形色色人的名字，也常会为起名字而伤脑筋。在科学领域，时常会有新的理论或事物产生，这些理论或事物是怎样被命名的呢？我们熟知的一种方式是以原创者或发明人的名字命名，如牛顿定律、阿基米德原理、盖格计数器等，这种命名是人们表彰科学家贡献的一种方式。而科学家们通常很谦虚，很少会主动拿自己的名字去命名自己的发现或发明，他们经常会从理论或事物的性质、功能角度去命名，例如相对论（Theory of Relativity）、避雷针（lightning rod）等。下面要讲的“回归”（regression），就是一个科学家给自己的发现命名的故事。

故事的主人公是著名生物学家达尔文的表弟，叫弗朗西斯·高尔顿（Francis Galton，1882—1911），是英国著名的人类学家、生物统计学家。高尔顿早年学医，多才多艺，学术兴趣十分广泛，包括人类学、地理学、气象学、数学、力学、心理学和统计学等，1856 年当选为皇家学会会员。（详见《遗传》2005 年第 4 期封面人物介绍）1859 年，表兄达尔文出版了

《物种起源》，引起了高尔顿对遗传学的兴趣。

1875 年，高尔顿利用豌豆实验来确定尺寸的遗传规律。他挑选了 7 组不同尺寸的豌豆，并说服他在英国的不同地区的朋友每一组种植 10 粒种子，最后把原始的豌豆种子（父代）与新长的豌豆种子（子代）进行尺寸比较。结果被绘制出来之后，他发现并非每一个子代都与父代一样，尺寸小的豌豆会得到更大的子代，而尺寸大的豌豆会得到较小的子代。

1884 年，高尔顿在伦敦成立了生物统计实验室（biometrical laboratory），搜集身高、体重数据，测量特殊的骨骼和家庭成员的其他特性。高尔顿研究的一个问题是异常的身高是否有遗传性。他的学生卡尔·皮尔逊（Karl Pearson，1857—1936）测量了 1078 个父亲及其成年儿子的身高。他们将这些数据列成表格，并一再检验，试图寻找利用父母测量数据来推断子女的某些办法。通常是父亲高，儿子也高，即“有其父必有其子”。

皮尔逊对他的数据做了仔细分析，发现其中一组数据是：

父亲平均身高 68 英寸；儿子平均身高 69 英寸

儿子平均比父亲高 1 英寸，由此，很自然会猜测，72 英寸高的父亲有 73 英寸高的儿子，但事实并非如此，皮尔逊的另一组数据是：

父亲平均身高 72 英寸；儿子平均身高 71 英寸

这两组数据说明什么问题呢？高尔顿发现，父亲与儿子的身高有一种确定的正相关。一般说来，高个父亲有高个儿子。高尔顿还发现一个有趣的现象，当父亲高于平均身高时，他们的儿子身高比他更高的概率要小于比他更矮的概率；父亲矮于平均身高时，他们的儿子身高比他更矮的概率要小于比他更高的概率。简单地说就是，非常高的父亲，其儿子往往要比父亲矮一些；而非常矮的父亲，其儿子往往要比父亲高一些。它反映了一个规律，大自然具有一种约束力，使人类身高的分布相对稳定而不产生两极分化。1885 年，他发表了一篇《遗传的身高向平均数方向的回归》文章，称这种现象为“向平均回归”（regression toward mediocrity）。高尔顿创造性地把“回归”一词引入统计学研究中。一个总体中在某一时期具有某一极端特征（低于或高于总体均值）的个体在未来的某一时期将减弱它的极端性（单个个体或者是整个子代），这一趋势被称作“回归”效应。

高尔顿仔细思考了原因：假设不发生这种向平均值的回归，那么从平均的角度来看，高个子父亲的儿子将与他们的父亲一样高，在这种情况下，一些儿子的身材必须高于他们的父亲，以抵消身材比父亲矮小者的影响，使平均值不变。身材高的这一代人的儿子也将如此，那么会有一些儿子身材更高。这个过程将一代一代延续下去。同样地，将会有一部分儿子身材比他们的父亲矮小，而且有一部分父亲的孙子将更加矮小，如此下去，不用多少代，人类种族就将由特别高和特别矮的两极构成。上述的情形并没有发生，说明人类的身高在平均意义上趋向于保持稳定。只有当非常高的父亲其儿子平均身材变矮，而非常矮的父亲其儿子的平均身材变高，才能出现这种稳定。向平均值回归是一种保持稳定性的现象，它使得某给定物种代际之间大致相同。

“回归”效应在自然和社会生活中是一条普遍规律。高尔顿在智力遗传的研究中也发现了类似的结果:天才的孩子们比较平庸,而智力水平一般的父亲可能有智力超常的孩子。高尔顿由此得出结论,人的生理结构是稳定的,所有有机组织都趋于标准状态。高尔顿揭示了统计方法在生物学研究中的应用,引入了“回归”的概念,成为回归分析的创始人,有关这方面的研究结果他都总结在《自然遗传》(*Natural Inheritance*, Macmillan and co., 1889)这本著作中。

有趣的英语矛盾词

中国传媒大学外国语学院　张　彤

读研期间，有一次我去数学系的一位退休教师家做客，她告诉我一件让她很尴尬的事。她说前两天请了个美国外教来家里吃饭，老外说你们中国人怎么拿擦桌布洗碗呢，她当时不知道该说些什么，心里很不舒服。我教了她一招，说："下次再请他吃饭的话，问问他，你们老美怎么拿着一块布擦了屁股又擦嘴！"我指的是英语中的一个词"napkin"，它既有"餐巾"的意思，又有"尿布"的意思。英语中有些语义自相矛盾的词，常常让人觉得不可思议。

汉语虽然也有一词多义的现象，但意义相反（如"租"和"借"）的情况却不多见，而英语中却有一些意义自相矛盾的词。例如，在汉语中"身体"和"尸体"是绝不可以混淆的，而英语的"body"一词却身兼二职；像"overlook" 既有"检查、仔细看"的意思又有"忽略、没注意"的意思，"oversight"既有"监督，看管"的意思又有"疏忽、失察"的意思，"scan"既有"细看、审视"的意思又有"浏览、粗看" 的意思，"sanction" 既有"批准、允许"的意思又有"制裁"的意思，这些词更是地地道道的同音同形反义词;而“出租”和“租借”/“租用”在英语中也可以由一个词来表示,即“lease”或“rent”,与汉语的“租”或“借”情况相似。

产生语义矛盾词的原因很多,有的是因为词汇使用中的讹误产生的,例如“cleave”既有“劈开、分开”的意思又有“粘着、粘住”的意思,《在线词源词典》(*Online Etymology Dictionary*)显示,这两个意思在古英语中分别是两个拼写形式不同的词“cleofan”(劈开,分开)和“clifian”(粘住,坚守)。由于发音相同,后来逐渐被人们写成了相同的形式cleave。有些词的矛盾语义是由于词组使用时的省略而产生的,比如“body”13世纪时主要是指“躯干、人或动物主要部分”,到了13世纪末,由于词组“dead body”(死尸)在使用中常被简化成“body”,于是“body”又增加了一个意思指“尸体”。有的语义矛盾词是由于方言的差异产生的,例如“public school”,在英式英语中“公学”指“私立学校”,而在美式英语中这个词却是“公立学校”。但是,有些词的矛盾语义是怎么产生的却无从查考。

词义矛盾并不影响使用,语境或上下文往往可以帮助人们辨别使用的是哪个词义,我们来看一下下面几组句子:

1. body:身体;尸体

(1) Her whole body was covered from head to toe in painful red spots.

她浑身上下都发了疼痛的红斑。(如果没有“painful”表示“疼痛的”,这个句子完全可以是“她的尸体从头到脚满是红斑”。)

(2) Where did you bury his body?

你把他的尸体埋在哪儿了?

2. dust:使……沾上灰尘;除尘

Please wipe your shoes or you will dust the carpet.

请把鞋擦干净,否则会弄脏地毯。

When his parents in law visited, Jack dusted and polished all furniture.

岳父岳母来做客时,杰克把所有的家具都擦得一尘不染。

3. overlook:检查,仔细看;忽略,没注意

You should overlook the proposed contract in case there should be any loopholes.

你应该仔细阅读这份拟好的合同,以防有漏洞。

The secretary is very careful and never overlooks any little points.

秘书是个很细心的人,她从不忽视细节。

4. sanction:批准,允许;制裁

We received sanction to proceed with our plans.

我们获准继续进行我们的计划。

The UN Security Council imposed comprehensive economic sanctions against Iraq on August 6, 1980.

联合国安理会于 1990 年 8 月 6 日对伊拉克实施全面的经济制裁。

此外,固定搭配也可以帮助区别词义,如 put out to lease(出租)、take… on lease(租用,租得)、rent… to(把……租给某人)、rent…from(向某人租……)等。语义矛盾的词在英语中数量不多,学习英语时注意积累就可以掌握,不必担心会用错。

混搭式命名中的博弈

北京语言大学　施春宏

近些年，中华大地掀起了更换名称的热潮，除了高校校名的大规模升级换代外，最热闹的就是市县尤其是市的更名了，而且大都希望贴着历史。

在这场换名运动中，有不少是在恢复曾用名。我们注意到，在这些恢复曾用名的地方，有一些现用名是混搭式命名形成的。兹举数例，以见其本。

2010年，沿用近60年的“襄樊市”正式更名为“襄阳市”，其下所辖的襄阳区更名为襄州区。何为“襄樊”？乃襄阳、樊城的合称。这种在两个名称中各取其一的命名方式，我们称作混搭式命名。樊城立城于西周，因周宣王封仲山甫（樊穆仲）于此而得名；襄阳筑城于汉初，以地处襄水（今南渠）之阳而得名。两者都是熠熠生辉的历史文化名城。因此，在合并为一市时自然都有不失其名的理由。这样就出现了命名中的博弈，最后（1952年）采取了折中的手段，各取其一，组合而成。然而，这一混搭的新地名，不但无助于历史传承，也模糊了世人对历史的记忆。

因此现实可选的策略是恢复曾用名。然而，无论是复用“襄阳”或“樊城”，都只能延续部分历史，而必然将弃用之名置于情何以堪的境地。可又不能采用“襄阳—樊城”的命名方式。这实际上是新一轮的博弈。与其两失，不如一得，且倾向于一大得，因此只好壮士断腕了。有人统计，《三国演义》120 回中有 31 回的故事发生在襄阳，如逃命狂奔的刘备马跃檀溪、水镜先生司马徽举荐学生诸葛亮、求贤若渴的刘备三顾茅庐、襄阳郊区的诸葛亮高调发表隆中对，这些故事可谓妇孺皆知。还有唐代诗人孟浩然人称孟襄阳、宋代大书法家米芾人称米襄阳，皆以此为名。而作为一座有着 3000 年历史的军事重镇、经济名城的“樊城”，在现今的知识系统中则要逊色很多。

与“襄樊”情形相似但寿命更短的是“荆沙”。1994 年，湖北省荆州地区和沙市市合并，历史是惊人的相似，两者都想在新名中留下点印记，博弈的结果便折中出了个两像两不像的新地名“荆沙”。以“大意失荆州”的历史典故而声名远扬的文化名城就这样在“大意”中消失了。所幸的是，“荆沙”人终于认识到了改名的代价便是历史意蕴和文化魅力的埋没，于是 1996 年又重新使用“荆州”之名。一名之易，见出了认识上的飞跃。

同样采取混搭式命名的城市还不少。又如辽宁省铁法市，它原是铁岭、法库两县各划一部分行政区域于 1981 年设立，同样是取两县首字命名。1984 年铁法市改为铁岭市铁法区。1986 年又恢复铁法市建制。然而当地人认为，“铁法”这一混搭式名称不但毫无历史文化意蕴，而且两字偏旁分拆后则是“金失水去”，就传统的五行而言十分不利。于是，这座城市报请批准，于2002年改名叫调兵山市，其理由据说是金代名将金兀术（熟悉《杨家将》故事的人对此公应该不陌生）曾经在该市境内的一座山上调兵遣将。

这样，如果给这些城市登记“身份”，恐怕要这样写了：

荆州，曾用名。荆沙，曾曾用名：荆州+沙市+江陵。

襄阳，曾用名。襄樊，曾曾用名：襄阳+樊川。

调兵山，曾用名。铁法，曾曾用名：铁岭+法库。

有人或许会说，既然“襄樊”可以变成“襄阳”，那么“武汉”这个城市地名是否可以恢复使用“武昌”呢？其实，跟“襄樊、荆沙、铁法”之类混搭式命名相比，“武汉”是颇为特殊的。它表面上似乎是由“武昌、汉阳、汉口”三者混搭而成，实则不然。“武汉”最初和其后很长时间都是“武、汉”（指武昌、汉阳，汉口在明代以前还只是毗连汉阳的一个水曲荒洲）的简称并列式，而非混搭式命名，后来才渐渐专名化了，并有了丰富的历史。最终三镇合一，有了新“武汉”。就此而言，“武汉”是不宜恢复启用其中任何一个曾用名的。

当然，混搭式名称也并非都有问题，都得放弃。我国省级命名当中，采取混搭式命名的不少。清代置行省，有很多名称就是取该行省内有影响的两个城市名之首字合璧而成，如：

安徽←安庆+徽州

江苏←江宁（今南京）+苏州

福建←福州+建阳

甘肃←甘州(今张掖)+肃州(今酒泉)

新的命名并未使原有的地名失去光辉,反而提升了知名度,可谓相得益彰。

而市、县的地名则不然。历史事件、历史文化的空间载体往往就是市县这一级的地名,因此市县名称通常就负载了更丰富的历史文化信息,是地名系统中的基本层次单位,更易为一般人所感知、了解和认同。名称这个载体的消失,往往也伴随着记忆的淡化、模糊乃至消失。在混搭式命名过程中,常见的做法是将某些历史名城降格为市下之"区"。其实,这样做虽然保留了原名,但其为人感知的情况就大打折扣了。除了当地市民外,又有几人对区名感兴趣呢?如安徽徽州地区升格为黄山市时,徽州降格为黄山市的一个区。现在,大家都在为"徽州"这个具有丰厚文化底蕴的历史地名的消失而痛惜。历史事件越丰富的地区,其地名负载的历史文化信息就越丰富。"徽州"变成"黄山",既没有更加提升"黄山"作为风景区的知名度(无此必要),却反而割裂了徽州的现实和历史,更何况黄山市政府驻地在屯溪,此地距真正的黄山风景区还有150里之遥呢。游客就经常被此"黄山"是何"黄山"而弄得晕头转向。

由此可见,混搭式命名的得失博弈是必须综合权衡的。混搭式命名的成功与否,有其特定的层次和条件。为一地命名和更换名称实际上都存在着博弈的情况。尤其是更名前后的博弈现象更为显著。混搭式命名常常是折中的结果,而在市县一级,则常常是合则两伤,意图中的双赢变成了实际上的两输。地名命名难,改名更要慎重。

当然，改名并非就意味着马失前蹄。像湖南大庸市改名为张家界，四川的南坪县更名为九寨沟县、灌县改名都江堰，云南思茅市改名为普洱市、中甸改名香格里拉，都有可取之处。

一个历史性的名称就是一个城市的最好的商标，它“注册”在人们的心中。名称体现的并非简单的能指和所指的任意性。

对中国地名进行社会学、文化学的分析，学界已经做过一些研究了，但对当前更名现象进行系统的社会语言学、文化语言学研究，似乎还没有开始，这是一个值得考察的话题。

这里值得顺便提及的是，这些年中国高校在纷纷“跨越式”发展中，很多由若干所学校合并而成的新校，在命名上也出现了博弈，有成功，也有失败。笔者曾分析过“四川大学”1994年4月更为名“四川联合大学”的情况：

> 写到这里，笔者联想到四川大学与成都科技大学合并后改名为四川联合大学的事情。应该说，从现实同一性上看，这样的改名是不成功的。现在的“联合大学”的含义已不是抗日战争时期的“（西南）联合大学”的含义了，它与夜大学、广播电视大学、函授大学、业余大学在语义上属于同一个微观系统，具有这方面的现实同一性，而不与现在普遍意义上的大学、学院这一微观系统具有现实同一性，因而语义上具有孤立性，难以被社会认同。据此，这样的改名是“不合时宜”的。难怪至今，有相当多的教师和学生都不愿说自己是四川联合大学的，而仍然自豪而“顽固”地说是“川大”的，更不用

说那些老“川大”人了。

这段话本是笔者《语文评议中的现实同一性问题——从“野屄”的使用谈起》一文中最后的内容，文章后来在《语文建设》1998年第1期发表时被删去了。也许当时“四川联合大学”之名尚在使用，在这种情况下笔者做出如此之评论不甚妥当。可就在笔者文章发表后的当年12月，“四川大学”之名复出，“四川联合大学”走完了自己的历史。“四川联合大学”之名的使用在知名度和美誉度上给四川大学带来了不少负面影响。真是印证了一句常被挂在嘴边的老话：“既有今日，何必当初。”后来笔者在一本谈语言规范的著作中引入了上面这段话，并在其后补充了几句：

> 最后，四川联合大学又不得不重新改名为四川大学。我们有不少改名事件都没有考虑到现实同一性问题。每一种语言现象都是处在时间和空间的网络中，因此进行语言规范化时必须综合考虑，加强“系统工程”研究。（施春宏《语言在交际中规范》138页，中国经济出版社，2005）

我们发现，每次更名，当事方都说出了一些似乎不得不如此、唯其如此才最佳的理由。面对各种事情的反反复复，我们往往都是“常有理”。这倒是我们最值得反思和警惕的地方。

博弈，是为了双赢，最大可能的双赢。

跨文化交际中的语病趣谈

中国传媒大学外国语学院　张　彤

我们国家学外语的热情在国际上是小有名气的，许多老外都吃惊中国懂英语的人那么多。当然学外语的笑话也出了不少，上网随手一搜就能找出几篇。我学英语有 25 年了，从事英语教学也有 12 年了，感觉那些笑话里讲的错误类型很多都是司空见惯的，教学当中经常会拿一些有共性的错误或中式英语来讲评，也并不觉得有多么好笑，可能因为大家都是中国人，看到中式英语并不觉得眼生吧。

最近，在百度文库看到一篇《最全的老外学汉语笑话》，有 43 页，我看了还没一半已经笑得直不起腰了！从会说话就说汉语，我从没发现简单的日常汉语能闹出这么多笑话。笑过之后细细想来，老外听我们说外语大概也是这种效果吧，看来要催生笑料一定得有跨文化交际的语境，中国人听中国人说外语和老外听中国人说外语效果大不一样，关键在于语言背景的差异上。如果我们把中国人学外语的笑话与外国人学汉语的笑话对比来看，不乏相似之处，错误类型大同小异，不过是语种不同罢了。我把外语学习和使用中的共性问题分为以下几类。

一、偷梁换柱

初学外语的人很多喜欢用母语为外语标音。记得1986年初中刚学英语“thank you”后，第二天课前我后边的俩男生互相考问，甲问：“‘谢谢’怎么说”，乙答：“三块肉”，我听了窃笑，甲纠正说：“不对，是‘三克油’！”学英语这么多年，我一直觉得这是最好笑的一件事。网上有许多类似的例子，例如，某君学波兰语，把“姑娘”标成“姐夫亲哪儿”、“谢谢”标成“金姑爷”、“中国人”标成“狠吃客”；有位学俄语的，把“这是”标成“挨打”、“星期天”标成“袜子搁在鞋里面”、“尺子”标成“你捏一个”；学汉语的老外也用这一招，把“万恶淫为首”标成“while in well show”、“棒，真是棒”标成“Bond, James Bond”、“捷克斯洛伐克”标成“jack slow fuck”。看着这些有趣的谐音标注，我正要初步得出结论——这种现象反映了心理学的认知原理，把无意义的东西转化成有意义的，才能在记忆中存储——下面这个老外为汉语标音的热门网帖颠覆了我的认识！

小白兔到大白兔家玩，

shall by too dull doll by too jack won,

大灰狼看见小白兔了，

dolphin long can Jim shall by too low,

小白兔闻到了，逃开了，

shall by too when dull low, doll car low,

大灰狼大喊一声，

dolphin long doll Ham Eason,

“莫跑!”

“more power!”

通篇故事的谐音只有最后一句是有意义的,我真怀疑这个老外能记得住这么长的 nonsense 么? 或许只是一种为了能读下来的权宜之计。

我举了这么多例子并不是鼓励这么做,语言教师们普遍反对用母语标音的做法,因为不同语言的语音语调有很大差异,谐音是很难完全契合的,这样做不利于摆脱母语的干扰,也无法达到交际目的。但学生们总是乐此不疲,我感觉更像是苦中作乐,毕竟学语言许多时候是很枯燥的。

二、张冠李戴

学外语很辛苦的一件事就是记单词,很多人以为记单词就是死记硬背,能说会写就可以了。事实上能说会写与说得对用得好还是有很大差距的。有位留美中国学生在博客上讲了考博士班口试的经历。有位洋教授问的问题听不懂,她就很客气地问,“Excuse me, what's your problem?”(对不起,你有什么问题?)那位教授也很幽默,说“I don't have any problem, I just had a question for you.”(我没什么问题,我只不过是要向你问一个问题。)她才恍然大悟,因为“problem”指令人困惑或难解决的事情,而“question”指的是提问的问题。当然,类似的“问题”也出在了学汉语的老外身上。有个老外刚学了个词“岂有此理”,恰巧老师想请他吃饭,老外心里很过意不去,觉得哪有老师请学生的道理,结果就很客气地对老师讲了句:“岂有此理!”

学外语张冠李戴的事情时有发生,这说明词汇量在增加,然而很多人片面追求词汇量,可能多数是为了应试而不求甚解。真正有效的学单词的方法应该是在使用中学习,当然出错是难免的,也是普遍要经历的过程,千万不要因为怕出错而不敢张口。

三、颠三倒四

使用外语有时也会在语序上出问题,有时语序不对是口误,但有时是不折不扣的错误。学生最让我头大的英语语序问题出在“我非常喜欢……”上,不论是口头还是笔头总能遇到“I very like…”,尽管我们在课上反复强调“I like … very much”,错误还是会出现,让我不禁感叹母语的影响是如此根深蒂固!相比而言下面这个口误就显得可爱得多了。刚才说过的那位中国留学生去糖果店买一种叫“wonder bar”(神奇棒)的巧克力棒,结果一张口说成了“wonder bra”(神奇胸罩,魔术胸罩),小小的字母顺序竟产生了如此巧合!下面这个语序的错误则巧得让你出乎意料。老外在公交车上向挤在一起的中国同胞表示友好,说:“你吗好?”听到的人暗想:没听老妈说起过认识个老外呀!老外似乎看出了对方的困惑,又说:“好你吗?”对方不禁一笑。老外好像发现自己说错了,红着脸喃喃地说:“吗你好?”

对付语序问题,一味地背语法未必能解决问题,就像在修饰“like”(喜欢)表示“非常”的副词中,“very much”必须用在句尾,而“pretty”“quite”则必须用在动词前,与汉语的语序一样。比较好的方法是多背诵一些好的英文作品,培养语感,有上下文便于掌握词汇用法。

现在学外语的语言环境比以前强多了，许多地方都有外语角，网上也可以找老外聊天，外语学习的各种资料和手段更是丰富多彩，只要你有毅力多记多练，给自己营造好的语言使用环境，不怕犯错误，外语肯定能学好！

姊妹艺术亲不亲？

中国传媒大学播音主持艺术学院　赵　俐

我从小生长在黄梅戏剧团环境，看多了戏曲演员的程式化表演，生活中再接触他们，觉得不少戏曲演员在生活中，尤其是在公众场合说话的时候，也总带着些戏台上的做派。他们就是唱个歌吧，怎么听也还是戏味儿，要是再演个电视剧什么的，那一颦一笑一举一动就更是难逃戏曲范儿。

后来，我做了播音的教师，又遇上了同样的现象。因为，在我们的学生中，有一些入学之前就学习过戏曲、曲艺、歌唱等等被视为播音主持艺术的“姊妹艺术”的。既然是“姊妹”就有很多相通的地方，在创作表达方面是有一些接近的理论和技巧。但是，即便是双胞姊妹也是各有特点，不完全相同。这些差异，初学者把握起来，可就比较困难了。尤其当他们刚刚学会一门艺术，算是入了门的时候，马上又面临学习另一门艺术形式，原有的发声表达习惯就很难改变了。我的学生中，“美声派”“京剧表演味儿”“民族唱法腔儿”“评书范儿”还真是一应俱全。

我遇到过这样一位“评书范儿”的学生。这位学生评书学了好儿年,基本功练得也很刻苦,表演起来还真是有板有眼,煞有介事,真有些专业人士的功夫。最关键的是他非常热爱也自豪于他的评书学习和取得的成绩,进入播音主持学习的时候,他仍旧苦练评书,虽然很想学好播音主持,但是内心又有些排斥。于是,他在说评书时候的发声习惯和不够从容的表达习惯就一并带进了播音主持的基本功练习中。老师和同学一边佩服他的吐字功夫很好,一边又经常感叹他的"评书味太浓了"。

这个孩子很长一段时间就这样在急需被认可又总是达不到目标的尴尬中学习着。我们的磨合也在缓慢进行着。直到临近期末,我发现他进步比较明显了,问起他,他说他这一段时间没有再练评书,专练播音主持了。我明白,他这一阶段暂且放下了评书,是跟自己战斗的一个重大胜利——他终于说服了自己不要站在过去的成绩上,而要从头开始。可喜的是,他播音主持找到门路之后,我再让他说评书,表达也比以往更好了。

按理说,有评书味儿的播音主持应该很有特色啊,是这样的。但是,两种语言艺术门类的融合不是两门艺术的简单相加,而是在吃透和把握了两门艺术的功底和创作规律之后的相互启发与渗透。而这位学生还在播音主持门外徘徊的时候,就希望自己是有评书风格的播音员主持人,那是不可能实现的。

我的另一位学生则深得他所学习的京剧艺术的滋养,播音主持上也很有个人特点。这位学生的京剧学习非常专业,拜过业内名师,而且是老师主动要收他为徒的。因为他在看老师教别的学生的时候,老师自己的学生还没有学会,我这位学生已经能完整有韵地唱出来了。他对京剧理论和实践投入都比较深,在全国票友比赛中还拿过一等奖。

进入播音主持专业,刚开始学习的时候,我发现他说话的节奏和表情确实像一位京剧老生,非常从容,但是比较老气,咬字也比较松。和他交流之后,他欣然接受,同学们发笑,他也不急不恼。他比同龄的同学显得更成熟一些、博识一些,分析问题的能力强一些,更能分辨美丑、理解善恶。慢慢地,吐字和表达改过来了。再到后来,需要各种语体表达,还有即兴口语表达的时候,他的优势就逐步凸现出来——他从容淡定,能够深入内容,善于思考,表达还有自己的特点。后来,他立项我指导,专门就京剧艺术和播音主持艺术做了一个对比研究,完成了一项国家级创新项目,结项评分为优秀。

两门姊妹艺术,在这位同学的身上就体现出更多姐妹间的相互提携相互促进的亲情来。姊妹之间,有一些差异,暂且也会有高低之分,但是因为血脉相连,所以要因势利导,平和对待。融合能够齐头并进,但是融合总在理解之后。

男声女气与女声中性

中国传媒大学播音主持艺术学院　赵　俐

近些年随着电视屏幕上的演员、主持人中男生气质偏弱的现象越来越明显，在报考我们播音主持专业的男生中，声音气质偏弱、甚至女气的人也有增多的现象。尽管我们在招生的过程中，尽量避免招入这样的学生，希望能够弘扬男子的阳刚之气，但是偶尔还是有个别的这类学生因整体条件、综合素质的优秀进入了我们专业。

我接触了一位比较典型的语言气质比较柔弱的男生。他刚开始学习时候的发音习惯是这样的：呼吸比较浅，声音显得比较弱，吐字也偏前，语言表达整体比较阴柔。在接触的过程中，我发现了这个孩子有自己的特点——他比较敏感，情感比较细腻，学习也非常认真，希望获得进步，得到认可。我就抓住这一点，首先告诉他从事大众传播的男生还是要符合大众的审美标准，男性播音员主持人的声音要有阳刚之美。要阳刚，发音吐字就不能太偏前，气息就要学会下沉，声音气息要配合得当。

调整声音，其实是在调整人。一开始，他比较难以接受矫正过来的发音状态，因为那样一来连带他的气质也一起改变了。每次练声时候对他进行调整指导,他都能模仿出来,但是他的第一反应常常是:"啊?这样说话多别扭啊!"

时间久了,在整体环境的熏陶下,他逐渐接受了新的审美标准。知道自己觉得别扭的声音,听众听起来是不别扭的。相反,之前自己习惯的不别扭的声音,很多听众会觉得非常别扭。后来,他会经常主动问我改进得怎么样,有的时候他说觉得自己发音像个女生,不好。就这样慢慢地,他的声音及气质逐步走上了大众能够接受的审美范畴中来。到了第二学期,他的播音作品竟然既准确细腻又不失阳刚之气,兼具了男女之优势,成绩比较突出。同时,我注意到这位同学在日常生活中,与人相处也大方多了,多了几分热情和坚定,少了一些柔弱和计较。当然,有些事情上他的细腻在意导致他付出过多关注,还会让他显得阳刚不足。看来,气质确实不是短时间就能改变的,有的骨子里的东西改变并且固化下来仍需时日,甚至比较困难。一个人的气质信息总会通过他的言行举止、形象着装和声音特点透露出来。

与男生的女气相反的,是女生的中性化气质。我有一位女学生,临近毕业了,也有过一些专业实践,播音的时候却仍然有一个厚重的"架子"放不下来,气质显得有些刚强有余而亲和不足。我启发她对新闻内容要有具体的理解,然后像平时与人交谈一样说出来,之后发现她的播音也能质朴而亲和,声音也能更加自然。当我肯定她的改进的时候,她却诧异地问:"啊?这样就行吗?这样播,还大气吗?我一直以为原来那种方式才是大气的播报呢!"

因为我们专业培养的是媒体的播音员主持人,新闻播音员是其中一个重要的培养方向。这种政府和人民的喉舌身份，这种面向公众发言的角色，在气质上，无论哪种气质特点，“大气”是共通的追求。原来，先前这位女生用的不太自然的声音位置，离人距离较远的播报方式，僵化的语言表达，不是能力所限，而是主动追求，她认为“大气”的播音就是如此。

我告诉她，追求“大气”本没有错，但是要搞清楚什么是大气的声音。声音的大气，首先要有胸怀的大气。只有播音者内心是关注这个社会，关心民生，关照地球的发展，思考人类的进步，那么每一个新闻事件都会触动他内心的某一根弦。比如，拿到灾难新闻，有对民众的关心和对事实责任的关注；拿到科技进步的新闻，有对生活图景的联想；拿到经济政策变化的新闻，有对人民生活变化的推想。待到向大众播报这个新闻的时候，声音气质才可能是大气的。在这样的前提下，再调整发声方法，运用自己最为质朴同时又符合电子传播要求的声音，才能达到语言表达整体大气的效果。这种由内而外的气质流露，不可能靠某一种固定的声音外形来塑造。

经过这样一次交流之后，这位女生播音的整体气质亲和细腻多了。语言是人的显示屏，但有的时候，由于语言观的偏差也导致自己语言表达进入误区。

对于播音员主持人来说，无论是什么样的声音气质，只要是符合大众审美，真心与大众交流的，那才是大众喜欢的气质。

外交事件中的“文字较量”

教育部语言文字应用研究所　张　挺

外交用词历来都是谨慎的，需要反复斟酌。由于不同国家文化背景的不同，对词义的理解也存在偏差，不仅需要字斟句酌，有时候还需要据理力争。因为，用词体现的是一个国家对待某件事情的态度，“道歉”的词汇表达即为一个典型。2011年3月，日本由于地震海啸引发福岛核泄漏事故，之后日本首相菅直人在美国媒体上刊登文章《日本的恢复与重生之路》，称：“I take very seriously, and deeply regret, the nuclear accidents we have had at the Fukushima Daiichi plant.”我国有媒体称这是日本对核事故向美国表示道歉，但4月21日，日本驻华使馆新闻官西淳向中国媒体强调：菅直人对核事故的态度只是“遗憾”，而不是“道歉”，把他在美国媒体上的用词“regret”翻译成“道歉”是不准确的。日本此番急于澄清是因为一旦解释为“道歉”则意味着日本就核泄漏事故对不同国家态度不一致，如果仅对美国道歉，则担心引发中俄等国家误解。无独有偶，关于英文用词究竟是不是表示“道歉”的争议，很有影响的一次便是发生在“中美南海撞机事件”中。

2001年4月1日,美国EP-3军用侦察机在我国海南岛东南海域上空撞毁我军用飞机,造成我方飞行员王伟失踪,之后该机擅自降落在海南岛机场。事件爆发后,4月3日,我方提出飞机碰撞责任完全在美方,并要求美方"道歉"。然而当时美国国务卿鲍威尔拒绝道歉,布什随后发表电视讲话要求中方释放机组人员、返还飞机。4月4日,中国外交部长唐家璇说"美国应该对此事件持一种严肃的态度",美国总统布什和国务卿鲍威尔致信钱其琛对此事件表示"遗憾(regret)"。4月5日,中方表示"美国必须承认错误并道歉",而美方只表示"非常遗憾(very regret)"。4月6日,中方对美方的"遗憾"表示欢迎,但坚持"美方向中国人民道歉至关重要",鲍威尔回应说"道歉不是我们现在要持有的态度"。王伟的妻子阮国琴给布什写了一封信,要求讨还公道。布什在回信中仅仅表示他对于王伟的失踪感到"遗憾",并为阮国琴感到"难过",却未出现任何"道歉"的词语。4月7日,中方做出回应"美国必须公开正式道歉,否则事态将更加严重",同日,美国再次拒绝中方道歉要求,白宫称中美草拟的联合声明中不会出现道歉字样。直至4月11日僵局才打破,美国就此事件最终向中国政府和人民"表示深深的歉意(very sorry)",并以美国驻中国大使普理赫名义递交了一封象征性的"道歉信"。

本次中美交锋的关键之一便是"道歉",中方坚持"道歉放人",而美方则关注如何让中方放人。最后的解决途径实质采用的是一种双方都能接受的语言措辞来打破僵局,中方要求的"道歉",英文正式表达应该是"apologize",最后采用了双方都接受的词"sorry",寻求双方利益共同点。然而，国内民众对于美方吝啬地使用"sorry"来表示道歉非常不满，并且认为其最后的"道歉信"用词并不能表示"道歉"。

在这封信中出现含有"regret"或"sorry"的表达共3次，分别为："Both President Bush and Secretary of State Powell have expressed their sincere regret over your missing pilot and aircraft ." "Please convey to the Chinese people and to the family of pilot Wang Wei that we are very sorry for their loss." "We are very sorry the entering of China's airspace and the landing did not have verbal clearance, but very pleased the crew landed safely."《人民日报》当天报道解读为："美方在信中表示，布什总统和鲍威尔国务卿对中方飞行员失踪和飞机坠毁都已表示了真诚的遗憾。请向中国人民和飞行员王伟的家属转达，我们对飞行员王伟的失踪和那架飞机的坠毁深表歉意。美方还对其飞机未经口头许可而进入中国领空并降落深表歉意。"然而，当时美国驻中国大使馆网站的中文翻译却为："布什总统和鲍威尔国务卿对贵方的飞行员与飞机至今下落不明均表示了诚挚的遗憾。请向中国人民和飞行员王伟的家人表示，我们对他们的损失感到非常惋惜。……我们非常抱歉他们在进入中国领空和降落时没有得到口头许可……"两种翻译的比较可见，对于第一个"regret"双方没有分歧，但对后文中两次出现"very sorry"的表达，中方认为是道歉，而美方的表述为"惋惜"和"抱歉"。

"regret""sorry"与"apologize"在表达歉意的时候无论是在英语还是在汉语中都有差别。《牛津高阶英汉双解词典》(第四版，商务印书馆、牛津大学出版社，1994)中，regret 表示 feeling of sadness at the loss of sb/

sth; disappointment of repentance; used in polite expressions of apology (痛惜;遗憾;失望;歉意的客气说法)。sorry 解释为 feeling sadness or regret, used to express mild regret, in making apologies and excuses(感到悲伤或遗憾;用以表示惋惜;表达歉意借以搪塞)。apologize 则解释为 make an apology; say one is sorry(道歉;赔不是)。可见,从表达歉意的程度来看,apologize 是正式表达,其次是 sorry,最次为 regret。其中,regret 更多情形下表达“遗憾”,而 sorry 更适合表达“抱歉”。这两个词所表达的歉意倾向于呈现主体心理的内在反应(强调的是 feeling),可以说是一种道德情感的本能反应;而 apologize 所表达道歉是主体心理的客观外在反应,倾向于实际行动(强调的是 make 和 say),目的性明确,即行为主体希望通过具体行动获得对方原谅或和解。

美方这封“道歉信”曾经六易其稿,其中词句肯定都经过反复斟酌,时任中国驻美大使的周文重回忆,直到第五稿时,相关表述才改用“very sorry”的表达。时任外交部长的唐家璇在回忆录《劲雨煦风》中记述,中方当时也咨询了外交部最权威的英文专家,接受用“very sorry”表达道歉的依据是:“如果一国政府对另一国政府说‘sorry’则肯定是‘道歉’。如需加重语气,可在前面加‘very’或‘deeply’等修饰词”(280 页,世界知识出版社,2009)。

外交措辞虽被认为是“没有错误的废话”,其实却是反复推敲和综合平衡的结果,一个字词的使用会牵一发而动全身。

“挤”出来的语言

北京广播电视大学 张春华

说到地铁,人们常常对它爱恨交加,爱它的快捷、方便、安全,恨它的拥挤、拥挤、太拥挤,特别是对上班族来说,谁要是没被它挤得无处落脚,谁要是没被它挤得东倒西歪,谁要是没被它挤得汗流浃背,谁就没有在上班高峰坐过地铁。地铁之所以如此拥挤,正是因为无论如何我们都离不了它,它已经成为我们出行不可替代的一部分了。地铁是个大熔炉,在拥挤的地铁上,却“挤”出了人们无限的想象力,更挤出了各种奇思妙想的语言。

一、地铁上的广告

北京乘地铁,有别样的风景,那就是广告的轰炸,从地铁的入口,到车门车厢,然后到走出地铁,都有广告的陪同。好的广告内容和广告形式,不仅能够美化环境,成为乘客单调行程的点缀,还能激发乘客的想象力和创造力,最重要的是激起购买的欲望。

以凡客成品(VANCL)的广告为例,该广告意在彰显品牌个性形象。网络红人韩寒、演员王珞丹为其形象代言人。在地铁的站台大看板上,随处可见这样的广告词，“爱网络，爱自由，爱晚起，爱夜间大排档，爱赛车，也爱29块的T-SHIRT。我不是什么旗手，不是谁的代言，我是韩寒，我只代表我自己。我和你一样，我是凡客”。如此彰显个性的广告代言，迅速风靡网络，也被网友恶搞为“凡客体”。

由于“凡客体”极具丰富的类推能力，也成为网络各种“体”流行的推动力。这不，“见与不见体”已经运用到地铁上了。一日去挤五号线，忽然听到有人在念叨仓央嘉措的地铁诗了：“挤还是不挤，素质就在那里，没人说没人理；上还是不上，车还在那里，不上就等下一辆……”看来《非诚勿扰2》给予了无数人无限的想象力。其他再如“咆哮体”“淘宝体”“梨花体”“银镯体”“红楼体”“琼瑶体”等，激起了无数人非凡的才华。随手在网上下载一段红楼体奇文，以供欣赏：

> 直到有一天，当我回到寝室，发现录音机里，我最爱的《红楼梦》磁带被人洗去了几段……伤心惶惑间，一个要好些的女孩儿悄悄告诉我：“人家这会子都听李玟、张惠妹，独你这样不入流，总听这些悲悲切切的音乐……扰了大家的兴致……往后还是改了吧，到底还是合群些的好……”

二、地铁上的人生百态

相对封闭的空间，绝对拥挤的人群，地铁里，每天都有常演常新的故事。有人说坐地铁一号线从东向西好比走了一趟人生，从充满希望的“大望路”，到看尽繁华的“国贸”“王府井”，然后走到高官云集的“天安门”，接着进入权钱尽有的“西单”“复兴门”，继续梦想皇帝般的生活

“公主坟”“万寿站”，最后才意识到身体是革命的本钱“五棵松”“玉泉路”，还没想清楚，就殊途同归走向了“八宝山”。北京的地铁，四通八达，即使目标不是八宝山，也总能转个圈圈或者绕个大弯回到原点，地铁沿途的风景也可圈可点，就像人生，直线、曲线各有各自的精彩。地铁像人生，地铁上的故事更是琳琅满目。

拥挤的五号线上，真是人挨人、人挤人、人贴着人，我每次下了五号线都要像小狗抖毛那样把自己抖抖才能从肉饼状恢复为人状。然而有次一个北京膀爷大汗淋漓地也在高峰期的地铁上，不管四周的人挤成怎样的肉饼，膀爷倒是洋洋得意地拥有着自己的领地。

有拥挤就会有摩擦，有次两个大老爷们差点儿打起来，听口音，一个应该是东北人，另一个是北京人。东北大汉喊：“干啥，看着点！”北京人毫不示弱：“坐地铁能不挤吗？怕挤你开车去啊，没钱还在地铁上矫情什么啊？”哇塞，提什么也别提钱，打人也不能打脸啊！这个东北人一下子被点了爆竹：“怎么着？咱一会儿下去聊聊，敢单挑吗？”那北京人也够愣的：“怕你啊？挑就挑！”我打着颤默念着，千万别殃及了池鱼啊。正想着用什么词劝架呢，车就到站了，俩人正准备互掐，一群人被拥了进来，一个貌美时尚的女孩随着人流东倒西歪地被挤了进来，正好挤到了两人中间，不知道是碰到了北京人的胳膊还是踩到了东北人的脚，赶紧低头道歉，这俩人同时回答“没事儿，没事儿”。四周不知谁扑哧笑了出来，俩人扫视了一下儿四周，竟然都脸红了。

地铁上，大家都各自忙各自的事儿，有次下班时间，竟然见一个小学生坐在自带的小椅子上写作业，让我想到了谁坐到桥边看书的故事，天才或许就在刹那间。你要真的无事可做，看看周围人的忙碌，也别有一番风味。有三个美女竟然同时在用手机上开心网偷菜，经营开心餐厅；有一个大男孩在用手机看武侠小说，不时地嘿嘿两声；有上班族用手机看新闻；有一小姑娘正在用手机打噼里啪啦的“水果切刀”，另一个人正在植物大战僵尸着；有一对情侣一人一个耳机正津津有味地在PSP上看电影；还有更忙碌地用手机QQ、MSN、飞信着；还有人在地铁上也不忘发条微博打发时间，微博的确不能让地铁跑得更快，可是可以让时间过得更快；还有人用iPad团购，不知是团购了一顿大餐，还是团购了一次旅游。

三、地铁雷人语录

地铁给人们带来巨大便利的同时，也“挤”出了人们无限的想象力，下面是摘录整理的常常坐地铁的网友的雷人语录，雷人是雷人，可还真是事实。

1. 我快挤成圆形了。。。。
2. 胸都被挤小了!!!!!
3. 我已经挤成相片了。
4. 进站时心情很愉快，出站时心情很郁闷!
5. 屁股又一次指挥脑袋的成功事例。
6. 这世间，唯时间与地铁一号线难挤。
7. 每一辆成功的地铁一号线上，都有一个玩命的车长。
8. 地铁里的空间就像海绵，挤挤总会有的。
9. 先上车被踩，后上者踩其上。

10. 不是看谁能挤进车厢中部,能在门口站到最后的才是赢家。

11. 上了地铁一号线,把孟婆汤一喝,今生今世所有的痛苦都忘了。

12. 爱情就像早高峰四惠东的地铁一号线,能上去的,总是少数人;爱情就像等地铁一号线,有时候就差一点儿却眼睁睁看着它远去;爱情就像等地铁一号线,以为自己追上了却发现怎么也挤不上。

13. 结婚就像上车,上了地铁一号线才发现是一个悲剧,一种无奈,下来却不那么容易。

14. 世界上最遥远的距离,不是天涯海角,不是生离死别,而是我站在地铁一号线的车门里,你却挤不上车。

15. 挤地铁是包含散打、柔道、摔跤等等的十项全能运动。

说谣谚

北京语言大学　施春宏

作为谣谚意义的"民谣"这个词产生得很早，南北朝时期就已出现，甚或更早，既有乡村民谣，也有都市民谣。而"官谣"不是这段时间才出现的一个词，其历史并不长，大体是在世纪之交才出现的。北京大学中国语言学研究中心(CCL)语料库中没有"官谣"一词。笔者在《杂文月刊(选刊版)》2008 年第 8 期看到过一篇文章《大跃进中的官谣和民谣》，其中有言：

> 大跃进中有两种歌谣，一种是代表官意的"官谣"。那时候，各省市县、公社、生产队都有编写民歌的班子，全国集大成者当属周扬、郭沫若编辑出版的《红旗歌谣》。这部歌谣堪称"革命现实主义与革命浪漫主义相结合的光辉典范"，配合"大跃进"、"放卫星"的政治需要，打着民歌的幌子，说大话、谎话，牛皮吹上了天。比如："天上没有玉皇，地上没有龙王。我就是玉皇，我就是龙王，喝令三山五岳开道：我来了！""公社粮食堆云天，社员爬上当神仙，扯片白云揩揩汗，凑上太阳吸袋烟。""一头肥猪大又长，猪身横跨太平洋，

猪背可以降飞机，耳朵成了飞机场。”“一个稻穗长又长，黄河上边架桥梁，十辆汽车并排走，火车开来不晃荡。”像这样吹牛皮、放大炮、荒诞不经的官谣，当时到处都是。它代表官意，是被“愚民化”了的民意、被强奸了的民意。一种是代表真正民意的民谣。这种民谣虽然在地下在民间，声音很微弱，但却是代表民声民意。彭德怀引用一首民谣：“谷撒地，薯叶枯，青壮炼铁去，收禾童与姑。来年日子怎么过？我为人民鼓与呼！”这是反映社会反映民意的真正民谣。

上面的“官谣”指来自官方或为官方代言的谣谚，是体现官方意志的民谣或准民谣。显然，这里的“官谣”是仿“民谣”（民间谣谚）而来，“官”“民”相对，替换成词。但也有另外一种可能，即来自“官方民谣”或“官方谣谚”的减缩。或者更准确地说，是来自这两种构造机制的合力作用。

“官谣”除了指“官方民谣”外，还可以指“官场民谣”或“为官民谣”，即出现于官场或描写官场的谣谚，描述的是官场生态。如近年流传着这样一首《新官谣》，描写小公务员的官场艰辛。此谣很长，首尾是这样的：

人称当今为官难，提起当官我心寒。
百姓眼中我有权，酸甜苦辣道不完。
承受压力事务繁，夙兴夜寐不得闲。
公务恰似做游戏，埋头工作提拔难。

……

百姓眼中我算官，官场之中最低贱。

中国封建几千年，三六九等最森严。

听了我的肝肠话，勿让晚辈再做官。

如果不听我的劝，无异送子上刀山！

这些“官谣”往往揭示了某些社会现实，具有一定的概括性。官场民谣、官方民谣也是民谣。民谣往往是一个时代的镜子，而且大多揭示的是社会的不正常现象，因此常常有夸张、演绎的成分，意在讽刺、揭露。然而，也并非所有的官谣、民谣都是在讽刺。如《七品芝麻官》中徐九经的一句话则体现了纯正意义上的官道：“当官不为民做主，不如回家卖红薯。”

由于目前官场上某些官员热衷于创作、传播带特殊颜色的段子，因此“官谣”又有了语义引申，还可用来指官场荤段子。2006年有一部流行于网络的长篇小说，名字就叫《官谣》（作者：尧阳）。它在第一章中说：

这些流传在干部嘴边上的官谣，关志大部分耳熟能详，自己也有关键时候才出手的王牌曲目。时下在县乡干部这个圈子里，无论是桌上还是车上，垫底儿、打牙祭的都是这些官谣。

这里的“官谣”基本上就是这个意思。但作为小说名的“官谣”则具有多重含义，既指官方民谣，也指官场民谣，同时还指官场荤段子，一形兼三义。

《现代汉语词典》第5版（商务印书馆，2005）是这样解释跟“谣”相关的几个词的：

【谣】①歌谣：民～｜童～。②谣言：～传｜造～。

【歌谣】指随口唱出，没有音乐伴奏的韵语，如民歌、民谣、儿歌等。

【谣言】没有事实根据的消息：散布～｜不要轻信～。

【民谣】民间歌谣，多指与时事政治有关的。

“谣”有两个义项，“官”又有几种理解，这正是“官谣”语义具有多能性的基础。这里总结一下“官谣”的基本语义内容：

① 官方民谣。指来自官方或为官方代言的谣谚。

② 官场民谣；为官民谣。指出现于官场或描写官场的谣谚。

③ 官场荤段子。

④ 官方谣言。

显然，义项④跟前面三个义项有所不同，不是它们的直接引申，而是“官”跟“谣”的第二义项直接搭配的结果。这种交错搭配形成新的义项的引申方式，我们目前关注得还不够。当然，从表达效果着眼，作为义项④的“官谣”，还需要以前面三个义项为依托，这样才显得更具新奇的表达效果。

政治语言学:一个值得考察的话题

北京语言大学　施春宏

政治和语言生活及语言学的关系,在我国是一个值得深入探讨的问题。在特定的历史时期,后者往往受到前者或深或浅的影响。这种现象虽是一个相对敏感的话题,但从学术的角度来考虑,却有系统分析的必要和价值。由于新中国成立以来政治话语对语言生活及语言学的影响比较突出地体现在语言文字使用和语言文字工作中的阶级性问题,因此我们这里主要就这个角度来看一些实例。

新中国成立后,从1958年到1978年陆续整理出版了被誉为五千年"国史"的"二十四史"及《清史稿》的点校本,规模巨大,影响深远。但是,受当时政治、文化、学术、经济、技术等条件限制,点校本"存有缺憾"。于是,中华书局2005年着手点校本的修订准备工作,预计2015年全部完成。对这次重新整理的动因和意义,《新京报》记者钱昊平和中华书局总编辑、国史修订工程工作委员会办公室主任徐俊先生做了一次对话,对话内容以《新中国二次大修"国史"修什么?》为题发表于《新京报》2010年8月9日A18版。在谈到点校本的缺憾时,徐俊先生指出，点校工作受到了政治风气的影响。除了底本选择之外，徐俊先生特别举出政治风气对标点符号使用的影响：

> 政治对点校工作影响最大的时期，是1967年的短暂恢复阶段。那个时段，要求在点校工作中突出政治，强调连标点符号也要讲阶级斗争，认为"凡是美化帝王将相、宣扬封建道德、污蔑劳动人民的语句，不应用感叹号"，如《明史》里这样的一段话：帝（崇祯）出宫，登煤山，望烽火彻天，叹息曰："苦我民耳！"当时认为"苦我民耳"是骗人的鬼话，决不能用感叹号，要改用句号。

可见，在这种时时处处皆政治的观念的指导下，连标点符号都具有了"阶级性"。

其实，不仅标点符号的使用，就是行文体例有时也"被阶级性"了。徐俊先生接着说：

> 不仅是标点，在分段提行的问题上也讲阶级斗争观点，按照体例应该按年月来划分的，但由于要突出农民战争和农民起义，当时就要求遇到农民起义就提行，如涉及陈胜、吴广、黄巢等人的内容都进行分段提行。现在的点校本《三国志》《陈书》《周书》，仍然有未按年月分段提行的情形。
>
> 要特别指出的是，这是"文革"期间，1967年短暂恢复阶段的做法，但这个时段的点校工作，没有形成有价值的成果，所以在现在通行的点校本中没有留下明显痕迹。

徐俊先生给我们提供了一则政治话语对语言文字使用和工作施加

特别影响的具体实例。这种现象在今天看来似乎不可思议,但在那个时代,则是比较常见的。例如,辞书编纂工作就深受"以阶级斗争为纲"的影响:

"文革"期间"把无产阶级专政的任务落实到每个条目",要选"积极"的词目,不选"消极"的词目,释义要搞"大批判开路"等等,现在虽已遭到了唾弃,但其流毒不能说已经完全肃清。(徐庆凯《把好政治关》,上海辞书学会、《辞书研究》编辑部编《辞书编纂经验荟萃》37页,上海辞书出版社,1992)

这种政治性(有时也指阶级性、思想性)意识在选词、释义、举例上都有体现。如《现代汉语词典》试用本(指1973年印出的内部发行本,此前1965年曾印出同纸型的送审稿)收有"王道"一词,就被某要人批作是在为"日本帝国主义的'王道乐土'张目";将"礼"释为"社会生活中由于风俗习惯而形成的为大家共同遵守的仪式",则被批作"完全回避了'礼'的政治内容和阶级实质"。(韩敬体《批判"四人帮"扼杀〈现代汉语词典〉的罪行》,《中国语文》1978年第1期)

其实,政治性以及相关的阶级性、思想性的影响既有来自政治层面的客观要求,有时身处当时大环境中的编者,也未必能够脱离当时的社会风尚。如《现代汉语词典》试用本实际上编写于"文化大革命"之前(见试用本的"说明"),很多词的释义就已体现了鲜明的政治倾向。以一个本来属于褒义的词"博爱"为例:

【博爱】对人类普遍的爱,是剥削阶级用来掩盖阶级矛盾、麻痹被剥削阶级的斗争意志的口号。

1978 年第一版同此。1983 年第二版改释为“旧时指对人类普遍的爱”，义项中加上了“旧时指”，似乎这个词已经从当时的语言生活当中消失了。在那个谈“爱”色变的岁月，很多跟“爱”相关的词语，都戴上了政治、阶级的帽子。直到 1996 年修订版和 2002 年增补本，“博爱”才释为：“指对人类普遍的爱。”2005 年第 5 版释为：“指普遍地爱世间所有的人：～众生。”（按：这个释义有些问题。这个词在实际语料中基本上没有动词性用法；而且现代意义上的博爱观念虽主要施之于人，但也并不局限于人。）

当然，语言使用和语言工作中的“阶级性”问题只是政治语言学关注的一个方面，而且是相当特殊的一个方面。但由此也可以看出，政治性是一个回避不掉的问题。只要语言文字的使用者和工作者生活在现实中，政治性以及相关的阶级性、思想性必然对语言文字生活和工作产生影响，语言文字的使用者和工作者必然对政治风气有所关注。然而，关注政治风气对语言文字生活和工作的影响跟政治思想主导我们的语言文字生活和工作则是两个根本不同的问题。基于此，我们完全可以对这种政治风气以及相关的思想思潮影响语言文字生活和工作的情况进行充分的学术研究。政治风气、环境的影响有时很宏大，有时却很微妙。如“第二批简化字”的出现就是在实现一项政治任务；而过去“同志、小姐、先生”的使用色彩和适用范围的变迁过程及其引发的语言学和非语言学争议，都跟特定的政治风气有很大关系。

由此可见,我们完全可以对政治和语言生活及语言学的关系做出专门的研究。如果要给这种研究以一个名称的话,可以叫做“政治语言学”。基于既有的学科框架,我们当然可以将政治语言学看作社会语言学或应用语言学的一部分,但由于我国语言文字生活和工作所经历的特殊性,我们有必要将它作为一个独特的对象来做专题考察。在各种政治性内容当中,阶级性问题尤为突出,长期困扰着我们的各项工作。我们知道,语言是交际、思维、认知的工具,虽然它可以表达具有阶级性的内容,但它本身没有阶级性。然而,过一时期,语言的阶级性问题就会以某种方式冒出来,这不仅体现在“以阶级斗争为纲”的时代,即便现在,也时有体现,只不过内容和方式有所不同罢了。

既然要研究,就有个材料鉴别、选取和挖掘的问题。在研究政治语言学时,我们不但要关注已经形成文本的现象,对那些虽未形成文本但有过讨论、采取过措施的情况,也值得考察。如上文中所举的点校“二十四史”和《清史稿》时要求行文体例上符合阶级性要求的情况。又如北京大学安平秋教授前些时回忆说,《新华字典》1971 年版编写时,在编到“茹”字时,有个编辑就说:“这个很敏感,不能要呀,删掉!‘茹’是吃呀,‘毛’是毛主席呀……”但魏建功先生反对这样做,最后字典中还是留下了这个字。(李培、周晓婷、肖央采写《新版〈新华字典〉未收“给力”等网络热词》,《南方日报》2011 年 5 月 25 日 A19 版)这跟“口述史”有些类似,而很多极具学术价值的内容正潜藏在口述史中,政治语言学的材料尤其如此。在政治神经比较敏感的时代,人人都紧绷神经,结果造成了极其“丰富”的想象力,而这些想象的“成果”未必形诸文字。这也是政治语言学值得研究的背景之一。

目前,从语言学层面对政治话语特殊性的研究还比较缺乏。复旦大学中文系祝克懿先生的《语言学视野中的"样板戏"》(河南大学出版社,2004)中就有不少这方面的考察,这是一个相当特殊的视角。但总体而言,政治语言学没怎么引起理论上的关注。中国社会科学院语言所的卫志强先生在《当代跨学科语言学》(北京语言学院出版社,1992)中介绍了语言学与人类学、社会学、民族学、法学、刑事侦查学、心理学、发展心理学、神经心理学、病理学、生物学、性别差异、体态、星际信息传递、数学、模糊数学等15个领域的关系,然而其中的语言学与社会学的关系并不能完全涵盖政治语言学的内容。

其实,"政治语言学"这一提法已经出现过。吉林省社会科学院历史研究所的雷大川先生在《文史哲》2009年第2期发表了一篇题为《政治:一种语言的存在——兼论政治语言学的构建》的论文,副标题中即有"政治语言学"一词。但是,该文所论实际上属于语言哲学的范畴,如文中所言:"既然存在栖居于语言之中,那么,政治现象或者说政治权力作为一种存在,也必然表现为一种语言的存在。故探讨语言问题,从语言的维度探究政治现象的本质,是一条极为重要的思维路径。""政治是一种语言的存在,这一命题不仅仅立基于语言的本体论,更为重要的是,语言本身就蕴涵着令人不可思议的神奇力量。这种力量体现在:语言本身即具有权力的属性,它规范着社会秩序,发挥着一定的社会管理功能。"这是典型的语言哲学的研究范畴和话语形式。它讨论的是语言哲学视域下的政治分析、语言使用的混乱与政治理论建构的困境、言语行为与政治权力的运作这样一些话题。美国著名语言学家纽梅耶（Frederick J. Newmeyer）20多年前写过一本书叫《语言学中的政治》（*The Politics of Linguistics*，芝加哥大学出版社，1988），谈的是乔姆斯基理论跟政治的关系问题。这些都不是真正从语言学角度来看待政治风气、政治生活对语言生活及语言学的影响问题。

作为一门学科，需要讨论它的基本性质、主要范围和内容、表达方式及其特征、研究方法和方法论等。就基本性质和主要内容而言，政治语言学既可以理解成“政治＋语言学”，对政治生活进行语言学的考察；也可以理解成“政治语言＋学”，对政治生活中的语言实践和语言生活中的政治话语进行分析。这些方面，目前都没有什么研究。作为考察的切入点，我们可以先关注一些特殊的政治话语，如政府工作报告语言、日常工作汇报语言、政治及政策性标语口号语言、日常政治生活语言、政治人物讣告悼词语言等；也可以先考察某些特殊词语的命运变迁；还可以先分析语言规划中的政治观念问题。

当然，政治语言学跟政治学、历史学、社会学、经济学和社会心理学、话语权力分析等必然相关。像政策层面的语言文字工作问题（如语言规划等）、国际交往中的语言问题、特定方言的语言地位问题、不同社会阶层的话语权问题，则是政治语言学中层面比较高的问题，这些问题跟其他相关学科有比较密切的关系。因此，单纯地从语言角度来研究政治语言学，显然是不充分的，也不能够深入。也就是说，政治语言学同样是一门综合性的边缘学科。

从厕所的各种委婉叫法说起

中国社会科学院语言研究所　韩敬体

近年，随着社会发展，人们生活水平提高，旅游业得到迅速发展。人们可以参加旅游团或以自由行方式去旅游胜地游览。一次，我参加旅游团去云南大理、迪庆旅游，地陪导游告诉大家厕所要说歌厅、去大小便说成去歌厅；去年，参加旅游团去祖国宝岛台湾旅游，当地的导游告诉我们，厕所要说成化妆室，大小便说成去化妆。去解手，怎么变成化妆、唱歌了呢？

《礼记·礼运》："饮食男女，人之大欲存焉。"意思是说，对吃喝和性生活的需求，是人类基本的欲念。吃食物、喝水，当然还有排泄，身体的新陈代谢是维持人生存的最为必要的条件；男女有性生活才能生儿育女，代代相传，这是人类维持自己不断发展的最为必要的因素。应该说，这种人类维持自身生存、发展的最为重要的东西，两千多年前的古人就已经有深刻认识了。人们在语言交流上，也应该是最常提到它们的。然而，在人际交往的公开环境里，人们却对直接表达排泄、性生活之类话语难以启齿，甚至讳莫如深，而另用一种好说好听的含蓄的话说出，这种话就成了委婉语。

排泄屎尿，极为要紧。人们大小便的次数要比进餐的次数多得多，自然，人们进厕所的次数也要比进食堂或饭厅的次数为多。所以，在较为讲究的食堂、餐厅、饭馆里，厕所总是会不可或缺的。然而，人们在交际场合说起排泄屎尿、厕所，若要直白说出来，却认为是不洁、不堪入耳，总是想方设法使用各种委婉语。委婉语就是不直接说某事物或状态，而是换用另一种比较温和、曲折说法指称。其目的是避俗求雅，减少对听话人的刺激。

本来是去拉屎、撒尿，开始时说成去大小便、出恭、解手、如厕、蹲坑、去茅房、去茅厕；后来更进一步，说成放水、蹲点、净手、更衣、去方便、去一号、去小号、去卫生间、去洗手、去洗手间、去盥洗室、去更衣室、去解决问题、请稍等我一下，等等。近年，随着社会发展，人们生活水平提高，旅游成了人们生活的重要部分，旅游中的大小便又出来不少新的委婉语。在云南旅游，当地导游就让大家把厕所说成歌厅，大小便说成唱歌，台湾的导游就让大家把厕所说成化妆室，大小便说成去化妆。这样一来，厕所就有许许多多名称了，卫生间、洗手间、盥洗室、更衣室、歌厅、化妆室，都是以好听的词语代替厕所，意思不难理解。茅房、茅厕，名称的资格较老，可能跟旧时农村厕所多由茅草盖顶、较为简陋有关吧。至于为什么叫一号，听到有不同解释。较多人的说法是，在办公楼或筒子楼的宿舍楼里，厕所一般都在楼道的头上，在所有房间中的排号是第一号。也有的办公楼或筒子楼的宿舍楼，厕所放在中间，在楼梯两旁，厕所一般编为 1 号房间。由此大家就将厕所称为一号。还有的说

“吃、喝、拉、撒、睡”中,“拉”与“撒”是最迫切的。内急,一刻也等不得。俗话说:“活人还能让尿憋死!”其实,活人还真有让尿憋死的。“拉”“撒”都在厕所里进行,所以,厕所是第一等重要的地方,一个人可以一生不进厨房,但他不能一生不进厕所。所以厕所荣获一号的称号。厕所是人类文明中一项不可缺少的设施,去厕所是人们最为重要的一种活动,其委婉叫法在不断花样翻新,也是人们文明进步和充满幽默情趣的表现。

比起世界上的一些民族来,汉民族文化传统中,在性观念方面更为郑重、保守,在性心理上较为含蓄、羞涩,掩盖自己隐私的意识较强,性行为受到社会、道德方面的约束与控制,加之两千多年封建意识的影响,人们在谈论性关系、性交往、性器官以及身体的某些部位时是很有顾忌的。近二三十年,由于性教育增强,这种情况已有所改变。但人们谈及与性生活有关的事情,总还是避讳直白、露骨的说法。从前,说起夫妇的性生活,说成“云雨”“同房”“同居”“发生关系”,口语中还说成“办事”“有事”“那个”“碰(女的)身子”之类,现在受西方影响,又说成“做爱”“上床”。

最为常见而又历史悠久的委婉语是对死的说法。因此自古及今,产生了林林总总的关于“死亡”的委婉语,例如:故、亡、卒、长眠、归天、归西、物化、辞世、过世、弃世、去世、逝世、下世、仙逝、谢世、捐躯、永诀、永别、就木、就义、牺牲、献身、殉国、殉难、殉职、玉碎、羽化、圆寂、作古、老了、走了、没了、不在了、过去了、驾鹤西去等。

现代汉语中又出现了一些关于“死亡”的委婉语,如:心脏停止了跳动、永远地闭上了眼睛、走完了人生的路程、去见马克思、光荣了等。委婉语是一种社会文化现象，已渗透于人们日常生活的方方面面，反映广泛的社会现象或人民心理。比如，女子来月经，难于启齿，就委婉地用“来例假”“倒霉了”等词语指代。女子怀孕，被说成“有了”或“有喜”。涉及人体某些部位的词语也能用委婉语，如用“胸罩”代替“乳罩”，用“卫生巾”代替“月经纸”，用笼统的“下身”“私处”代替那些不便直言的性器官，等等。

掌握声调是学好普通话的关键

中国社会科学院语言研究所　韩敬体

常听到一些初学普通话的外国朋友或国内少数民族同胞，说起汉语来，每个字差不多都是同一个调子，一般都是降调，听起来很不习惯。这是由于他们母语中没有声调，对语音因声调不同而区别意义不适应，因而对声调变化不太敏感造成的。

著名歌唱家蒋大为有一个洋弟子，就是乌克兰籍歌手吉米。在中央电视台综艺频道播出的"百姓秀场"栏目一次演出中讲了这样一个故事：他初到中国的时候，由于汉语说得不好，到一个饭馆吃饭。饭馆服务员问他要吃什么，他说"要 shuijiao"。由于他的母语乌克兰语没有声调，念字母只有下降、上扬的两种念法，念单个汉字基本上都是用降调，听起来就是"睡觉"。服务员以为他要住宿，指示他过马路到对过的一个宾馆去。但他却坚持在饭馆要 shuijiao。服务员十分不解。正好在场吃饭的顾客有正在吃饺子的，于是吉米就指着那人盘中的水饺说，他就是要那个。服务员才明白了他是要"水饺"。原来"水饺"和"睡觉"两个词中，水和睡、饺和觉，声母、韵母都相同，但声调不同，"水饺"两个字都是上声，“睡觉”两个字都是去声。在实际说话中两个上声字连读时前一个字要变调的（上声变为阳平）。由于他没有能学会声调，“水饺”竟然变成了“睡觉”，闹出一个笑话。另外，“水饺”念成降调也容易跟“水窖”相混淆。

北京某个大学有个韩国留学生，托他的中国同学给买个某牌子的U盘，而且特别指明要他去“大众电器”商店去买。那个同学花了半天工夫转了两条街也没有找到“大众电器”商店。回到学校问那位韩国同学，写出字来，才知道原来是“大中电器”商店。由于对“众、中”的声调没说准闹出这个故事。有个外国人学说普通话的电视娱乐节目，主持人是个外国留学生，他的普通话说得相当可以了。他说他们同学常闹的一个笑话，就是把别人说的“薄荷糖”误会为“不喝汤”，感到十分有趣。而在座的中国的绝大多数听众却受不到感染，乐不起来。因为他们都是从小说汉语的，一般不大可能产生这个误会。在他们听来，“薄荷糖 bòhetáng”与“不喝汤 bùhētāng”，三个字音除第一个相近（声母和声调相同）外，另两个声调相差较远，不大可能混淆。如果声调不区别意义，可有可无，那么“bohetang”与“buhetang”差不多就一样了，怪不得在对声调不太敏感的人那里会闹出笑话呢。

汉语是一种有声调的语言，声调是由一个音节内部的音高变化形成的。声调在汉语及其他有声调的汉藏语系的语言里具有很重要的作用。众所周知，语素是语言中最小的语音与语义相结合的单位，在有声调的语言里，语素的语音都是带有声调的。声母韵母都相同的单音节语素，声调不同意义就会有很大差别。母语没有声调的人，对声调别义的作用很不习惯。他们常分不清“研究院”和“研究员”何以有别，对福建有个地名叫“shíshīshì（石狮市）”觉得很怪，对“lízi（梨子）、lǐzi（李子）、lìzi（栗子）”会是绝然不同的果树和果子感到妙不可言。所以，要学习一种有声调的语言，要学习汉语，掌握声调很关键。要想把普通话学好，必须狠下一番工夫学好它的声调。

我们从小就使用汉语，对声调较为敏感。一个声母、韵母都完全相同的音节，声调不同所表达的意义就大不一样。大家对此习惯成了自然，毫无奇妙可言。比如尽管“梨、李、栗”三字声母、韵母一样，由于声调分别为阳平、上声、去声，我们感到差别很大，不会弄混，到商店买水果时，售货员也不会弄错。对“山西、陕西”，“香蕉、橡胶”，“狮子、石子、柿子”，都分得清楚。而有些词语尽管声母或韵母相近，或有点差别，但由于声调一样，倒有时会造成混淆。《红楼梦》第四十七回写贾母责备贾琏时，竟然把与贾琏私通的“鲍二家的”说成“赵二家的”，惹得在场的人都笑了。“鲍”和“赵”韵母一样，但声母差得较远，由于声调相同，都是去声，才被弄混了。还有这本书的第二十回，林黛玉因史湘云说话咬舌儿，把“二哥哥”说成“爱哥哥”而打趣她，湘云反过来打趣说，黛玉将来嫁了个咬舌儿的丈夫，时时刻刻听他“爱呀厄的”的才现眼呢！说得宝玉笑了，黛玉挂不住了，一定要跟湘云算账。写得很有生活情趣。人咬舌儿，话音说不准，“二”与“爱、厄”语音上有差别，但由于声调相同（都是去声），倒也能造成误会。还有个笑话说，有人竟把“梅花六”误听成“红烧肉”，尽管“红烧肉 hóngshāoròu”和“梅花六 méihuāliù”三个字音的声母、韵母都相差不少，但由于声调一一相应，才会让人听混。

正是由于我们对声调敏感，有时声调的作用会比声母、韵母还显著，所以，我们为娱乐目的编的一些绕口令，有的就是由于声调上相同说快了容易发生错误的。比如："板凳宽，扁担长，扁担要绑板凳上，板凳不让扁担绑，扁担偏要绑板凳上。"其中"板、扁、绑"虽然韵母不同，但都是上声；"凳、担"虽韵母相差较大，但声调相近（凳念去声，担念轻声，普通话中，去声和轻声相近），所以，念快了易于相混。学好声调实在是母语非汉语的人学好普通话的很要紧的环节。

有声调的语言不同，其声调变化情况并不相同，就是同一种语言的不同方言声调也不相同。所谓声调，一般又包括调类和调值两个方面。普通话有四个声调，每个声调有自己或升或降的一定的调值：按五度标记法，阴平调值55度，是高平调；阳平调值35度，是高升调；上声调值214，是降升调；去声调值51度，是全降调。如"山明水秀、风调雨顺"，每个四字格都有依次为四个不同声调的字，表现出高低升降的变化。根据《新华字典》收录的字，计有声调的音节共1279个，《现代汉语词典》多收了一些，有1290多个。汉语各个方言声调并不相同，有的声调较多，有十来个，有的较少，三四个。一些方言声调调类数目相同，但调值却不一样，这是需要十分留意的。由于汉语各个方言都是从古汉语发展来的，声调调类有某种对应关系，母语是汉语方言的人学习普通话比起母语非汉语的人来要容易得多。一般可以利用语音对应关系以类推的办法学说普通话。但是，不同方言，毕竟有些语音演变不是都能符合对应规律的，比如古代的入声字在各个方言变化情况就不大一样。北方方言没有了入声，东南的一些方言还有入声；没有入声的各地方言，入声归入别的声调的情况也不相同。比如“出、德、笔、日”等古时读入声的字，在今天的普通话语音即北京话语音中分别读为阴平、阳平、上声、去声，而在郑州话、西安话中都读为阴平，在武汉话、成都话中都读为阳平，而在兰州话中都读为去声，这些字音读不准，就难以将普通话说得很地道。再如普通话的轻声、儿化，以及一些字的连读音变，在方言中，情况就不一样，有的方言没有，有的方言虽然有但与普通话的不尽相同。方言区的人要学好普通话，要把普通话说得很地道实在不是轻而易举的事，也需要下工夫掌握好普通话的声调。

普通话中“拜拜”(bye-bye)是怎么来的

商务印书馆　金欣欣

在汉语普通话中,表示“再见”意思的“拜拜”,来自英语的 bye-bye,应该是没有疑问的。但是,这个“拜拜”是怎么来的呢?

笔者20世纪60年代中期出生在北京,就笔者所知,在普通话中,至少在20世纪70年代末以前,是没有表示“再见”意思的“拜拜”这个说法的。1978年秋,北京公映了一部香港影片《巴士奇遇结良缘》(张鑫炎导演,方平、李燕燕主演),影片中,人物对话凡表示“再见”时,均说“bye-bye”。由于当时“文革”刚结束不久,改革开放正处在酝酿阶段,闭关已久的中国大陆地区对来自西方、来自港澳台的事物都倍觉新鲜,每有引进的影片,影院都是人山人海。所以这部“文革”后首次引进的香港影片《巴士奇遇结良缘》,当时有着多到现在无法想象的观众。这部影片是一部轻松幽默的喜剧片,同时又反映了香港普通人的艰辛生活,所以给那一代人深刻印象。

英语国家的人以“bye-bye”道别固然不奇怪,但是,影片反映的是香港人的生活,影片人物既说汉语,又以“bye-bye”道别,则令观众,特别是青少年乃至中年观众感到很新奇。一时间，bye-bye之声不绝于耳，很快就在北京流行开了。北京是如此，在中国大陆地区的其他一些地方，就笔者现在所见到的回忆资料，其反响与北京同样热烈。在当时的情况下，各地人对于来自西方、港澳台的事物都有着共同的好奇心理。另外，由于北京是中国的首都，北京口语中的“bye-bye”的道别方式，对国内其他地方也是会有影响的。当然，广东等沿海地区同时也会受到港澳台地区的直接影响。总之，就笔者所知，1978年在中国大陆地区公映的香港影片《巴士奇遇结良缘》，是普通话中表示“再见”的意思的“拜拜”的直接来源。

“bye”在北京口语中与阳平“白”bái同音。“bye-bye”最初就写作“白白”。20世纪70年代末、80年代初的这样的用例一时找不到，此处转引于根元先生主编《现代汉语新词词典》(17页，北京语言学院出版社，1994)上的一例：

> 后来，她终于跟他“白白”了。(刘嘉陵《硕士生世界》，《清明》1988年第5期)

把“bye-bye”写作“白白”，这与英语的实际读音是很接近的。但是，汉语中，“白白”至少有两个意思：“1.没有效果；徒然：瞎跑了一天，时间白白浪费了。2.无代价；无报偿：这些东西不能白白送给你。”(《现代汉语词典》第5版，23页，商务印书馆，2005)两个意思不仅都与“告别”无关，而且“没有效果”“无代价”的意思用在告别的场合，似乎也显得不适合。特别是，“白”作为一种颜色，在汉族传统文化中，也与一些有忌讳的事情联系在一起，比如“红白喜事”中的“白”就是一个典型的例子。所以，尽管把“bye-bye”写作“白白”，二者读音相仿，从读音角度说是最佳选择，但是如果从词义和文化心理角度考虑却不合适，也就只好“忍痛割爱”。

那么，在“白”之外，还有什么读“bái”的字呢？在普通话中，读 bái 的不仅是“白”这个字，还有“皕”、“鴭”等几个字，但是，“皕”等字都属生僻字，常用的就只有这个“白”字了，《现代汉语词典》第 5 版、《新华字典》第 10 版也都只收了“白”。在这种情况下，只好从普通话读 bāi、bǎi、bài、bai 的字找了。

事实上，从词义角度考虑，可选的字也不多。以《现代汉语词典》第 5 版为例：

读 bāi 的有：刐、掰、踫；

读 bǎi 的有：百、伯、佰、柏、捭、摆；

读 bài 的有：呗、败、拜、稗、韛；

读 bai 的有：㗑。

在普通话中，bai 这个音节的常用字本来就不多，如果把以上 15 个字仔细分析一遍，可选的字就更少。比如：

较偏的字：刐、掰、踫、捭、稗、韛、呗(bài)；

意思不好的字：败；

有歧义的字：伯(bǎi)；

多音字：柏(bǎi、bó)。

可选的字：百、佰、摆、拜、㗑。

上述可选的几个字中,“摆”、“拜”与“再见”的意思都有些关联,比如,“摆”可与“摆手”(挥手告别)的意思联系起来,“拜”可与“拜别”的意思联系起来。两相比较,显然“拜”是“白”字之外的首选。当然也有写作“啉”的例证。兹引于根元先生主编《现代汉语新词词典》第17页的例证:

这次模范的称号该跟他“啉啉”了,他挺难受,觉得是自找。(《中国》1986年第1期,18页)

“啉”音bai,用法同“呗”bei。从字形上看,“啉”有“拜”,隐含了“拜别”之意;又有“口”字旁,表示此字与声音有关;所以这样的选择应该也是有道理的。但此字终究略嫌较偏,“啉啉”的写法也就没有流行开。所以,把“bye-bye”写作“拜拜”,也就定下来了。兹举一例:

五车队党支部、线路、工会干部不厌其烦地家访做工作,动员外流司机返回岗位,却往往不得其门而入。有次发出22封信,请旷工司机的家长来车队座谈,结果白等了一整天,不见踪影。第二天好不容易回来一个司机,可他象征性地干了两天也“拜拜”了。(张良柏、戴玉《七只手》,《南风窗》1985年第7期)

“拜”在普通话中读去声bài,“bye”在英语中近于普通话的bái,这显然是一个矛盾:写作“拜拜”,却要读成“白白”。上文说过,选“拜”这个字是不得已而为之,所以,国内读者,即使是语言学家、辞书学家,对此也持无奈的态度。虽然有的新词语辞书把“拜拜”一词注为báibái(当然也有写作“白白”,注为báibái的),如实地体现了“拜拜”的实际读音，但是以《现代汉语词典》《新华字典》为代表的一批权威的现代汉语语文辞书，到2005年以前，始终没有收“拜拜”一词；到2011年以前，也没有给“拜”注阳平 bái 的读音。

《现代汉语词典》这类规范型的权威语文辞书，对现代汉语中的新词、新语、新用法，始终持审慎的态度，宁可滞后，也不轻易将这类词语收入辞书中。但是鉴于“拜拜”的用法在普通话中已经很稳定，所以，商务印书馆2005年出版的《现代汉语词典》第5版，收入了“拜拜”这个词，注为：〈口〉“1. 客套话，用于分手时，相当于‘再见’。2. 指结束某种关系（含委婉或诙谐意）：自从得了气管炎，他就跟香烟拜拜了。[英 bye-bye]”(32页)但是，值得注意的是，此时的注音仍然是“bàibài”，不是“báibái”。这说明《现代汉语词典》第5版的修订者对这个词还是有所保留的。直到商务印书馆2011年出版的《新华字典》第11版才收入了“拜”的阳平读音：

拜：bái [拜拜](外)再见。㉧结束某种关系。(11页)

专为一个外来词新增一个字音，应该说，《新华字典》这样一本权威的、注重规范性和科学性的字典，它的第11版的修订者中国社会科学院语言研究所的这一修订，体现了他们正视语言生活现实、谨慎反映语言新变化的严谨认真的态度。

《新华字典》第11版收入复音词“拜拜”，同时给“拜”另加了阳平读音，这一做法立即引来社会的关注。国内媒体主要是从《新华字典》第11版与时俱进、及时反映语言变化的角度给予称赞，国外媒体更是从体现中国的时代变迁角度加以分析。

2011 年 7 月，《新华字典》第 11 版正式发行，美国《时代》周刊记者强尼·厄尔即在《时代》周刊发表了文章《中国新字典：取消“农业合作社”，新添“发胶”》，文章开篇即指出：“很多中国人在分别的时候习惯说‘拜拜’，这一发音来自英文‘Bye-Bye’。直到今年 7 月，这一流行于中国民间多年的分别方式，终于在家喻户晓的《新华字典》中找到了一席之地。”《时代》周刊记者认为，“这是难学多变的中国语言走向国际化表达方式的一个例子”。《时代》周刊记者在介绍了《新华字典》第 11 版的变化后进一步认为：这“充分体现了中国时代的变迁，中国的社会经济变化在其中体现得淋漓尽致。”（程磊、刘聪《“拜拜”发二声　中国语言国际化》，《法制晚报》2011.7.29，A22 版）

以上《时代》周刊发表的文章，把《新华字典》给“拜”注阳平读音，上升到体现中国时代变迁的高度，粗略地看，觉得言过其实。但仔细想，从“文革”期间的闭关锁国，到改革开放的酝酿期开始流行“拜拜”的说法，再到《新华字典》第 11 版正式把“拜拜”收入字典，并且给“拜”字新增加“bái”的读音，这确实是中国社会进步与发展的一个例证。所以，《时代》周刊上的文章从反映中国时代变迁的角度评论这件事，其实也是恰如其分的。

一个容易令人特别尴尬的字

商务印书馆　李智初

汉字中有一个很有意思的字——莘，在我的印象中，这是一个最容易出错，也最容易闹笑话的字。

"莘"是个多音字，产生年代很早，在周朝就已经使用，春秋时的《诗经》中已有记载。这个从远古时代姗姗走来的"莘"字因此有较多的含义。

"莘"读 shēn 时，可以形容众多、茂盛、长的样子；也用于人名和地名，用于地名的，如"莘县"，在山东。

读 xīn 时，是一种草本中药名；也用于地名，如"莘庄"，在上海。

在这些含义和读音中，最容易出错的大概要数叠字的"莘莘"和"莘莘"的一个组合"莘莘学子"了。

记得前几年有一家电视台在高考前夕做了一档节目，标题叫"各地纷纷为莘莘学子们参加高考提供便利"，还有一篇文章中有这样一句话："一位穿着褪色米黄风雨衣的莘莘学子，腋下夹着本书，迎着飒飒江风向图书馆匆匆走去。"这些都是"莘莘"的错误用法。

“莘莘”的常见用法错误有“莘莘学子们、广大莘莘学子、众多莘莘学子、这些莘莘学子、大批莘莘学子、一群莘莘学子、一大批莘莘学子、××名莘莘学子、许多莘莘学子、一位莘莘学子、我是莘莘学子、每一个莘莘学子”等。

出现这些错误用法的原因，可能是受到了“莘莘”后面的“学子”的干扰（“学子”就是“学生”，既可以用于单数又可以用于复数），而忽略了表示数量众多的“莘莘”的存在，认为可以说“学子们”“广大学子”“每一位学子”，就可以说“莘莘学子们”“广大莘莘学子”“每一位莘莘学子”了。

最容易出错的读音是把本该读 shēn 的“莘”错读成 xīn 了。一位央视电影频道主持人曾在南京某高校做访谈节目时，把“莘莘（shēnshēn）学子”说成“莘莘（xīnxīn）学子”，引得在场的大学生们面面相觑。

错把“莘莘（shēnshēn）学子”说成“莘莘（xīnxīn）学子”的原因，主要是读字读半边了，认为“莘”的下面有个“辛”，那就读成 xīn 吧。

“莘莘”是个书面语色彩较浓的形容词，“莘莘学子”是由“莘莘”和“学子”组合而成的成语。现在较多用“莘莘学子”这个组合来形容众多的学生，说话者不乏记者、演艺圈和教育界人士，常见于报纸和电视台访谈节目中，这些知识达人在公开的、正式的场合如果错把“莘莘（shēnshēn）学子”说成“莘莘（xīnxīn）学子”，再拿“们”“大批”“许多”等和“莘莘学子”搭配，岂不是最令人尴尬的大笑话？

成语“处心积虑”的褒贬色彩的演变

北京联合大学应用文理学院　陈　悦

成语“处心积虑”,《新华成语词典》释为:“存着某种想法,早已有了打算。形容用尽心思地谋划。”(124 页,商务印书馆辞书研究中心编,商务印书馆,2002)《现代汉语词典》(第 5 版)则释为:“千方百计地盘算(多含贬义)。”(204 页,中国社会科学院语言研究所词典编辑室编,商务印书馆,2005)这个成语在古汉语中,原本是一个中性成语,但是在现代汉语中,多数都用为贬义了。

现在所知“处心积虑”最早的用例,出自《穀梁传·隐公元年》:“何甚乎郑伯?甚郑伯之处心积虑,成于杀也。”(承载撰《春秋穀梁传译注》,4 页,上海古籍出版社,2007)这是对《春秋·隐公元年》:“夏,五月,郑伯克段于鄢”(出处同上)的注释。

《左传》的“郑伯克段于鄢”的故事在历史上很著名,是说郑庄公的弟弟共叔段,在他的母亲武姜的帮助下,企图取代郑庄公做国君。郑国的大夫祭仲、公子吕一再提醒郑庄公,要制止共叔段的不轨行为,但郑庄公却有意不加制止,直至共叔段准备出兵袭击郑庄公,他才派兵到共叔段的封地京去攻打他。共叔段从京逃到了鄢这个地方，郑庄公又率兵追到了鄢。共叔段只好出逃到了共国。《春秋》三传对郑伯（郑庄公）一致持指责的态度。《左传》说："称郑伯，讥失教也。"（李梦生撰《左传译注》，3页，上海古籍出版社，2008）意思是说：把郑庄公称为"郑伯"，是讥刺他对弟弟没有尽到教育的责任；《公羊传》说："杀之，则曷为谓之'克'？大郑伯之恶也。"（王维堤、唐书文撰《春秋公羊传译注》，5页，上海古籍出版社，2004）意思是说：既然是郑庄公杀了共叔段，那么《春秋》为什么称之为"克"呢？是为了强调郑庄公的罪过。《穀梁传》不仅对郑庄公最初有意纵容共叔段的行为给予指责，甚至对郑庄公率兵远途追击共叔段也予以批评："然则为郑伯者宜奈何？缓追逸贼，亲亲之道也。"意思是说：在共叔段逃到鄢以后，郑庄公应该怎么做呢？他不应该紧追不舍，要让共叔段逃走，这才符合兄弟之间相亲相敬的准则。

《穀梁传》这个"处心积虑"的例证在褒贬色彩方面，原本是中性的，是"在内心考虑了很久"的意思；这是对事实的客观叙述，并没有褒贬色彩。在古汉语文献中，"处心积虑"既有用于正面事物的、又有用于反面事物的，两种用例的数量大致相同，用于正面事物的似乎略多一些。但是，尽管这样，却不意味着用了"处心积虑"的例证，就没有体现作者的喜好与憎恶倾向："处心积虑"用于正面事物的，有着近乎褒义的色彩；反之则有着近乎贬义的色彩，但这只是通过上下文体现出的临时意义。古时人们在使用这个成语时，并不是专门把它当作褒义或贬义成语使用的，人们对其褒贬色彩没有达成共识。

既然如此，后来人们为什么又赋予它贬义色彩呢？汉语的不少成语在最初使用时，都是没有褒贬义的，只是由于某个成语的语源，在语境上有可能存在褒义和贬义的趋向，要么说是存在用于好的事物或不好的事物之区别，所以后人在使用时，往往受到了这个成语最初语境的影响，人为地给该成语附加了褒贬色彩。“处心积虑”也是这样，它虽然在《穀梁传》中不带褒贬色彩，但是，从《春秋》“郑伯克段于鄢”的史实来看，“处心积虑”显然又是用于一个被批评、被否定的人物郑庄公的。这往往会令人从贬义方面对“处心积虑”产生联想。

但是，从近现代用例来看，“处心积虑”的贬义用例几乎占了绝大多数，非贬义（包括中性和褒义）的却很少。笔者调查了出版、发表于20世纪的小说、散文20种，共20个用例，其中19例均为贬义，1例为中性，贬义用例占95%。笔者还检索了《人民日报》从1990年到2005年的语料，出现“处心积虑”成语的共有143篇文章，有148个用例。其中，140个用例是贬义的，4个是中性的，4个是褒义的。贬义用例也占95%。现略举几个贬义用例：

1. 清·李宝嘉《官场现形记》（1903）四六回：“单说大少爷见老人家有这许多银子，自己到不了手，总觉有点难过；变尽方法，总想偷老头子一票，方才称心。如此者处心积虑，已非一日。”（569页，百花洲文艺出版社，2010）

2. 张恨水《啼笑因缘》（1930）二一回：“家树一想他们处心积虑，为的是和我为难，我既落到他们手心里来了，岂肯轻易放过，这也只好听天由命了。”（197页，天津人民出版社，2011）

3. 曹靖华《小米加步枪》（1977）：“当年，那是什么样的景观呢！？

一面是反动派处心积虑,要把进步文化工作者斩尽杀绝;一面是我们的伟大的党,见义勇为,挺身而出,从敌人的屠刀下,不但决然枪救、庇护其生命,而且直至生活细则,也予以无微不至的关切,甚至连吃的、穿的等等,都尽可能的想到、照料到。”

4. 孙力、余小惠《都市风流》(1988)二〇章:“他的讲话里,很少提到市委,总是讲他的市政府要干什么,干了什么,他做什么事都别出一格,本来可以在会议室开的会,他非到现场去开,搞什么‘现场办公会’,而且处心积虑笼络人心。”(428 页,人民文学出版社,2011)

5. 刘斯奋《白门柳》(1998)三部五章:“事实上,自从前些日子合谋整治孙之獬不成,反而给弄得狼狈异常之后,包括给事中庄宪祖、杜立德,御史李森先、王守履、罗国士等人在内的他们那一伙‘圈子朋友’,一直忿恨难平,处心积虑图谋报复。”(203 页,人民文学出版社,2010)

6. 杨叙《闲话打苍蝇》:“丹麦人天性喜爱动物,而且心肠软,见不得小生灵遭受剥削压迫。……它们在 43000 平方公里土地上各得一方乐土,子孙繁衍,‘人丁’兴旺自不必说,就连你在湖边走动惊扰了野鸭的美梦也有人向你翻白眼,不似我等处心积虑尽惦记如何抓几只来开荤解馋。”(《人民日报》2001.11.2,11 版)

所以,在现代汉语中,“处心积虑”基本上是一个贬义成语。

由于在古代“处心积虑”是一个中性成语,所以这一特点延续到现代,仍然会出现存在中性、褒义及贬义用例的情况。这也是包括《现代汉语词典》在内的许多辞书对“处心积虑”只注为“多含贬义”,却不是“含贬义”的根本原因。但是在近现代,为什么“处心积虑”的贬义色彩用例如此之多,中性、褒义色彩的用例却少乎其少,与古代用例存在很大差别呢?上文谈到,这或许与"处心积虑"最初的用例语境有关。在现代,人们纷纷把"处心积虑"当成贬义成语使用,所以,经过这样的约定俗成,"处心积虑"也就真的具有了贬义色彩,慢慢成了一个贬义成语。

在近现代,在"处心积虑"从中性向贬义转变的过程中,作为原本的中性成语,出现一些中性的、褒义的用例是不足为奇的,这些用例的作者只是沿用了"处心积虑"旧的使用习惯(一般来说,他们的古汉语知识更多一些,也更熟悉"处心积虑"在古汉语中的不同使用情况),没有按照现在的约定俗成来使用这个成语。但是,在现代,"处心积虑"的褒贬色彩既然有了新的约定俗成,再继续沿用旧有使用习惯,虽然不能说错,但却显得很不贴切,甚至可以说已经不能准确表达作者的意思了。在这样的情况下,应该说,"处心积虑"现在已经彻底成为一个带有贬义色彩的成语了。所以,如下这样的例证,应该说是用得不准确的:

> 纠察队的这些头头脑脑们,眼睛盯着总理,耳朵听着总理,猜测着,揣摩着,分析着,力图跟上总理的思路,只要总理有一点意思就直接出手,处心积虑想要帮助总理去做一些什么,我们今天想起来,仍然可以感到这群忠心耿耿的孩子是多么的可爱。(《只是当时已惘然——小说〈晚霞消失的时候〉与红卫兵往事》,《北京青年报》2010.1.22,C2版,口述:礼平,采访:王斌)

此处的"处心积虑",似乎以改为"想方设法"、"千方百计"等为宜。

转基因棉苗的启示

中国对外翻译出版有限公司　孙曼均

在农科所的试验田里，成片的棉花枝叶肥硕，绿油油的宛若一片绿云跌落在地上。在大片绿色的棉花地旁边，有一小块地里的棉苗却与整个茁壮的棉苗很不协调，呈现出另外一幅景象。只见这块地里的棉苗一片灰褐色，棉苗的叶片上满是虫眼儿，叶子变成了枯黄色，在风中颤抖着，摇摇欲坠。这是怎么回事呢？原来，那些绿油油的棉苗是转基因棉苗。所谓转基因作物，就是在原来作物的基因上嵌入别的基因，使作物能避免病虫害，增加产量。人类要灭绝害虫，害虫却要生存下去，人与害虫总是在不断地较量着。转基因技术当然不是万能的，转基因作物增强了抵抗害虫的能力，而害虫也会不断增强自身的抵抗力。在外界环境的不断改变中，害虫中一些聪明而强壮的个体会突然发生变异，或者说进化，这种进化后的新种类害虫能够战胜转基因。后来，研究人员发现了一个对付害虫的有效办法，那就是在一大片转基因作物中种植一小块非转基因作物，专门作为害虫的“乐园”。这是一块过去的天地，用过去的棉苗“喂养”着过去的害虫。这些害虫由于有了一定的生存空间，也

就不用进化了,而那一大片转基因的优质棉苗则可以安然无恙。(《北京青年报》2011 年 3 月 2 日 C1 版)

这是一个农业的科研故事,它向我们说明了一个道理:只有不断进化与优化,才能不断发展;如果固步自封,停滞不前,就会逐渐退化,直至消亡。其实,人类语言的发展也存在着相似的道理。2009 年 2 月 19 日,联合国教科文组织在巴黎发布了 2009 年新的世界濒危语言图谱,这份由 30 多位语言学家通力合作制成的图谱显示出来的最新数据令人非常担忧:在目前全球存世的 6900 多种语言中,有 2511 种语言处于濒危状态,面临从世界上消亡的危险。研究人员根据 5 个不同的等级:不安全、危险、非常危险、危急、灭绝,对这 2500 多种濒危语言进行研究,发现有 607 种语言处于不安全状态,632 种语言处于危险状态,502 种语言处于非常危险状态,538 种语言处于危急状态,超过 200 种语言预计将在 50 多年内灭绝。而在过去的 90 年间,已经有 200 多种语言消失。(网址略)

这些消失或者即将消失的语言一般都具有两个共同的特点。

一是使用这种语言的人数太少。全球虽然有近 7000 种语言,而占世界 97% 的人口使用的语言却仅占世界语言种类的 4%,只有不到 1/4 的语言在学校和互联网上使用。比如,有 199 种语言的使用人数不足 12 人,有 178 种语言的使用人数在 10 人至 50 人之间。美国的威奇托语只有 10 个人使用,乌克兰的卡拉伊姆语只有 6 个人使用,美国阿拉斯加的埃雅克语在 2008 年已经随着一位名叫琼斯的女子的辞世而灭绝。

二是使用这种语言的族群,其所处的经济社会长期处于停滞或封闭状态,一旦接触到外来的强势语言和强势文化,这些语言就像盐溶解于水一样,消失不见了。军事、经济、宗教、文化、教育以及人们的思想观念等都会成为导致语言消失的因素。这就说明,语言的活力和生机依赖于社会经济文化的发展,取决于语言自身的不断"进化"与"优化"。世界上凡是充满活力与生机的语言莫不如此。汉语的发展就离不开中华民族的生生不息,离不开中华文化博大深厚的根基和海纳百川的气度,也离不开与其他民族语言的交流融合以及从其中汲取养分。正因为如此,汉语才五千年延续不断,保持着强大的生命力,不断地推陈出新,生机勃勃地发展着。今天,全世界使用汉语的人数已经超过16亿,每年用汉语出版的书籍超过40万种,互联网上有近4亿人使用汉语。

当然,我们同时也要看到,我国是一个多民族、多语言的发展中国家。最新调查显示:中国目前有数十种语言处于濒危状态。使用人口在1万人以下的语言约占语言总数的一半,在1000人以下的有20余种,这些语言基本上处于濒临消亡的边缘。贵州的木佬语仅有一位90多岁的老人会说,是名副其实的垂危语言。台湾的巴则海语去年随着一位97岁老人的去世而消亡。(网址略)

语言是保存和发展人类有形和无形文化遗产的有力工具,保护母语有利于人类文明的传承与发展,对于人类社会的发展具有重要的意义。为了帮助人们更好地了解世界各民族母语文化的现状,关注、爱护、发展我们的语言,推动人类语言和文化的多元发展,1999年,联合国教科文组织决定将每年的2月21日定为"国际母语日"。

惯用语的言外之意和弦外之音

中国社会科学院语言研究所　韩敬体

一位先生教导他的刚刚四五岁的一对双胞胎儿女，说勤俭节约是老一辈传下来的美德，花钱一定不能大手大脚，一再强调要“一分钱掰成两半花”。他那位乖巧的女儿睁大眼睛不解地问：“爸，一分钱我怎么掰不开？”聪明的儿子则好奇地问：“掰开的钱买东西人家能要吗？”两位小儿女的充满童趣的回话，令那位先生和在旁边的孩子妈妈开怀大笑，原来小孩还不懂得“一分钱掰成两半花”的意思。“一分钱掰成两半花”是句现代汉语常说的俗话，或者叫惯用语，一分钱一般是钱的最小数目，在人民币中是一个小镚子；掰成两半花字面上是说要一分为二地使用，钱花得更少。连最小数目的一分钱还要一分为二地用，实际上这句话的真正意思是形容花钱时精打细算，尽量俭省、节约。这种惯用语或俗话，一般都不是字面上表示的意思，而是意在言外。

小张是某单位的职工。有一天一位亲戚来看他。同事问他来的是什么亲戚，他回答说：是他表叔的表亲，拐了好几个弯了，是“八竿子打不着”的亲戚。“八竿子打不着”也是个惯用语，字面上说的意思是八个竿子连起来也够不到，指离得较远。它的实际意思是形容关系疏远或者没有什么关联。

像“一分钱掰成两半花”“八竿子打不着”这样的惯用语在语言中很不少。它们的特点是：一是口语性强，字面上通俗、浅白，像“掰”“两瓣”“竿子”都是常用口语词，没有难懂的。二是结构相对固定，不能改动其中的个别字形成别的说法，当然有的惯用语也可以改动其中的个别字词形成类似说法，可以说是最常用说法的变化形式，简称变形。比如“三个臭皮匠赛过诸葛亮”，其中的“赛过”也可换成“凑个”“顶个”“胜过”，形成另外三种说法。但惯用语变形有限，不是所有的字词都可自由换说的，比如“一分钱”不能换成“一毛钱”“一块钱”或“两分钱”，“八竿子”也不能换成“九竿子”或“八棍子”之类。三是在语言交际中惯用语字面意义或语源意义一般不起作用，由比喻、借代、引申出的抽象性的虚指或泛指义才是它们的实际意义。不仅这两个惯用语如此，再比如“炒冷饭、吃闭门羹、脸红脖子粗、鸡蛋里挑骨头、此一时彼一时、画虎不成反类犬、不是鱼死就是网破”等等，都不是只从字面义就能理解它实际上表达的意义的。

惯用语中动宾结构的三字格用得较多，很突出，比如：爱面子、打埋伏、打游击、拆烂污、唱双簧、戴高帽、和稀泥、卖关子、拍马屁、烧高香、抬轿子、吃小灶、穿小鞋、打官腔、踢皮球、走后门、挑重担、吹牛皮、耍骨头、扯后腿、兜圈子、背包袱、开倒车、磨洋工、炒冷饭、炒鱿鱼、钻空子，等等。当然三字格中不是动宾结构的也有不少，如：半瓶醋、乌纱帽、豹子胆、直肠子、一边倒、一场空、一风吹、窝里横、眼中钉、马后炮，等等。

四字格动宾结构也不少：唱对台戏、吃大锅饭、喝西北风、穿连裆裤、吃闭门羹、打马虎眼、打小算盘、打退堂鼓、打抱不平、打擦边球、打翻身仗、打落水狗、打太极拳、打小报告，等等。其他结构的四字格惯用语也有一些。

常见的四字以上的惯用语还有：吹胡子瞪眼、大意失荆州、换汤不换药、面和心不和、脸红脖子粗、三下五除二、此一时彼一时、吃不了兜着走、吃人不吐骨头、干打雷不下雨、鸡蛋里挑骨头、不管三七二十一、好了疮疤忘了痛、画虎不成反类犬、兔子不吃窝边草、白刀子进红刀子出、比上不足比下有余、不是鱼死就是网破、吃着碗里瞧着锅里、大事化小小事化了、光脚的不怕穿鞋的、东一榔头西一棒子，等等。

语言中有这么多的惯用语，准确选用，生动、形象，丰富了语言，也增强了表达效果。

街道名称汉语拼音中的方位词及其习惯说法

中国社会科学院语言研究所　韩敬体

地名中的方位词一般是单音节的，通常有“内、外、前、后、左、右、南、北、东、西、中”十来个。1984 年 12 月中国地名委员会、中国文字改革委员会、国家测绘局颁发的《中国地名汉语拼音字母拼写规则（汉语地名部分）》规定：“专名或通名中的修饰、限定成分，单音节的与其相关部分连写，双音节和多音节的与其相关部分分写。”前面说的十来个方位词如在专名和通名之间，是连在前面的词还是连在后面的词，情况不尽相同。

我的工作单位中国社会科学院，位于建国门桥西北角建国门内大街东头。一次，一位新来的同事给友人打电话，对方问他所在地址，他回答说：“这里是建国门—内大街—5 号”。在场的同事都感到不大习惯，我们常说的是“建国门内—大街”，不是“建国门—内大街”。二者的区别就在于方位词“内”字是连在前面的“建国门”后面还是连在后面的“大街”前面，也就是说整个地名中间的小的停顿应该是在“门”字后面还是在“内”字后面。一般说法，或者说是习惯说法是“内”连在前面的

“门”字后面。不久,我对那里大街街头树立的标牌留意起来。就在建国门桥的西北角,也就是在建国门地铁站前面有两个紧挨着的道路标牌,一个较大的上面一行汉字为“建国门内大街”,下面是一行汉语拼音:“JIANGUOMEN NEIDAJIE”,“内”的汉语拼音连着后面的“大街”,这正与我那位新来的同事的说法相符合(这块标牌不知为什么在奥运会开幕前夕拆除),另一块较小的标牌,上面汉字下面的汉语拼音却是“JIANGUOMENNEI DAJIE”,这样又符合“内”连前,在“内”与“大”之间有较短停顿的习惯说法。“建国门内大街”的简称“建内—大街”,中间停顿也是放在“内”后。同样的情况,还有“建国门外大街”“朝阳门内大街”“复兴门内大街”“朝阳门外大街”“西直门内大街”等等,其中的方位词“内、外”的汉语拼音字母与前面的专名连写,读起来才符合北京人的语言习惯。

但是,北京街道名中的方位词“东、西、南、北、中、前、后、左、右”与前后连读的情况与“内、外”又有所不同,它们习惯上多与后面的“大街”“小街”或“路”“街”连着说,不是与前面的专名连着说。比如说“景山后街、景山东街、朝阳门南小街、东三环北路”等等,汉语拼音当然应该照语言习惯与后面的通名连写。

街道名称中的方位词与其前后有关部分的分写,连写,应该名从主人,反映人们习惯上的说法。一般说来,汉语词汇的发展从古代至现代趋于双音节化,不止一个词组成的短语说起来一般多分成双音节的韵步。现代汉语多音节地名的称说与习惯的双音节韵步很有关系,不管是前面的专名还是后面的通名,如果是单音节的,其后面或前面往往可连带单音节方位词，构成双音节结构。如说“桥东—大街、桥西—北路、大桥—南路”等等。顺便说一下，北京还有“东四、西四”两条大街，各有十几条胡同，称之为“条”，如“西四六条”“东四十条”“东四十二条”之类，其中的东四、西四可一定要与后面的数字分开说，不能紧连在一起。“东四十条”标牌的汉语拼音应该作“DONGSI SHITIAO”，而不能作“DONGSISHITIAO”。“东四、西四”原是“东四牌楼、西四牌楼”的简称，“四”不能与后面的数字连说，汉语拼音也需与后面的数字分写。前面引述的《中国地名汉语拼音字母拼写规则(汉语地名部分)》规定：“地名中的代码和街巷名称中的序数词用阿拉伯数字书写”，并且明确举例说，“东四十二条”拼音作“Dōngsì 12 Tiáo”。有人认为这种规定数字字音未能“罗马化”，序数词不标示读音会造成指示方位尤其是口头问路的交流障碍，这一问题还可以再行研究，但绝对不可拼音作“Dong 42 Tiao”或“Dong 4 2Tiao”。

“此致”“敬启”之类书信用语的用法

中国社会科学院语言研究所　韩敬体

书信交往，是人们书面交际的主要形式。由于历史进入了网络时代，人们以 E-mail 进行函件往来的越来越多。由于历史久远，现在书信中还传承有一些旧时的格式和用语。如不认真学习，写信用语也会出问题。

我邻居的小孩儿，考上了某大学中文系，他入学不久就怀着感恩和兴奋之情向他的中学语文老师王老师汇报，为了表示郑重，他颇费精力地写了一封信。他信写得激情洋溢，还搜索枯肠地用些文辞。他自我感觉极好，也以为老师一定很满意。不料，很快收到了老师回信。大出意料的是老师从寄去的信封、信中的文字，都提出了严厉批评，而且老师还流露出在中学里没有教好学生的自责心情。他的信到底出了什么问题？为什么惹得恩师那样生气？王老师电话中给他进行了讲解，使他受到教益。原来在写信封时，他想到最普通的写“某某（收信人）收”字样，也有写“某某启”的。他为了表示对老师的尊敬，就写成了“王×老师敬启”。在信文中还用了“无恙”“又及”，结尾处写上“此致敬礼”，落款在自己名字后加上“受业”。老师批评他没有弄懂书信中“敬启”的意思就乱用。“启”用在书信中是写信人对对方陈述、报告的意思，所以常用在书信的开头或结尾。用“敬启”则更加一层对对方的敬重。书信开头用“敬启者”，表示向对方述说以下内容，结尾用“某某敬启”表示向对方述说了以上的内容。至于信封上的“×××启”，启是打开信封的意思。与信文首尾用的“启”意思不同。信封写上要收信人“敬启”，写信人自认为这样好像是对收信人的尊敬，殊不知这样用恰好相反。让人“敬启”，就是叫人恭恭敬敬地拆开信封。这哪里含有敬意呢，简直是对人有点颐指气使的架势了。“无恙”是旧时对对方的问候语，现在可以不用。“又及”“受业”之类都有一定的用法，通常的格式。至于“此致”，虽从20世纪初以后已成了书信结束的套语，但它具有较为固定的意义和格式，“此致”什么意思，它和后面的“敬礼”到底是什么关系？需要弄个明白。一般说，早先的书信后面的“此致”的“此”是指前文，而“致”，有两种含义。一，尽、结束，“此致”的意思是信中要说的事情已经说完；二，送达、送给，此致的意思是上面这封信是送给对方的。这样，“此致”与后面的“敬礼”本来都是独立成句，并无动宾关系。我们只要看一看大文豪鲁迅先生1935年写的两封信使用“此致”的情况就很清楚了。鲁迅先生1935年4月1日的一封信的结尾是：“此致，即请道安。”8月3日，鲁迅先生另一封信的结尾是：“此致，即颂暑祺。”鲁迅先生用的“道安”和“暑祺”前还有动词“即请”“即颂”。于书信末尾用“此致”，“此”者，不是指后面的“敬礼”，而是指前面信中所写的内容。与此同类的，给人回信，末尾用“此复”；下发通知，末尾用“此通知”；颁布命令，末尾用“此令”;张贴布告,末尾用“此布”。这些都是煞尾语,“此”字的作用在于概指前文,了结全篇。需要说明的是,过去书信末尾只写“此致”,显得突兀,下面再写收信人姓名;或加“先生”、“同志”、“女士”之类称谓即可,其他一概不用写,写了便成蛇足。后来“此致”后不写对方称谓,写上“敬礼”,演化为“此致敬礼”的形式,按照惯例,信件结尾处的“此致”可以放上文句号后面,也可单独成行,但要低几格,“敬礼”要另起一行还应该顶格书写。由于公文、书信末尾用“此致敬礼”的越来越多,人们认为“此致”的用法有了演变。我们翻看《毛泽东书信选集》,也可以看到毛泽东书信末尾用“此致 敬礼”的也有不少。他用的“此致”都在信文末尾,敬礼另起行,顶格。有的书信“此致”换用为“谨致”“并致”“顺致”“即致”、“致以”等词,与后面“敬礼”联系较为密切。近两年新出版的中型语文词典,如《现代汉语学习词典》(商务印书馆)、《现代汉语规范词典》(外研社)、《当代汉语词典》(中华书局)都把“此致”注释为用在书信或公文末尾,意思是在此给予、表示或呈送,而且都举出“此致敬礼”的用例。这样,“此致”与“敬礼”之间只能看成动宾关系了。

数字的避忌

中国社会科学院语言研究所　韩敬体

一次去拜访友人，因其住所楼层编号问题，带来一些麻烦。原来，他告诉我他住在一座14层楼的最高一层的电梯对门，我按对方说的以为很容易找到。到了那座楼单元门，上了电梯却傻眼了，电梯标号上竟然没有14层。当时电梯上又没有别人，只好出楼到保安那里去打问，才知道那位友人住所在电梯上标出的应该是17层。原来有一些楼由于忌讳4、13、14等号数，跳过了这些号。明明是4楼，却标成5楼，明明楼层是12层，却标为15层，14层却标为17层。

为什么一些高层楼房要避忌数目13呢，这与西方人的一个传统习俗有关，据说它源于一种传说。13日那天，耶稣和弟子们共进晚餐。参加晚餐的第13个人是他的弟子犹大。就是这个犹大收了30块银币，把他的老师耶稣出卖给犹太教当局，致使耶稣受尽折磨。耶稣是基督教徒信奉的救世主，犹大成了叛徒的代名词。晚餐的日期是13日，参加最后晚餐的又是13个人，“13”这个数目给耶稣带来很深的苦难。由此，13成了苦难、不幸的象征。根据这个关于最后晚餐的传说，天才画家达·芬奇还画有名作《最后的晚餐》。所以这个有关13的说法流传甚广,影响也很大。

西方人忌讳13的原因还有别的说法,比如有的说是源于古希腊神话。希腊有个神话说,有12位天神出席哈弗拉宴会。宴会中,烦恼与吵闹之神作为不速之客忽然闯来了。正是这个第13位来客的闯入使得天神宠爱的人葬送了性命,人们无不厌恶13。

由于西方人极为避忌13,所以在荷兰,住宅的楼号和门牌号很难能找到13号,他们一般都用“12A”来取代13号。在英国的剧场里没有13排和13座的排号。法国的剧场里12排和14排之间则设置成为人行通道。在西方,13日出游,13人同席就餐,点13道菜更是人们避之唯恐不及的了。

数字忌讳因民族而异,汉族人一般不忌讳13,在中国13层的宝塔和13台阶的楼梯很常见。传统的儒家经典有十三部,称为十三经;元朝将全国划分为十三个行中书省,称为十三省;明朝境内设置的十三布政使司简称十三司;明清以来北方戏曲和曲艺用韵的韵部称为十三辙;清初宦官衙门统称作十三衙门;还有十三太保、十三绝、十三行之类的称呼。但是在个别地方,如上海、四川,倒是对“十三点”有贬义说法,来源和具体用法较为复杂。汉族本来并不忌讳“四”,甚至认为它是个表示吉祥的数字。民俗讲究四平八稳,送礼要有四样(四盘礼),宴请要有四盘八碟,室内装饰有四扇屏,一些好的事物也要凑上四个,比如:四大名山、京剧四大名旦、四大发明、四大名著、四大名镇、四库全书,等等。但是,一些地方却很避忌四,当然还有十四。因为“四”的读音与“死”相近，说出来或听起来好像不大吉利。人们怕死，忌讳说“死”，所以汉语中“死”就有不少委婉语代替。人们也避忌“死”的语音，从一千多年前编写的韵书《广韵》也可看出，息姊切，上声，旨韵，心纽，除了“死”外，就没有别的字。在现代汉语里，sǐ 这个音节只有“死”孤独的一个字，没有同音字。

由于避忌四，也就避忌十四，再避忌十三，于是十二的编号就跳过这三个号变成为十五了。所以一些地方住房、座位等的编号就有空出4、14、24……的现象。有的地区，医院不设4号病房，不愿要带4字的牌号，连我国的邻国韩国、日本也有忌讳4的习俗。我国有的地方还有忌讳第九的，因为宴饮时多用八仙桌，正好坐八位，再来个第九人，就成了多余的、令人讨厌的了。

汉语中有个数词转成的名词“二百五”，讥称有些傻气、做事莽撞的人。其来源有不同说法。常见的说法是从前银子五百两封成一封，二百五十两正是半封，半封谐音半疯，半疯子就是患有轻微精神病的人。所以，“二百五”也可以算是汉族避忌的数字了。

“伊妹儿”及其他

广州大学　许光烈

“伊妹儿”何许人也？答曰：伊妹儿非“人”也，亦非“妹”也。——地球人都知道，“伊妹儿”是 E-mail 的音译，表示电子邮件或电子邮箱。——与“妹”无涉。

可是真的与“妹”无涉吗？

鲁国尧先生谈到“伊妹儿”时说：“在使用电子邮件跟朋友、学生通信时，我不愿意使用‘伊妹儿’，尤其是对女性，特别是对年轻的女学生，更不便于使用这个词儿。教师就是要为人师表，对女学生，出语要严肃庄重，岂可用这种‘轻’‘软’词儿？”（鲁国尧《创造新词的心路历程》，《语言教学与研究》2005 年第 1 期）他认为“伊妹儿”“伊媚儿”凭那两个核心字就难登大雅之堂，注定了只能活跃在“俗”的生态环境里。鲁先生认为“伊妹儿”“伊媚儿”这两种说法“俗”“轻”“软”，不适合“年过花甲的高校教师”使用。那怎么办呢，无奈，只好自己造了个新词，鲁先生坦陈自己造词的“心路历程”：“伊”字不动它，用“美尔”代替“妹儿”和“媚儿”，造出的新词为“伊美尔”。关于“美尔”两字，鲁先生解释说，在文言文里,“尔”是第二人称代词“您”“你”的意思;而“美”呢,是“意动”用法,就是“以×为美”“认为×是美的”的意思。改良词“伊美尔”里面的“美尔”是“认为您美”的意思。鲁先生文中举杨锡彭先生的评论为证:“鲁国尧教授写作‘伊美尔’,从字面意义讲,更雅,也更有情趣。”(同上)

可见,“伊妹儿”与“妹”似乎有着脱不清的干系。

我们知道,“雅”也好,“俗”也好,根本不干“E-mail”的事。“E-mail”本身既不“俗”,也不“轻”,更不“软”。“E-mail”摇身一变成为“伊妹儿”,穿上了汉语“妹”的花裙子,人们便把对“妹”的感觉和意象加在了“E-mail”身上,从而使“伊妹儿”有了一个虚假的理据,这都是在翻译中“意义增值”(鲁川《汉语的“语位”》,《语言教学与研究》2002年第4期)形成的意象惹的祸。

我们再看另外的例子,bye-bye是与人告别用语,是当今讲汉语的人几乎无人不会讲的一个词。而传统的告别是以抱拳、拱手抑或顿首等形式来表达,bye-bye的声音在表示告别时负载着一个隐隐约约的传统告别的意象,这个意象在“拜别”意味中被人们广泛使用在应该说“再见”的场合,于是它的理据性就显现出来了。现在许多人不但在口语中舍弃了传统的“再见”而使用舶来的bye-bye,而且许多时候在书面上舍弃了通俗简单的“白白”,而写成相对而言不够通俗不够简单的“拜拜”(智能ABC居然只有“拜拜”,而无“白白”一词)。“拜拜”不但表达了bye-bye的语义,而且包含着“拜别”的文化意蕴,这显然不是Bye-bye原词所具有的意象。

一部分译音词如“沙发”“迪斯科”之类,看起来这类词似乎没有“意义增值”,其实不然。这些词从语感上和语素上均使人感觉到“非我同类”,其鲜明的外来色彩即是增值表现。还有一部分词,他们借到汉语中时,几乎没有任何外来的痕迹,神不知鬼不觉,仿佛原本就是汉语词语。而它们之所以让人们误以为是汉语,其原因就在于它们的表现形式所形成的意象使其具备了汉语的理据性。如:“蹦极”一词音译自英语的“Bungee”,又称高空弹跳,起源于澳大利亚北部的一个小岛 Pentecost,当地人用竹子筑成高塔,然后把树藤绑在脚上,从高塔顶端跳下。这是当地人的成年礼,礼成后,即可受到众人的礼赞而成为真正的男人。由于其理据意象,以至于许多人以为“蹦极”原本就是汉语的词。其“增值”表现在汉语中的“蹦极”强化了与原语言中“Bungee”相近的理据意象,这种情况可以说是“土瓶装洋酒”。

如果从“语位”的角度来解释,一个外来词,在原语言中也许是一个语位,音译为汉语后,就其表音的汉字来讲,则可能变成几个语位,音译后引起了“意义增值”。这种不采用直接音译法,而选用有一定理据意义的翻译方法被称为“避免直称法”(antonomasias)。又叫“换称现象”。方欣欣认为“在音译词中,本来是只借用汉字之‘音’,不借汉字之‘意’,但是其‘意’不招自来,甩也甩不掉。”(网址略)

最典型的是“宙斯”(Zeus),由于其身份是希腊神话中的主神,天堂的统治者,其他神和人间英雄的父亲,“宙”让人们联想到宇宙,似乎同其统治者的身份有关联,所以在中文中译成“宙斯”,而不是“咒死”。《新华新词语词典》收入了“小蜜”一词,无论其是“秘书”的“秘”的谐音还是英语 miss(小姐)音译的简缩,其“娇小”而“甜蜜”的意象都是理据的痕迹。再如:BENZ(德国汽车品牌)中文译成“奔驰”(不会译为“笨死”), CITROËN(法国汽车品牌)中文译成“雪铁龙”,Pentium(Intel 公司生产的 CPU 芯片)中文译成“奔腾”,Good year(轮胎)中文译成“固特异”,Bausch & lomb(眼镜)中文译成“博士伦”,Revīon(香水)中文译成“露华浓”,Viagra(药品)中文译成“伟哥”(中国台湾译成“威而刚”),等等。新词语中的大部分在译音的过程中有意选择用字,使外来词语具有某种意象。当然,无论是无意选择用字,还是有意选择用字,外来词语的文化内涵都留在源语言中了。都使译后形成的虚假理据使原词“意义增值”。

如此看来,“伊妹儿”自产生之日起就注定了它与“妹”挥之不去的关系。“卿本佳人”,却有时不受待见,有点委屈“伊妹儿”了。

当美国英语碰上中国英语

首都师范大学　李　娜

出生在美国纽约的梅森是个地地道道的“香蕉人”，黄皮白心。祖籍苏杭的爸爸妈妈给了她一张纯正的中国面孔，看她瓷白的脸蛋，长长弯弯的黑睫毛，尖尖的下巴颏儿，娇小匀称的骨架儿，很像是西子湖畔的苏杭姑娘；但是她一说话，那口地道纯正的英语和耸肩挑眉的表情动作，马上就给她贴上了“美国制造”的标签。今年暑假，梅森决定回中国。

临行前的梅森很紧张，她担心语言不通的问题会影响这次行程。但妈妈说现在国内英语教育越来越好，哥哥妹妹们的英语都好着呢。梅森对此不置可否。她想起了前两天表哥在邮件中和她讨论香港时提到的“one country, two systems”，她查了资料才明白是“一个国家实行两种政治制度”的意思（two political systems implemented in one country）。看来哥哥妹妹们学习的英语和自己说的英语还是有些区别的。

表哥从机场接到了梅森，毕竟是年龄相仿，见面也没有生疏感，回来的车上他们已经笑语融融了。表哥在一家旅游公司做英语导游，他说，现在中国大学毕业生找工作不像以前了，实行的是"two-way choice system"(双向选择体系)。梅森马上疑惑起来，因为在英语中有"two-way ticket"(往返票)，这种选择体系怎么也是"two-way"呢？后来表哥解释之后，她才明白原来是指"毕业生可以选择用人单位，用人单位也可以选择毕业生"的意思。

看到她点头表示理解，表哥哈哈大笑，说："这就是China English(中国英语)啊。当时我在课堂上听老师提到这种说法，还不甚理解，现在看到你这样，我才算体会了老师的说法。China English is not Chinese English nor Chinglish. 中国英语不是中式英语。中式英语是不合规范的畸形英语；而中国英语是用规范的英语表达有中国文化特色的内容，英语民族的人听了，不甚理解，但经解释，不难懂得。这说的就是你这种情况啊。"

为了考验梅森，表哥又一口气说了几个词语"four modernization(四个现代化)、construct clean politics(廉政建设)、the saying that the higher authorities have their policies and localities have their counter-measures(上有政策，下有对策)"，这些都是具有中国国情或者政治背景的表达方法，都符合英语语法规则，却是地地道道具有中国特点的搭配，有一些已经演变成了英语的通用语汇，甚至进入了英语的通用语汇体系。

到了家里，姨妈已经做了满满当当一大桌子的饭菜接待这位从未谋面的美国小外甥女。有了表哥做翻译，梅森一边品尝美食，一边听着和西湖有关的美丽的传说。好吃的Wonton(馄饨)、dimsum(点心)、Beijing duck(北京烤鸭)、Maotai(茅台酒)、Mapo Tofu(麻婆豆腐)让人垂涎三尺，动人的 Lady White Snake（白娘子）传说让人浮想翩翩，梅森第一次知道，原来 West Lake Broken Bridge（西湖断桥）不是断开的，而是白雪皑皑的背景下，拱形桥面上的雪融化后若隐若现的桥景。姨妈还送给梅森一件漂亮的 Cheoongsam（旗袍）作为见面礼物，梅森迫不及待地穿上了，觉得自己化身为美丽的白娘子……表哥用到的很多英语词汇都让梅森新鲜而兴奋，因为这种说法在美国英语中是没有的，因为它们表达的概念都只存在于中国的历史文化中，在英语中没有对应的说法，所以创造出有典型特点的中国英语新语汇，丰富了英语的表现力。

梅森每天走走看看，不觉一周的时间悄然滑过。梅森觉得自己这次中国之行收获甚多。这里的山山水水、风土人情都让她感到新奇而兴奋，尤其让她印象深刻的，是哥哥妹妹们流利的英语，一方面消除了她对于言语不通的紧张和忧虑，也帮助她认识到了中国文化的独特风格；但另一方面，他们的英语又和自己所说的英语有着微妙的区别。梅森大概总结了一下，这些区别主要表现为下面三个方面。

中国英语在发音方面的"中国味"。表哥是英语专业的学生，发音已经很规范了，但是他发音的时候还是感觉发音部位靠前，主要用口腔和喉咙发音，声音清晰；而梅森呢，说话时有比较浓重的鼻音，感觉自己是用胸腔发音的，发声比较浑厚。还有语调方面，表哥说英语起伏不大，比较平缓，节奏快慢变化不大；不像梅森，说话语调变化多，起伏比较大，节奏变化也更丰富。他们两个谈论某个话题时，让人感觉梅森说话夸张，情绪生动，表哥平和稳重；但就性格而言，其实梅森更温和安静，这种错觉完全是他们用的英语不同而造成的。

中国英语在语用方面的“创新力”。英语在中国文化语境中使用时,不可避免地需要表达中国特有的事物和体现中国文化内涵,但同时又要遵循英语的构词特点和使用规律,这需要它具有较强的语用创新性和交际功能。比如 the Four Books(四书)、the May Fourth Movement(五四运动)、the Four Modernizations(四个现代化)等。这种现象很好理解,因为在向世界介绍中国文明时,必然会向汉文化和语言靠拢,会导致英语某种程度的本土化,使它能更好地融入中国文化和中国社会。英语本土化是英语与其他语言和文化长期接触交流的产物。在中国本土化了的英语从语音、词汇、语法到语域、话语、风格甚至文学流派等方面都会与“标准英语”有差异。

中国英语在语篇表达方面的独特性。比如表哥在写东西的时候,喜欢引经据典,在用大量人文背景知识做完铺垫之后,才“come to the point”(说到正点上)。汉语语篇模式属于“螺旋式”,语篇结构更注重铺垫、烘托、含蓄、委婉;而英语语篇更像是“直线式”,结构更直接平实。中国英语语篇则带有比较多的汉语语篇的结构特点。

其实,早在1980年葛传槼先生就首次将“中国英语”作为一个正式概念提出。葛先生在指出 Chinese English 和 China English 的区别时认为:“不论在旧中国或新中国,讲或写英语时都有些我国所特有的东西需要表达。”结论是:“所有这些都不是 Chinese English 或 Chinglish,而是 China English。”

正如 Kachru 指出:“英语一旦在某一地区被采用,不论其目的是科学技术、文学还是地位名望,或是现代化,它将会经受一个过程,部分是语言上的再生，部分是文化上的再生。”这种再生过程就是对英语的本土化。从这种意义来讲，中国英语是英语在中国文化土壤中再生的一种变体，它把根系扎在了中国的政治、历史、文化、社会的沃土中，逐渐地枝繁叶茂，彰显着中国本土文化特色，并且在中外文化交流中，发挥不可取代的独特作用。

邂逅汉语

广州大学　许光烈

在意大利,很少见到汉语的痕迹,会说汉语的人不多。许多城市旅游部门或兑换钱币的柜台,有日语服务,甚至有韩语服务,汉语却难觅芳踪。一次打的,司机不懂英语,我们跟司机开玩笑说:parla il cinese?(您会说汉语吗?)司机回答说只有马可·波罗才会说汉语,崇拜之情溢于言表。据说七百多年前威尼斯人马可·波罗远赴中国做过元朝的官,把中国文化带回到意大利来,也把汉语词语带到意大利语中,如在酒桌上敬酒,意大利说 Cincin,人们认为是源于汉语的“请,请”。而 pizza 源于汉语的“饼子”,话说马可·波罗在中国,一日见一位老妇人在做馅饼,就问那是什么,回答是“饼子”,马可·波罗记音就成了 pizza,只是回到意大利后,他忘记了“饼子”的做法,就把馅儿放在面皮的上面,烤制而成 pizza 了——能在意大利语里碰到汉语的痕迹,真是出乎意料。

有人认为这些词是马可·波罗从中国带回意大利的,也有人认为始于利玛窦。除了这些“俗词源学”的研究内容之外,在意大利,生活中很少听到汉语或看到汉字。

可是有一次,我们遭遇了汉语。事情是这样的:我们孔子学院的老师利用各种机会推广汉语,比如在火车上,我们常常会给邻座的意大利旅客讲汉语汉字,一张旧报纸上写出中国古代的象形文字,那效果可谓“满座皆惊”呢,三五个象形字之后,便有人可以猜出其余的字义,汉语常用问候语也是我们称之为“车厢课堂”的主要内容。最有趣的一次,车厢课堂刚刚开课,我邻座一位中年男士竟然开口说出“你好,同志”,真不知道他什么年代从哪里学来的。我们那时很少遇到长着高鼻子的signore(先生)会说汉语,正在讶异与兴奋之际,那男士又悠悠地冒出一句“你好,哥们儿”,周围乘客以敬佩的眼神看着他,我们也热情大增,心想遇见了一个汉语通,可以好好聊聊。可是遗憾得很,那位仁兄仅仅会说那么有限的几句。眼看刚刚高涨起来的热情又跌落下来,觉得有点扫兴。但这毕竟是一次很难得且很有趣的经历,于是很长时间内大家还是用“你好,哥们儿”相互调侃。另一次在帕多瓦街上,我看见前面十几米处一对青年男女,那女子T恤后背上居然印着汉字“我爱你”,我心中狂喜,立即从包里翻出相机准备“立此存照”,可是等我拿出相机,那女子却不见了。后来在一家罗马尼亚人的食品店里发现了目标,我跟踪入室,拍下了那女子的背影。

还有一件事,一句“你好”让我丢了手机。一个夏天,晚饭后,我与张宁老师一起出去散步,走到“先生广场”的天文钟楼附近,有十几个中东青年人在报亭附近闲聊,我当时认为他们是帕多瓦大学的学生,从他们身边走过时,其中一个男青年朝我们说了一句“你好”,作为一个汉语传播者,听到汉语的问候,自然很是高兴,心里想说不定这个人是我们孔子学院的潜在学员呢。我稍停了一下，握了握那青年伸向我的手，他又比画出一个中国功夫的姿势，像开玩笑一样拉了我一下。我当时完全没有在意，走出一两公里才发现兜里的手机不见了。回去寻找，那群人已经没了踪影。

春节期间，广州大学学生艺术团来意大利演出，开出租大巴的是一对兄弟，开朗热情，很快和学生打成一片，尤其是那个哥哥，似乎叫 Dozi，圆墩墩胖乎乎，一脸的憨厚，以极大的热情跟艺术团的学生学习汉语，三天过去了，收效甚微，只学会了一个词"宝贝儿"，于是无论见到谁，Dozi 都大声地喊"宝贝儿"，清晰响亮，字正腔圆，尤其是外国人很难发出的儿化韵，从他嘴里出来那叫个地道，常常引起一片欢笑声。

在我上班的路上，有家蔬菜商店，店里人基本不懂英语，我虽然是那家店里的常客，但是与店主很少交流，靠手势比画买完菜就走。后来慢慢熟了，才发现店主很热情，也很健谈，我便跟他学习那些菜的名字，他呢，不愧是商人，在教我意大利语的同时，也提出要我教他几个中文词，我这还是第一次遇到这样主动学中文的人，便教他"你好""再见""谢谢"，那天我很耐心，他很虚心，起初他总是把"你好"说成"鸟"（意大利语 h 不发音），我反复纠正直至我认为满意为止。可是，隔了一天我再次光顾那家商店时，店主把那三个词忘个精光，于是我依旧耐心，他也依旧虚心，由于有前两天的基础，他很快便"恢复记忆"，见此，我为自己的教学成果暗自得意。谁知又过了几天，当我再次跨进那家店门时，才知道我得意得太早了——那天，我站在门口没说话，等着店主反应，店主见我来，眼睛向上翻着努力回想前几天的那几个词，半天，终于发出问候："鸟！"——我彻底崩溃，只好先说出"你好"，他恍然大悟，回了一句"你好"。他当时的表情像个做错了事的孩子似的，似乎对那一声"鸟"表示抱歉。这次他虚心依旧，我却有点失去了耐心，三个词教了两次，居然还是记不住！朽木不可雕也！我心里想着，又把三个词重复了几遍，便匆匆离开。此后我回国开会，有半个月没有去那家商店。当我返回意大利再去那家店里时，刚进店门，店主居然大大方方地说了句"你好！"并颇为得意地向店里的其他顾客解释是"你好"，不是"鸟"，是cinese（汉语），是"ciao"的意思，并让那顾客跟他学说。那顾客重复了句"你好"，又朝我友好地笑了笑，似乎对这种奇怪的发音感觉很是神秘，会说这个词很有成就感的意思。店主得意异常，我大喜过望。通过店主有限的英语和我有限的意大利语，辅以表情手势，我得知店主对这三个词颇下了一番苦功，他告诉我他十天以前就学会了这几个词，并对我多日不来店里颇感失望，所以今天一见到我便脱口而出"你好"。店主还把三个词又逐一说了一遍，见我满意，他很开心。临走时我们还高高兴兴地互道再见。

现在随着孔子学院工作的进一步开展和意大利华人华侨地位的进一步提高，尤其是意中文化年影响，汉语汉字在意大利出现频率越来越高。意大利现有孔子学院（孔子课堂）11 家，华文媒体如《欧华联合时报》《华人报》《欧洲侨报》《新华时报》多家，新近成立的欧洲华文电视台在意大利也很活跃。也许过不了多久，汉语在意大利将不再难觅芳踪。

坚持目的，固守话题

安庆师范学院文学院　江结宝

美国哲学家、语言学家格赖斯(Grice)早在20世纪60年代提出了一个很有影响的观点，认为在语言交际中，交际双方会自然形成一种默契，自发遵守一种原则，即所谓“合作原则”(Cooperative Principle，简称CP)。这个原则下辖数量准则、质量准则、关联准则、方式准则等4条准则。合作原则影响很大，受到全世界语言学界高度关注，中国学界也纷纷评介、赞许，并借以指导自己的语言研究。

一般情况下，交际双方会维持交际的正常、顺利进行，追求交际目的的实现，从而相互配合。这是合作原则能成立、可接受的最大众化的论证。但是，语言交际绝非完全逻辑化的行为，语言实践中双方并不合作的现象也绝非偶然。

下面是一名护士石英和一位推土机司机郑加农的对话，石英想了解郑加农受伤真相，以确认郑加农其人；郑加农头部受伤，拍了个CT片，他只想尽快了解CT检查结果：

“你叫郑加农?”她(指石英)仔细地观察他。

“你看见了什么？”他（指郑加农）仍是那句话。

“你从什么时候开始头疼的？”她继续关心自己的问题。

“我脑子里是否长了东西？”

“你的头是否受过外伤？”她坚持。

“我什么时候能知道检查结果。”他也坚持。

“因为什么受的外伤？”她顽固地再三问。

“我希望能快点知道结果。”他嘟哝着。

“是在什么地方受的伤？”她不由提高了声音。

“明天我能知道结果么？明天结果会出来吧。”他带着怯懦和讨好的语气央求。

“你还记得受伤时候的情形么？这些年你总是头疼么——从那时一直到现在？”

她的话愈来愈具有令人无法容忍的暗示和强调。同时她也呈现出极度的焦躁和不耐烦——因为总是得不到回答。

“你总是头疼么——从那时一直疼到现在？”她十分激动，几乎喊叫着又重复一遍地问话。

郑加农看着这个怒冲冲的医生（按：其实是护士），旋即脸上露出微笑。他的微笑非常柔和，模糊，带有一些谦卑，他怕所有厉害的医生，怕得罪他们。郑加农问：“那我要等多久呢？”（王朔、魏人《青春无悔》，收入柴效锋编著《晓文也疯狂》136—137页，湖南文艺出版社，1996）

这两个人各自顽固地坚持自己问话方向和意图，以致一场对话进行如此多的来回，谁也没有问到结果。这种现象并不多见，但是它有力地展示出坚持目的而不动摇不妥协的坚定性。

语言交际有很多原则，例如，合作原则、礼貌原则、角色原则、道德原则、安全原则、经济原则、审美原则等等。但是我们认为，人们的语言交际是一种有目的的行为，语言交际活动的一切努力都是为了实现交际目的，因此语言交际最高层次、最根本的原则只有一个，那就是目的原则。目的原则要求语言交际一切从目的出发，为目的服务，最大限度地实现目的。目的原则包含明确准则、至上准则、坚持准则和正当准则。

明确准则要求，对于语言行为的目的，要做到明白、清楚、确定，不模糊、不含混。至上准则要求，把交际目的的实现放在首要的、中心的地位，语言交际的其他原则都要为目的原则服务，语言交际所采取的方式方法、策略技巧等都要有利于目的的实现。坚持准则要求，坚定地坚持语言行为的目的，做到不动摇、不放弃、不更张。上例石英和郑加农他们就在自觉不自觉地遵循目的原则，实施坚持准则。原来，石英曾是军医护士，郑加农也曾在部队。当年，郑加农在身负重伤、脸缠绷带的情况下，因为掩护石英使头部再遭重创，以致最终患上脑瘤。多年后，石英见到郑加农，依稀有点印象，又不敢确认，所以不断追问郑加农受伤情况，顾不上回答郑的问话；郑加农虽然掩护过石英，却没见过她，一直不认识石英，他不想回忆当年的情形，而且急迫地想了解自己的病情，因而无意于回答石英的追问。两人各怀用意，又坚定地坚持，所以演绎出上述特殊的对话。

正当准则要求，目的必须合理、合情、合法，就是不违背事理，不违背道德习惯，不违背法律规范。没有正当准则，目的至上的准则可能导致语言行为的堕落、卑劣和犯罪。正当准则是交际目的的判官，是交际行为的守护神。目的不正当，“成功”的交际也不为人们所称道；目的不正当，所用的策略和技巧也不为人们所欣赏。如：

> 柳尕爸连连缩脖鞠躬，说：“哪儿能呢，哪儿能呢，没有您哪儿来我呀！我跟您算是跟定啦！我这一辈子就信两样东西，一个是毛泽东思想，一个是张小冀思想！”（王蒙《九星灿烂闹桃花》，收入《王蒙文存·一嚏千娇》260页，人民文学出版社，2003）

张小冀是某俱乐部主任，柳尕爸是主任助理。柳尕爸的这番话，对照、夸张等手法新奇，吹牛拍马倒也很有“拍”劲。但是，因为目的不正当，对于其中的策略和技巧，我们并不欣赏，我们只是感到了小人的乖巧。

表达的主观偏向

二十一世纪出版社　凌　云

曹聪孙先生所编《中国俗语选释》(四川教育出版社,1985)中有这样一个书证:“你开口老爷闭口老爷,你也不撒泡尿把自己的影子照照,看配当老爷不配!”(蘧园《负曝闲谈》第三回)这段话颇值得玩味。说话者是想指责对方没有自知之明,调侃他连长相和他期望的角色都不相配,不信瞧瞧自己。要了解自己的相貌,当然要借助于镜子。古代有铜镜,现代有玻璃镜,在河边也可看到自己的倒影。可是,说话者把这些全都撇开,而是选择那种刻薄粗鲁的表达,其作用是“在心理上降低所评论对象的等级”(胡范铸《幽默语言学》,上海社会科学出版社,1990)。一个中性的事物经由说话人陈述时,可人为地赋予或褒或贬的联想意义,带有极强的主观偏向。有一则笑话,说有个财主盖了新房,让仆人请几个人来贺新居,图个吉利。来了四个人。第一个姓趙。财主问:“莫非是‘吉星高照’的‘照’?”对方否定,说是“消灭”的“消”字去掉三点水,再加上一个“逃走”的“走”字。第二个姓常,财主问:“可是‘源远流长’的‘长’?”对方否定,说是“当铺”的“当”字头,下边加个

“吊死鬼”的“吊”字。第三个姓屈。财主问：“先生可是‘高歌一曲颂太平’的‘曲’吗？”对方否认，说是“尸”字底下加一个“出殡”的“出”字。第四个姓姜。财主问：“莫非是‘万寿无疆’的‘疆’？”对方否认，说是“王八”二字倒着写，底下再加个“男盗女娼”的“女”字。财主的话语中处处追求吉利，来客的对话却有意唱反调，大煞风景，徒增晦气。财主与“贺客”的话有着截然相反的主观偏向（李绪鉴《民间禁忌与惰性心理》，科学出版社，1989）。当然，这个例子有笑话特有的讽刺和夸张。笔者还有一个亲历的例子。有人诙谐地问一位姓涂的姑娘是否姓“稀里糊涂”的“涂”，涂姑娘感到这种提问有损自尊，立即加以纠正：是“难得糊涂”的“涂”。其实，从问姓的角度来说，前面的问话并没错，后面的纠正显得多余。问题在于，对话者之间提示姓氏所选用的语料带有明显的主观偏向。通常，言语表达中，同义词中褒义词和贬义词的选择上也都明显带有主观偏向。

在对事物的指称上，往往反映出说写者或被叙述对象的某种主观偏向。如：

> 他是曾经在华山顶上嚼干馍的人，他是曾经在黄河岸边撒尿喝水的人，跟这些个地方比，难道他会特别在意那一块铸成鸡形（或熊形）的金属吗？（李彤《影界新人——张艺谋》，《人民画报》1988年第10期）

上文把金鸡奖和金熊奖的奖杯降格为“金属”，借助于有偏离色彩的指称，巧妙地展现了张艺谋保持本色、淡于名利的精神世界。

英雄人物在紧要关头爱说一句豪言壮语："我这一百多斤豁出去了！"把身体的重量和生命等同并作为生命的代称，有意淡化生命的宝贵，反映出勇士高境界的价值取向和视死如归的豪迈气概。

有主观偏向的指称也可用于嘲讽。如：

> 中国人文化很高，干什么事都要有个名堂。杭州西湖有八景，处处都得仿而效之，凑够八景。风景配上个文雅的名字，无可厚非，是为了增加人们的观赏欲。每一样中国菜为什么也要配上个好名字呢？猫和蛇的尸体烧在一起，美其名曰："龙虎斗"。鸡的尸体再配上一只西红柿，美其名曰："丹凤朝阳"。（白桦《远方有个女儿国》，人民文学出版社，1991）

不说"肉"而改说"尸体"，给人恶心感。这种怪诞的表达，对一些菜肴的徒有其名是辛辣的讽刺。在许多场合，我们发现，批评指责酗酒者时往往把啤酒改称为"马尿"，由此透出对酗酒者的鄙视。

余秋雨在他的《文明的碎片》（春风文艺出版社，1994）的"题叙"中谈及报上读到的一件事情：上海街上一辆公共汽车突然熄火，司机请求乘客"下车推一把帮助发动"，结果，响应者只有一群去春游的小学生，大人却无动于衷。余秋雨痛心地将这种怪现象表述为："一双双稚嫩的小手推动着一群躲在钢板里的表情漠然的大人"。在这里，余秋雨用"钢板"指称公共汽车，是借用"钢"的坚硬暗指那些丧失了"文明前提"的大人们的铁石心肠，从而强有力地表达了作者对于世风日下、道德沦丧的满腔义愤。

比喻产生于本体和喻体之间的匹配关系。为了倾泻作者的某种主观情绪或对所叙述对象予以“降格”的作用，在喻体的选择上也可反映出主观偏向，如：

假珠宝首饰满足了人们的爱美之心，但假的看来总是假的，那么大的钻石一大串，那么粗的金链一大捆，一挂珍珠，颗颗都比慈禧含着去死的那颗大而圆满，配在普通人身上，没人怀疑那不是借来的或是窃的。（楚楚《痛恨做假》，《散文》1993年第11期）

难怪你的脸比别人的屁股还要白。（电视剧《李瓶儿之死》）

出洋好比出痘子，出痧子，非出不可。（钱钟书《围城》81页，人民文学出版社，1981）

人造首饰、白净的脸本无可厚非，出洋留学更应是人们梦寐以求的美事，但由于说写者的特定情绪和认识，特意采用不雅的、不相协调的类比，使之“平庸化”，甚而抹上了滑稽的色彩。这些有主观偏向的表达，反映了楚楚女士对假首饰的极度厌恶，潘金莲发现西门庆奸情后的满肚子醋意，以及方鸿渐对依仗名牌大学压人的曹元朗先生的嫉妒和嘲讽。

从“撒尿牛丸”看地方特色小吃的丑名

中国传媒大学文学院　郑双美

近日，跟朋友去寻觅广院（中国传媒大学）的风味小吃，在星光小吃城A区的一家人气兴旺的土豆粉前驻足停留，正抬眼研究贴在墙上的菜单的时候，“撒尿牛丸土豆粉”赫然出现在了眼前。“撒尿牛丸”，乍一看有点蒙，但是联想起来，记忆中浮现了曾经看过的周星驰电影《食神》，“撒尿牛丸”被周星驰演绎得神乎其神，就像打乒乓球一样，在天空漫天飞舞、芳香四溢。作为一个北方人，对于这种香港特色小吃，并没有机会多见。

后来我才了解到，原来所谓的“撒尿牛丸”就是火锅店里的“贡丸”。鸦片战争的时候，撒尿牛丸流传到国外，英国维多利亚女王大加赞赏，于是把撒尿牛丸御封为“贡丸”。现在很多火锅店、米线店一般都在菜单上写着“贡丸”，而不采用“撒尿牛丸”，或许是后者的名字含有一些难以登大雅之堂的成分。作为一种特色小吃，“撒尿牛丸”确实“名”声不好，当名字中的“撒尿”与食物建立一种联想关系的时候，或许有些令人难以欣然接受。

"撒尿牛丸"的名字来源有两种说法,一种是与制作工艺联系到一起,"撒尿牛丸"是把牛肉泥、虾爬子搅拌一起,再把虾汁熬成冻,包入牛肉中煮熟,而虾爬子在香港就称之撒尿虾,故得此名。另有一说是,根据丸子的自身特点,丸中带汤,吃时一咬汤汁四溅,形象比喻叫撒尿牛丸。无论是哪一种名字的起源,这么多年来,撒尿牛丸已经深入人心,从港式的小吃已经变成了中国乃至世界都垂涎欲滴的小吃。然"贡丸"已经作为"撒尿牛丸"的候补名字之一进行使用,然而,在这种小吃最初流行的时候,"撒尿牛丸"却是最原始的名字。

其实,地方特色小吃以其丑名和怪名流传,"撒尿牛丸"并不是个例。例如,平山的风味小吃"油鬼",作为一种油炸食品,名字的起源却是意为油炸秦桧。产生之初,厨师将"油鬼"比作奸臣秦桧,中间折叠而炸,炸熟后呈跪状,是一种表达对奸臣痛恨的方式。虽然名字中有中国人忌讳的"鬼"字,却因为其特殊的名号,逐渐定名下来,并且流传至今。

提起中国人的忌讳,那么最与中国人的忌讳相冲突的小吃就是中国台湾省小吃"棺材板"。"棺材板"的前身是用西式酥盒加上鸡肝等中式配料做成的。据说这道菜肴最早名为"鸡肝板"。后来发明者许六一因为其形状与石板棺相似,于是这个有点耸人听闻的名号"棺材板"便取代了鸡肝板的称号。当然,近些年来,有些店家为求吉利,也将"棺材板"改称为官财板。同音不同字,晦气就变成祝福。

又如,广西博白风味小吃"落水狗",是一种做法跟饺子相仿、体积要比饺子大好几倍的食物。据说,"落水狗"的命名,意为"落水狗"的糯香令人产生贴心的温暖、饱实的感觉,犹如"痛打落水狗"一般畅快自然。灰心丧气的"落水狗"与中国传统追求的好运冲突了,但是却因为其形象描述了食用过程给人带来的感觉,于是渐渐定名下来,并且渐渐深入人心。

北京小吃中的古老品种之一"驴打滚",是一种豆面糕,是在两百多年前从满族人喜爱的黏食中演变出来的一种大众化小吃。其命名与制作工艺紧密联系,制得后放在黄豆面中滚一下,如郊野真驴打滚,扬起灰尘一般,故而得名"驴打滚"。

江浙特色菜"叫化鸡"也同样来自于制作工艺,据说,一个叫化子偶然得来一只鸡,可既无炊具,又没调料,于是他来到虞山脚下,将鸡杀了带毛涂上黄泥、柴草,把涂好的鸡置火中煨烤,待泥干鸡熟,剥去泥壳,鸡毛也随泥壳脱去,露出了鸡肉,这种做法经过后来的去粗取精,逐渐成为一道佳肴,而这道菜也得名"叫化鸡",沿用至今。

又如,天津著名小吃"狗不理"包子,其命名的缘由是做包子的小伙计有个"狗不理"的绰号。这个小伙计做的包子好吃,后来他自己用攒的钱开了一家包子铺,"狗不理"就名声在外,甚至和他的这个不雅的绰号一起,沿用至今。

值得一提的,与"狗不理"包子相对应的是,天津的著名食品"猫不闻"饺子,这一品牌的模仿痕迹非常明显,就是1996年以模仿狗不理的名称创建的品牌。"猫不闻"饺子的诞生,有很多问题值得深思。如果说中国民间小吃是以丑名误打误撞成为流传至今的名品佳肴,那么在新时期的我们,为什么不选择一个高雅的名字去建立一个品牌呢?这就说明,中国特色小吃的丑名背后,有一种独特的魅力。

首先,孔子曾经在几千年前就说过:“君子远庖厨。”中国的民间特色小吃也主要是来自于民间,少了文人的出口成章,少了雅士的高雅格调,少了乡绅的字正腔圆,更多的是老百姓的生活和语言。所以,中国食物彰显的都是民间文化,中国老百姓是最富有想象力的群体,简单的一道小吃,可以因为其独特的制作工艺而演绎成“撒尿牛丸”“驴打滚”等,可以因为其制作者而演绎成“狗不理”“叫化鸡”等,也可因为其寄予的感情而演绎成“炸鬼”等。

其次,中国人总有“傻人有傻福”的信仰。所以,以前的农村习俗中,在给孩子取名字的时候,总取例如“狗剩子”“二愣子”“栓柱子”等小名,寄予着土名字好养活的美好期望。这种习俗逐渐也扩展到小吃的名字命名上,土名字却能够获得更大的亲和力,很多商家例如“猫不闻”饺子,在品牌成立之初,也是寄予着品牌能够长盛不衰的美好愿望,所以这个土名字就有了由来。

最后,我认为,人都有一种好奇的心理基础,从心理学角度说,反其道而行之,常常能获得比正面行动更加有效果的结果。今天的特色小吃,在中国几千年来的吃文化中能够屹立不动,必然击败了很多淘汰品,而这些丑名小吃能够流传至今,不能与其丑名完全没有关系。从食客的角度,名字上的不雅和难听,在心理上造成了一种期待和猜疑,在尝试过后,经过口耳相传,也就逐渐奠定了今天特色小吃的地位。

前一阵子,青海名小吃“狗浇尿”被人冠之为名字不雅而被要求改名的事件在网上引起了巨大的争议。反对声势浩大,认为改名会失去了原有的寓意和魅力。我觉得,一方面,民间小吃来源于民间的俗文化。

任何一种文化的进程都是由粗俗而文雅，由民间而大雅之堂。对小吃的丑名进行美化，例如“撒尿牛丸”更名为“贡丸”，是一种文化的自我选择。另一方面，我们却也不能忽视小吃的丑名的背后的丰富内涵和魅力，中国的语言本来就是丰富多彩的，如果老百姓每天都用国家发言人的语体风格说话，那么就失去了语言的乐趣。

梁启超别样的婚礼致辞

安庆师范学院文学院　江结宝

徐志摩是梁启超的学生，是梁启超最得意、最心爱的学生。1926 年 10 月 3 日，在徐志摩和陆小曼的结婚典礼上，梁启超作为证婚人致辞，他说：

> 徐志摩，你这个人性情浮躁，所以在学问方面没有成就，你这个人用情不专，以致离婚再娶……以后务要痛改前非，重新做人！你们都是离过婚，重又结婚的，都是用情不专，以后要痛自悔悟……祝你们这次是最后的一次结婚！……（刘心皇《徐志摩和陆小曼》111 页，花城出版社，1987）

引文中省略号原文就有。梁启超的训斥之词，凡写徐志摩和陆小曼的书都有记录，但文字不尽相同。

这哪里是新婚致辞，简直是骂人，是痛骂，是辱骂，出乎所有人的意外！事后梁启超自己也说："我在礼堂演说一篇训词，大大教训一番，新人及满堂宾客无不失色，此恐是中外古今所未闻之婚礼矣。"（同上 112 页）

修辞学是研究语言表达的学问，一切有意义的语言表达包括上述梁启超的致辞都是修辞活动。关于修辞活动学者们提出了种种原则,其中语境原则,倡导最响,应者最广,影响最大,同实践联系最紧。陈望道说:“修辞以适应题旨情境为第一义。”(陈望道《修辞学发凡》11页,上海教育出版社,2001年)吕叔湘说修辞“好比穿衣服,人体有高矮肥瘦,衣服要称身;季节有春夏秋冬,衣服要当令;男女老少,衣服的材料花色不尽相同。总之是各有所宜。修辞就是讲究这个‘各尽所宜’”。(吕叔湘《漫谈语法研究》,《中国语文》1978年第1期)这说的都是语境原则,即修辞要遵循语境的要求,其效果的好和坏,要结合语境来评判。如,抑扬顿挫、慷慨激昂的语调是好是坏?是美是丑?有求于人,应对长者时,这样的语调不好;追悼亡人,凭吊亡人这样的语调便是丑!痛斥阴谋丑恶,这样就好;宣传鼓动,这样就美!再如:重复不好,简洁才好。但给中小学生讲课,乃至给大学生讲课,必要的重复是好的美的,尤其是重点内容。“和蔼的常常微笑的刘和珍”,这样的话在《记念刘和珍君》中,鲁迅便写了四次,强调刘和珍的善良和可爱,反衬反动派的凶残和下劣。“真的,我真傻”,遭受厄运的祥林嫂反复地啰唆着这两句,是作者叫她啰唆的。没有这啰唆,不足以揭示人物的心中之苦;没有这啰唆,不足以表现人物精神濒临崩溃的事实。

但是,语境原则并非唯一的、绝对的。

根据语境原则要求,悲痛气氛下不能谈论愉悦的话题,欢乐气氛下要回避不愉快事情。结婚典礼,场合喜庆,气氛欢乐,话题要轻松,态度要热诚,送上由衷的祝福,表达殷切的期盼,创造喜悦欢快的氛围,让新人甜蜜滋润,宾客喜气洋洋。但是,梁启超却一反常规,“大骂出口”!

为什么会这样？如果是平庸之辈或异样之人，我们或许会说，那是浅薄无知，那是桀骜刁狂，那是神经兮兮等等。梁启超可谓一代大师、一代伟人，他的违反常规，绝非一时失误，一定有某种因由。事实真的如此。就在致辞的第二天，梁启超在给女儿梁令娴的信中写有这样一段文字：

> 徐志摩这个人其实很聪明，我爱他，不过此次看他陷于灭顶，还想救他出来，我也有一番苦心，老朋友们对于他这番举动（按：指与前妻离异而与陆小曼结合）无不深恶痛绝，我想他若从此见摈于社会，固然自作自受，无可怨恨，但觉得这个人太可惜了，或者竟弄到自杀。我又看着他找这样一个人做伴侣，怕他将来痛苦无限，所以对于那个人当头一棒，盼望她能有所觉悟，免得将来把志摩弄死，但恐不过是我极痴的婆心便了。（同上，112 页）

原来，梁启超像当时社会上大多数人士一样，反对徐陆结合，他认为陆小曼"不道德之极"，怕她将来可能伤及他最心爱的学生。所以，他借着致辞的机会，警告陆小曼，保护徐志摩。

语言表达总是有其目的，修辞活动的一切努力都是为着最大限度地实现其目的，主张遵循语境原则，也是为着更好地实现目的。如果语境原则有碍于目的的实现，那么突破语境原则的制约，也就顺理成章了。梁启超的违反常规，正是这种顺理成章的表现。

说“袖”

中国传媒大学文学院　刘　佳

千古文人佳客梦，便是红袖添香夜读书。红袖添香，是古典中国一个隽永的永恒意象。中国最早的专门解释语源的著作《释名》中就有了“袖”字的解释：“袖，由也，手所出入也。”意思就是说手经由袖子出入，所以成为袖。

袖，本义是衣袖、袖子。古代的袖子较长，垂臂时手可以不露出来，所以在古代的文学作品中常提到“长袖”。如《韩非子·五蠹》：“长袖善舞，多钱善贾。信哉，是言也。”“修”在古代汉语中因有修长的意思，所以又称“修袖”。曹植《洛神赋》：“扬轻袿之绮靡，翳修袖以延伫。”现代汉语中仍沿用“长袖”一词来指代舞女。古代的袖子不但长，而且宽大，所以又称“广袖”。毛泽东同志的《蝶恋花·答李淑一》中就有“寂寞嫦娥舒广袖”。然而宽大的袖子并非只是跳舞时穿的，《后汉书·马廖传》中就记载着东汉时期西京长安流行的一首民谣：“城中好高髻，四方高一尺。城中好广眉，四方且半额。城中好高袖，四方用匹帛。”意思是说京城里流行什么，地方上就流行什么。一匹有多长呢？四丈为匹。

用四丈长的布帛作袖子，固然有些夸张，但至少说明当时追求袖子宽大修长是一种社会时尚。古代文学作品中的奋袖、振袖、挥袖、拂袖等记叙，也都是由于袖子长。按《周礼》的规定，大夫以上的人所穿衣服的袖子要比士以下的人宽大，所以宽大的袖子就象征着富有、权力和地位。

以上还都是出于审美的需要，除此之外，古人宽大的袖子还有不小的实用价值。中国古代的衣服上没有口袋，随身携带的物品无处存放，宽大的袖子正好起了口袋的作用。“袖”在古代汉语中有动词的用法，表示将物品藏于袖中，这个含义就来源于袖中放东西的习俗。《史记·信陵君列传》写信陵君窃符救赵去接管晋鄙的军队，晋鄙不从，于是朱亥“袖四十斤铁椎，椎杀晋鄙”。这个意思很明白，朱亥在袖子里藏了四十斤重的铁锤打死了晋鄙。在当时四十斤约合现在的十公斤。把十公斤的铁锤藏在袖子里，袖子的宽大程度就可想而知了。到了现代汉语中我们还常说“袖手旁观”。

当然这仅仅是个个案，袖子毕竟不宜藏放重的东西，通常都是小巧的东西，如手帕、扇子之类。东汉班婕妤的《怨歌行》诗中唱到：“新裂齐纨素，皎洁如霜雪。裁成合欢扇，团团似明月。出入君怀袖，动摇微风发。”“出入君怀袖”就是将团扇从袖子中拿出来的意思。我们平时看《红楼梦》《西厢记》等古典文学作品，就会注意到遗失扇坠、手帕、香囊是司空见惯的情节。我们也可以从一些影视作品中看到人们将小件物品放入袖子的镜头。由于袖中所藏多为小巧之物，所以我们今天将但凡小巧的物品统称为“袖珍”。

由于衣袖是暗中藏物之处，所以人们把暗中采取的玄妙计谋称为

"袖里玄机",这跟"锦囊妙计"有异曲同工之妙。看过《聊斋志异》的人都知道里面有个"袖里乾坤"的故事,说有位尚秀才与歌女惠歌情意缠绵,后来惠歌被鲁王召入府中,二人无缘相会。巩道士为玉成此事,便让二人在他袖中相会,袖子里应有尽有。后来就用"袖里乾坤"比喻变化无穷的幻术。而这些想象的情节正是来自袖里藏物的现实习俗。

此外,还有一个与袖有关的广为流传的文化典故。《汉书·佞幸传》记载,董贤以仪貌受到汉哀帝的宠幸,"常与上卧起。尝昼寝偏藉上袖,上欲起,贤未觉,不欲动贤,乃断而起。"袖被压但仍可剪断,可见其长。从此,中国传统文化中便将男同性恋者称作"断袖",并一直沿用到了今天。

另外,袖子又叫"袂"(mèi)。唐代白居易的《长恨歌》:"风吹仙袂飘飖举,犹似霓裳羽衣舞。"《礼记·深衣》:"袂之长短,反诎及肘。"这就是说,袖子的长短标准是从手部向上反折,要达到肘部,也就是袖长是臂长的一点五倍。但这是"法定"的长度,在现实的生活中未必如此严格。因为"袂"与"袖"同义,所以也就和"袖"一样,有长袂、修袂、广袂、奋袂、振袂、挥袂等。

楹联世界的奇葩

——“此木为柴山山出，……”

安徽大学中文系　郑　勇

在数十年前，我国的湖南省一带的地摊上能随便买到一本书，它就是木刻本的《要谈经》。这本书上记载着这样一副绝妙的对联“此木为柴山山出，因火成烟夕夕多”，关于这则楹联的由来蕴藏着这样一则典故。传说，清代著名文学家郑板桥在自己的闲暇时间喜欢到当地的茶楼喝早茶。有一天，他像往常一样，去一家茶楼喝早茶。当他走到城门口时，当天出城的人很多，所以郑板桥也被挤得像沙丁鱼一样，艰难地向前挪动着步子。这时一个进城卖柴的樵夫也匆忙地冲进了人流当中，他挑的柴担刮破了郑板桥的长衫。樵夫感到十分不好意思，就赶紧放下肩上的柴担连忙向郑板桥道歉，这时他感受到了郑板桥的儒雅之气，断定他是个有学问的人，就笑着说：“这位先生，我有一首上联，您若能对出下联，我就赔一件新的长衫给您，您觉得怎么样？”郑板桥心里想，吟诗作赋正是自己的专长，一个樵夫还能难倒自己吗？于是就爽快地答应了。

于是,这位樵夫指着自己打来的木柴说出了上联:“此木为柴山山出,请问,先生下联是什么?”这个对联乍听起来不难,但实际上绝妙无穷。这是一个叠字联,充分运用了拆字手法,“此”和“木”合成起来就成了“柴”,两个“山”上下放在一起就是“出”。郑板桥苦思冥想始终想不出下联,他只好向樵夫认输,无奈地挥挥手让他走了。

郑板桥只好迈着沉重的步伐走进了茶楼,他不甘于自己失败的结果,坐在茶馆里苦苦地思索了一天,但始终也想不出下联来。眼看已到黄昏,茶馆就要关门了,他不走也不行了。于是,他站起身来往窗外一看,映入眼帘的是一派美丽祥和的景色。西边天空的落日为人们奉献着自己一天当中的最后一点余晖,傍晚间的残霞被渲染得绚丽多姿。此时,村里的家家户户正在做晚饭,一户户人家的房顶上升起了缭绕的炊烟,堪称天人合一的和谐美景。郑板桥在感叹这黄昏时分的绚丽景色的同时,触景生情,脑海里闪现出智慧的火花,瞬即对出了下联:“因火成烟夕夕多”。

“此木为柴山山出,因火成烟夕夕多”是一首拆字的巧对,也是华夏楹联世界当中的一朵奇葩。它已不仅仅是一个文字游戏,更折射出了我们汉语言文字无穷变化的创造力。作为一种历史悠久的语言,汉语是富于变化的交际工具。比方说,“太师”这个词意思是“古代的一种官职”,调换词序过后成为“师太”,使我们脑海当中浮想起武侠小说当中的经典形象“灭绝师太”,上字重叠就变成了“太太”,下字重叠则变成了“师师”,可以作为人的称谓,也很容易让我们联想到古代的名媛“李师师”。

“此木为柴山山出,因火成烟夕夕多”是我们汉语言文字无穷魅力的缩影。随着岁月的变迁，人类社会已进入到了全球经济文化一体化的时代，全球孔子学院的数量正在逐年攀升，海外国家的人民学习汉语的热情也是有增无减。在传播汉语的同时，我们应当注重挖掘这种语言文字背后的创新点，彰显汉语的独特魅力，促进汉语进一步走向世界。

惠施不打弹弓

贵州省毕节市城市综合执法大队　李兴春

惠施是春秋战国时期诸子百家中名家的代表人物,在他身上也有先秦诸子的一个共同特点:善譬,即擅长打比方,甚至到了不打比方话就说不下去的地步。汉代刘向《说苑·善说》记载:

> 客谓梁王曰:"惠子之言事也,善譬。王使无譬,则不能言矣。"王曰:"诺。"明日见谓惠子曰:"愿先生言事,则直言耳,无譬也。"惠子曰:"今有人于此而不知弹(弹弓)者,曰:'弹之状何若?'应曰:'弹之状如弹',则谕乎?"王曰:"未谕也。""于是更应曰:'弹之状如弓,而以竹为弦',则知乎?"王曰:"可知矣。"惠子曰:"夫说者,固以其所知谕其所不知,而使人知之。今王曰无譬,则不可矣。"王曰:"善。"

梁王显然知道什么是弓,什么是竹,所以他没有再追问下去。但假如我们不知道什么是弓,什么是竹,可以代梁王追问:"弓之状何若?"惠施也许还能答:"弓之状如半月。"再问:"半月之状何若?"……一直追问下去,反正不管惠施怎么回答,都揪着他用来打比方的物体问到底,惠施就会陷入鸡生蛋蛋生鸡的怪圈,哪怕“遍为万物说。说而不休,多而无已”(战国宋国庄周《庄子·杂篇·天下》),最后都要归结到“天与地卑,山与泽平”(同上),使万物毕同,避免不了还是要犯“弹之状如弹”的循环定义的逻辑错误。

名家好为名实之辩,他们其实已经提供了避免这种逻辑错误的方案:循名责实,按实定名。惠施这个时候只要拿来一张弹弓,放在梁王面前;甚而拉开弹弓,打出弹丸,亲自做个演示,那么,他就算完美地回答了弹弓形状的问题而又不犯逻辑错误。所以名家之祖邓析说:“循名责实,实之极也;按实定名,名之极也。”(春秋郑国邓析《邓析子·转辞篇》)对弹弓形状的定义或说明,这就到了尽头了。

定义一个物体,一般不外以下三种:属加种差的定义,枚举的定义和隐定义。惠施的譬喻属于隐定义,用一个东西来比喻另一个东西,即墨子说的“举他物而以明之”(战国鲁国墨翟《墨经·小取》)。但即使遍历天下万物来打比方,最后的那个“喻体”都有待定义说明。这个喻体仿佛莱布尼茨充足理由律的“最充足理由”。为了说明这个最充足理由,就得用动作代替语言,于是有了第四种不大为人所知的定义:操作定义。操作者,非一般操作,而是美国物理学家布里奇曼倡导的操作主义的操作也。

一切科学起源于操作定义,“不能被测量的东西不能成为科学的对象”(法国数学家、哲学家彭加勒《最后的沉思》,李醒民译,商务印书馆1996年12月第1版,22页),观察、采集、实验、测量等都是操作,命名、指称、譬喻、借代则不是操作。中国传统思想文化最缺乏的就是这样的操作性，而于命名譬喻的技艺则蔚为大观，能为同一事物赋予五花八门林林总总的异名别称，就连称呼一个人，也是名以正体，字以表德，然后可称官名、爵名、小名、诨名，可称雅号、绰号、别号、年号、庙号、谥号、斋名堂号，可称籍贯、郡望和做官之地，甚至还有"只准州官放火，不许百姓点灯"的多种忌讳，反正就不愿简单省事直呼其名，西方社会儿子大喊父亲"杰克""约翰"的事在中国是不可想象的。

彭加勒还有言："数学是把同一名称给予不同事物的艺术"（彭加勒《科学与方法》，李醒民译，辽宁教育出版社2001年2月第1版，16页），其实整个科学亦然。而文学是把不同名称给予同一事物的艺术，中国传统思想文化本质上似乎都是文学，中华文明多文采文饰而少发现发明，所以中国有堂皇的典章礼仪和辉煌的文学艺术，满口道德文章，下笔辞赋连珠，但"多言繁称，连类比物，则见以为虚而无用"（战国韩非《韩非子·难言》），总是像不打弹弓的惠施。

有资料称，爱斯基摩人关于"雪"的词汇有几十种，美国人类学家康克林在菲律宾进行调研，发现当地哈努诺族土著语中给植物分类的单位就有1800种，比西方现代植物学分类还多500种。但近现代科学仍然肇端发源并兴盛于西方，而非爱斯基摩人和菲律宾的哈努诺族土著。

逞口舌之雄，遭杀身之祸

安庆师范学院文学院　江结宝

东汉末年，名士许攸年轻时入仕，和曹操、袁绍同为好友。董卓乱政时，追随袁绍到冀州，任帐前谋士。官渡战役中，投奔曹操，出谋划策，倒戈伐袁。据《三国演义》记述，许攸为曹操所献计策有二：一是建议在粮草紧缺之际，火烧袁绍粮草老窝乌巢；二是围困冀州之时，建议决漳河水破之。许攸虽聪颖有谋，但轻浮骄狂，居功自傲，言语恣肆而终致杀身祸殃。请看：

却说曹操统领众将入冀州城，将入城门，许攸纵马近前，以鞭指城门而呼操曰："阿瞒，汝不得我，安得入此门？"操大笑。众将闻言，俱怀不平。

……

一日，许褚走马入东门，正迎许攸。攸唤褚曰："汝等无我，安能出入此门乎？"褚怒曰："吾等千生万死，身冒血战，夺得城池，汝安敢夸口！"攸骂曰："汝等皆匹夫耳，何足道哉！"褚大怒，拔剑杀攸，提头来见曹操，说许攸如此无礼，"某杀之矣"。操曰："子远与

吾旧交,故相戏耳,何故杀之!"深责许褚,令厚葬许攸。(《三国演义》第三十三回)

关于许攸,《三国志·魏书·崔琰传》裴松之注引《魏略》说:

攸字子远,少与袁绍及太祖善。初平中随绍在冀州,尝在坐席言义。官渡之役,谏绍勿与太祖相攻。绍自以强盛,必欲极其兵势。攸知不可为谋,乃亡诣太祖。绍破走,及后得冀州,攸有功焉。攸自恃勋劳,时与太祖相戏,每在席,不自限齐,至呼太祖小字,曰:"某甲,卿不得我,不得冀州也。"太祖笑曰:"汝言是也。"然内嫌之。其后从行出邺东门,顾谓左右曰:"此家非得我,则不得出此门也。"人有白者,遂见收之。

《魏略》所述与《三国演义》有异,许攸并非死于许褚之剑,乃是被曹操处决。但究其原因却是一致的:为人轻狂,说话恣肆。

许攸之死,实属冤枉,但从语言交际安全准则视之,许攸确乃自取其咎。

"安全准则要求言语信息对于交际主体、交际对象,对于他人、集体、社会和民族不可造成侵害和损失,不得带来威胁和危机。"(江结宝《言语交际论稿》248页,线装书局,2007)违反安全准则,就会对方方面面包括话语主体本人造成损失、伤害、威胁或危机。

落实安全准则,从策略上说,主要是树立安全意识和责任意识;从方式上说,主要是"慎言"。要有对自己、对他人、对集体、对社会、对民族高度负责的精神。在话语构建时,应该遵守法律法规,恪守道德规范。

日常交际中，不要飞短流长，搬弄是非，造谣惑众；不要脏话辱人，恶语伤人；不要揭人隐私，侵犯他人名誉权；不要恃才傲物，轻薄他人；不要……慎言，就是谨慎自己的用语，对于话语要有责任感，要追求话语的积极效果，和谐人际关系，造福社会，造福他人，造福自己。许攸缺乏安全意识，出言不慎，逞口舌之雄，招致杀身之祸，实在可悲可叹。

逞口舌之雄，图一时之快，表现出性格上的严重缺陷。轻狂、自负、冒失，表明许攸性格基质的不良。性格基质欠佳，如果能够有效把握，调控好性格的“释放度”，可以一定程度弥补基质缺陷。如果基质欠佳，又把握不住，恣肆放任，那么无事生非或者酿成祸殃，当是必然的结果。文学创作中说“性格决定命运”，其实现实生活和历史事实同样表明性格同命运的因果关系，具体讲来应该是：性格决定用语，用语决定命运。所以，每一个人恐怕都要好好认识一下自己的性格，检讨一下自己的性格，努力改善性格基质，把握好性格的“释放度”，使之对语言交际产生正面的积极的影响。

语言中的游戏乐趣——藏头诗

安徽大学中文系　杨　柳

在中国传统诗歌中，有一类千姿百态的格律诗叫奇体诗，乍一看，很多人会觉得它们与其他格律诗并没有什么区别，但是只要仔细揣摩，可以发现其中可是蕴涵着无穷乐趣呢！

奇体诗，又称杂诗、杂体诗，包括很多种，比如回文诗、顶针诗、离合诗、数字诗、宝塔诗、诙谐诗、藏头诗等等。例如大家比较熟悉的数字诗，宋朝邵雍的《乡村》："一去二三里，烟村四五家，亭台六七座，八九十枝花。"今天我们要来说的是藏头诗。

藏头诗，又叫藏头格，它有三种形式：一种是最后一联才点明主题，明朝梁桥（字公济，号冰川子）所撰《冰川诗式几》有："藏头格，首联与中二联六句皆具言所离之景与情，而不言题意，至结联方说题之意，是谓藏头。"二是将一行诗开头一字暗藏于上一行末字之中。三是将所讲之意分别藏在每句的开头。现在比较常见的是第三种，即每句首字连在一起，表达出的却是另一个意思。

为大家所熟知的藏头诗，比如《水浒传》中吴用巧计逼卢俊义上梁山的那一首。卢俊义虽然仗义疏财、乐善好施，但是满脑子忠君思想，宋江欲邀其上山不得其法。吴用就利用卢俊义急于避祸的心理，扮作算命先生来到卢府，让卢俊义亲自将四句诗写在墙上，也就是："芦花滩上有扁舟，俊杰黄昏独自游，义士手提三尺剑，反时须斩逆臣头。"这首诗取每句首字连起来就是"卢俊义反"，这才终于把卢俊义请上了梁山。

藏头诗还当过戏曲《望江亭》中谭记儿与白世中二人的"红娘"。年轻貌美的谭记儿与才华横溢的白世中二人互有情意，但是苦于没有表达的机会。有一次，为了表达自己的感情，谭记儿当着白世中的面写了这样一首诗："愿把春情寄落花，随风冉冉到天涯；君能识破风兮句，去妇当归卖酒家。"白世中看后大喜不已，因为他看出了这是一首藏头诗，诗中暗语："愿随君去"。当下，白世中作诗回应："当炉卓女艳如花，不负琴心未有涯；负却今宵花底约，卿须怜我尚无家。"这就是白世中的回答："当不负卿"。就这样，通过这委婉简单的两首藏头诗，两个真心相爱的人走到了一起。

大文豪苏东坡有一首"人多不晓其意"的《减字木兰花》。词云："郑庄好客，容我尊前时堕帻。落笔生风，籍甚声名独我公。高山白早，莹雪肌肤那解老。从此南徐，良夜清风月满湖。"这就要说到苏东坡途经京口遇到的事情。官妓郑容、高莹就脱籍之事求助苏东坡，苏东坡在临走之时留下了这首词，连起来即为"郑容落籍，高莹从良"。

这种汉语汉字特有的方式，既有正意也有乐趣，含蓄委婉，言在此而意在彼，真是应了那句"横看成岭侧成峰，远近高低各不同"。不知情的人看了，摸不着头脑；知情人看了，一目了然。

可不要小看这藏头诗，想要把它写好，那也是不简单的一件事！最起码要注意韵脚的押韵和平仄。虽然藏头诗的重点在于每句的首字，可是本身也要是一首好诗，这才算得上一首好的藏头诗。写藏头诗对于学生扩大词汇量和训练头脑灵活度也大有好处。中国民间文艺家协会副主席、北京民间文艺家协会主席赵书认为："藏头诗是我国特有的文化现象，作为一种民间文化遗产，应该渗透在对小学生的教育中，这样才能得以传承。"（《"藏头诗传承"小题大做?》，《东方早报》2005 年 4 月 7 日）

现代也有很多人不断写作藏头诗来表情传意，希望中国语言的这种乐趣，可以一代一代传下去！

“五”“五行”对汉语的影响

中国社会科学院语言研究所　韩敬体

数字“五”与“一、二、三”一样，是语言中的基本数字，也是婴幼儿最先接触的数字。一般说，婴儿两三个月就会看自己的小手了。一个人有一个头、一个鼻子、一张嘴，两个耳朵、两只眼睛、两条胳膊、两只手、两条腿、两只脚，一只手有5个指头，一只脚也有5个趾头。这也就是婴幼儿最早接触、意会、习得的数字。由于五是一个基本数字，因此，它的用途很多，由它构成或引领的词语也相当多。我国古代最早的军队编制的最基层的单位就是由五个人组成的“伍”。我国较早的一种朴素唯物主义的哲学思想“五行”，就是由数字五引领的。

2000年逝世的、北京大学一位著名教授，名叫金克木。他与季羡林、张中行、邓广铭一起被尊为“燕园四老”。他博古通今，学贯中西，在北大东方语言文学系任教半个多世纪，学术研究涉及诸多领域，为我国学术事业做出了突出贡献。为什么他名叫金克木？另外，有个明朝皇帝取名字的故事，明朝皇帝，从第二代起，名字的后一个字为什么都要依次用木、火、土、金、水作偏旁的字，而且循环往复？这些正与“五行”有直接关系。

五行指水、火、木、金、土。五行学说是中国古代的一种哲学观念，认为五行是构成宇宙的基本物质元素，宇宙万物都是由木火土金水五种基本物质的运行（运动）和变化所构成的。随着这五个要素的变化及相互影响，大自然就会产生变化，宇宙万物都会变化发展、循环往复。五行学说，被广泛地应用于政治、中医学和占卜等许多方面。五行之间存在着的关系就是相生相克：

五行相生：金生水、水生木、木生火、火生土、土生金。

五行相克：金克木、木克土、土克水、水克火、火克金。

相生，是使之生长的意思，表示生成化育；相克，就是一方反对、制衡另一方的意思。从这里我们就能知道金克木名字由五行相克而来。而明朝皇帝的名字，则由五行相生而来。明朝开国皇帝朱元璋有26个儿子，其中有24个先后封王，由于子孙众多，怕起名字有重复的现象，于是他规定从孙子一辈起一律用双名（两个字的名字），前一字为辈分用字。他还给各个儿子确定了20代的子孙辈分用字，由于他深受五行观念的影响，所以又规定子孙名字的后面一个用字必须以五行字作偏旁，依据木—火—土—金—水相生顺序排列，周而复始。明朝皇族严格按照朱元璋规定的排辈字加另一个按五行偏旁的字取名。朱元璋的儿子一辈全部为单名，名字以木为偏旁，如太子朱标、四子朱棣。由于朱标早死，1398年朱元璋病死，由皇太孙朱允炆继位，炆为火字旁。朱允炆应该再传位给名字第二字为土字旁的儿子。只是，朱元璋的四子燕王朱棣，也是朱允炆的四叔发动了四年的靖难之役，取代了朱允炆当上皇帝。朱棣的名字棣也是木字旁。朱棣传给儿子朱高炽（后一字火字旁）。下面是朱瞻基（土字底）—朱祁镇、朱祈钰（金字旁）—朱见深（水字旁）；然后，再进行一个轮回，传位给朱祐樘（木字旁）—朱厚照、朱厚熜（火字旁）—朱载垕（土字底）—朱翊钧（金字旁）—朱常洛（水字旁），再进行一轮，传位给朱由校、朱由检（木字旁）。

由于受五行影响，中医、地理、音乐等不少方面都有将有关事物、现象按其属性、形态分别归纳为五大类的说法。比如：五脏（肝心脾肺肾）、五体（筋脉肉皮骨）、五神（魂神意魄志）、五窍（目舌口鼻耳）、五音（角徵宫商羽）、五色（青赤黄白黑）、五味（酸苦甘辛咸）、五液（泪汗涎涕唾）、五声（呼笑歌哭呻）、五方（东南中西北）、五谷（麻麦稷稻豆）、五菜（韭薤葵葱藿）、五果（李杏枣桃栗）、五畜（鸡羊牛犬猪）、五时（春夏长夏秋冬）、五常（天）（风热湿燥寒）、五化（生长化收藏）、五毒（蛇蝎蜈蚣壁虎蟾蜍）。此外，还有不少这类词，如：五彩、五帝、五更、五官、五荤、五金、五经、五伦、五香、五刑、五岳、五服、五禽、五洲，等等。还有不少由数字五与其他词组成的四字格，如：五大三粗、五光十色、五行八作、五湖四海、五黄六月、五冬六夏、五花八门、五花大绑、五讲四美、五劳七伤、五体投地、五颜六色、五脏六腑、五洲四海，等等。总之，数字五及古代的五行观念，给汉语词语孳乳带来不小的冲击，丰富了词汇，增强了表达力量。

五花八门的亲戚称谓

中国社会科学院语言研究所　韩敬体

一位高中一年级同学给父亲的堂哥写信，称呼他为叔叔，称他的夫人为阿姨，称他的女儿为表妹，简直是大乱其套，街坊邻居无不引为笑料。

小说《红楼梦》第二十回写贾宝玉和林黛玉、薛宝钗的关系，宝玉见黛玉生气，去劝她，对她悄悄地说道："你这么个明白人，难道连'亲不隔疏，后不僭先'也不知道？我虽糊涂，却明白这两句话。头一件，咱们是姑舅姊妹，宝姐姐是两姨姊妹，论亲戚，他比你疏。第二件，你先来，咱们两个一桌吃，一床睡，长的这么大了，他是才来的，岂有个为他疏你的？"林黛玉啐道："我难道为叫你疏他？我成了个什么人了呢！我为的是我的心。"林黛玉、薛宝钗跟贾宝玉都是中表关系，一个是姑表兄妹，一个是姨表姐弟，从血统关系上说，都是一样的。但在我国长期的封建宗法制度下，一直是重男轻女，以男系亲族为本位。所以，贾宝玉说，姑表亲戚比姨表亲戚更近一些。

我们汉族封建时代时间很长，一般说从春秋战国开始到清代结束，长达两千六七百年。封建社会建立并不断完善、巩固一套宗法制度。比如三纲五常、忠孝仁义之类,无论哪一朝哪一代都会以一系列国家、家族礼法和观念维护宗法秩序。世界上很少有像我们汉族一样把尊卑长幼、亲疏远近的人际关系及与其相应的称谓划分得那样条理分明。一个人父系亲属向上数,有父、祖父、曾祖、高祖,向下数,有子、孙、曾孙、玄孙;父之母为祖母、父之兄为伯,父之弟为叔,父之姐妹为姑。还有女性的曾祖母、高祖母、伯母、婶婶。同辈的有兄弟姐妹嫂等等, 下一辈有侄、甥、侄女、甥女等等。母系亲戚,母之父为外祖,母之兄弟为舅,母之姐妹为姨。还有外祖母、妗子、姨夫等等。与自己同族同宗但血缘关系已经相隔两代以上的亲戚关系都以"堂"相称:伯伯和叔叔的孩子跟自己互称堂姐、堂妹、堂兄、堂弟,上一辈与自己的父亲不是亲姐妹亲兄弟的人里有堂叔、堂伯、堂婶、堂姑,对下一辈其父与自己不是亲兄弟的人称堂侄。而由姻亲关系发生的亲戚一般以"表"字相称,包括外嫁的本宗族女性的夫家亲戚和嫁进本宗族女性的外家亲戚。例如:姑姑的孩子、舅舅的孩子、姨的孩子一般都称为表兄、表弟、表姐、表妹。与"堂"一样,"表"也普遍应用于姻亲关系亲戚中的其他辈分的人,如表叔、表婶、表舅、表姨、表姑、表侄等等。

这么一套名目纷繁、关系错综复杂的亲属称谓,差不多为汉语所特有。在西方的一些民族那里,一个 uncle 就能称呼伯、叔、舅,一个 aunt 就能称呼姑、姨、伯母、婶母。汉语中这些细致区分本是严格、细密的封建宗法制度下亲属关系的反映。在东方一些民族,由于深受封建社会和汉族文化影响,有的在亲属称谓上也有严格的区分。在朝鲜语中,一些称谓不仅仅有年龄标准,还有性别标准,弟弟和妹妹对哥哥、姐姐、表兄弟姐妹、堂兄弟姐妹、姐妹丈夫、兄弟妻子就有不同的称呼。在人际关系言谈或书信交往中,汉语中涉及长上、晚辈或下级时与尊卑长幼、亲疏远近相适应,在用词上还有用尊称敬辞、卑辞谦称之类的讲究。如称对方的父母兄弟时前面加一“令”字:令尊、令堂、令兄、令弟,自己的父母、兄、姐用“家”字:家父、家母、家兄、家姐,对自己的弟弟、妹妹用“舍”字:舍弟、舍妹。尽管我们早已摒弃了封建宗法制度,但传统的体现尊老爱幼、尊师重道的文化习俗有的还要传承,有的也需了解。

驴脸的笑谈

中国社会科学院语言研究所　韩敬体

驴是我国北方农村常见的家畜，有的地方也叫驴子、毛驴、毛驴子。驴的体型一般比马小，毛多为灰褐色。驴还有一个人们常用作比喻的特点，就是脸较长。有个歇后语是“驴头不叫驴头——长脸”，就是说的驴的这个特点。河南、山东一带有一个傻女婿刮驴脸的民间笑话，河南商丘地区还把它编成一出名叫《刮驴脸》的豫剧上演。是说有个傻女婿，脸长。有一天，媳妇要带他回娘家走亲戚。要他先去街上把他的驴脸好好地刮一刮，傻女婿听了竟然高兴地牵出毛驴，到剃头铺把驴脸刮得个精光。可见，傻女婿实在太笨了点儿，竟然没有把驴脸与自己的长脸联系起来。

其实，家畜中马、骡的头和脸跟驴相差不多，但由于人们对家畜的心理上的感受不同，对马、骡更为喜爱，对驴不太喜爱，所以反映在词语上，由马作为语素构成的词语含褒义的较多，比如：老马识途、汗马功劳、金戈铁马、招兵买马、兵强马壮、秣马厉兵、戎马一生、天马行空、一匹黑马，相关的还有老骥伏枥、白驹过隙，等等。有贬义色彩的（如害群之马）很少。而由驴作为语素构成的则含贬义的较多，比如有：驴脾气、犟驴、秃驴、黔驴之技、黔驴技穷、驴唇不对马嘴、懒驴上磨——屎尿多，等等。正因为驴不太招人待见，所以，用驴脸形容人的长脸，自然也不会含有什么喜爱的情感了。

用驴脸形容人的长脸，可以说古已有之。据传，宋代大文学家苏东坡就是个长脸。有个民间故事说，苏东坡的妹妹苏小妹是个聪明博学的才女，她与哥哥苏东坡常以对诗取乐。苏小妹是个大奔儿头，前额有点往外突出、眼睛有点向里凹。一天苏轼拿他妹妹的长相开玩笑，作了一首诗："未出堂前三五步，额头先到画堂前。几回拭泪深难到，留得汪汪两道泉。"说苏小妹额头特别高，人还在院子里，额头就先到院外了。女孩子都爱美，最讨厌别人拿自己长相上的缺点取笑，苏小妹又心高气傲，哪受得了这般嘲弄。她一听就来气，马上就哥哥那张驴脸进行回敬。她也作首诗："天平地阔路三千，遥望双眉云汉间。去年一点相思泪，今年始流到唇边。"一滴眼泪，一年时间才从眼睛流到嘴唇边，极言其脸太长了。也有的版本最后一句作"至今还未流到腮"，意思不错，但却与前面的"间"不押韵，似不应该。

明末冯梦龙编的《古今谭概》记载了这样一则故事：明朝一位大学士焦芳，脸黑而长，人们暗地里称其为驴脸。当他还没有高升的时候，有一天他跟同事，也是一位大学士李东阳说："您擅长相面，请您也给我看看。"李东阳端详了半天，说："您的脸，左边的一半像马尚书，右边的一半像卢侍郎，将来也会做到像他们那样的大官。"尚书、侍郎，是当时中央行政机构六部的首长，明朝开国时即废除了宰相，六部直接对皇帝负责,地位很高。李东阳看来像是夸赞焦芳,实际上他是用拆字的方法说焦芳的脸很长,那时用的是繁体字,左边是马尚书的马(繁体字是“馬”),右边是卢侍郎的卢(繁体字是“盧”),“馬”在左“盧”在右,合起来正好是一个繁体字的“驢”字。

从山药、野鸡和炊饼的改名说起

中国社会科学院语言研究所　韩敬体

山药是一种常见的农作物。它的块根可供食用,又有药用价值,因而身价甚高。山药原产于我国,古时原名叫薯蓣,即使现在其学名仍然叫薯蓣。后来名称叫作山药,怎么发生了这么大的变化?这是我国封建社会时期为避唐宋两代皇帝的名讳造成的。

秦始皇统一中国,建立大一统的国家,开始了我国封建社会中央集权制的新时代。皇帝是国家的最高统治者,具有至高无上的权威。皇帝的名字成了神圣不可侵犯的东西,他名字用的字,别人就不能用,他对那个字有垄断权,对他的名字避讳也成了国家的一项制度,要求人们谨遵恪守。不然就是犯圣讳,就会被治罪。清代乾隆皇帝大搞文字狱,其中有个王锡侯的《字贯》案,《字贯》中对康熙、雍正、乾隆三朝皇帝的御名没有采取避讳措施就成了十恶不赦的罪名。乾隆皇帝下令将王锡侯满门抄斩,并销毁《字贯》书版及王锡侯其他著作。由于这一字书案件的牵连,还使得地方上各级官员、士人近百人受到严厉惩处。为了避讳皇帝的名字,一些事物就得改名。

山药原本叫薯蓣。唐朝第 9 个皇帝，也就是唐玄宗的孙子唐代宗。他是平定安史之乱的一位有作为的皇帝。他名叫李豫，为避其嫌名（与名音同音近的字）的 yù 音，“薯蓣”的“蓣”改称为“药”，薯蓣就被改称薯药。三百年后，迎来宋朝第 5 个皇帝宋英宗，他名叫赵曙，又是为避其嫌名 shǔ 音，“薯药”的“薯”改称为“山”，薯药就改名叫山药了。

野鸡，有的地区叫山鸡，学名雉。汉代以前，野鸡本来就叫雉，但是，刘邦创立了汉朝，他的皇后姓吕名雉字娥姁，是一位很有作为的女政治家。刘邦死后，15 岁的太子刘盈（汉惠帝）继位，由太后吕雉掌握实权。7 年后刘盈病逝，吕后临朝称制，大权独揽。她掌握政权 16 年，历史上把她同皇帝一样看待。汉朝为避吕后名讳，雉就改称为野鸡了。

《水浒传》中的武大郎的形象给人印象颇深，他的职业就是卖炊饼。炊饼是一种食品，什么样呢？据记载就是现在的馒头，看过电视剧《水浒》的，潘金莲蒸馒头、武大郎卖馒头的镜头极为明确。馒头怎么叫炊饼呢？原来宋朝仁宗以前，馒头叫作蒸饼（现在中原有的地方还叫作蒸馍呢）。宋朝第 4 个皇帝，也是宋朝在位时间最长的一个皇帝宋仁宗，名叫赵祯，祯古时音 zhēng，为了避讳，蒸就改说炊，蒸饼也就改叫炊饼了。

动物（雉）、植物（薯蓣）、食物（蒸饼）为避皇帝名讳要改名，这还算是小意思，就连姓氏、地名、人名、官名也得为避皇帝名讳而改称。东汉为避汉明帝刘庄讳把姓庄的改作姓严，后晋为避皇帝石敬瑭讳和宋朝为避宋太祖赵匡胤的祖父赵敬讳把姓敬的改为姓苟或姓文。晋朝为避晋愍帝司马邺讳把建邺改称建康，汉朝为避汉文帝刘恒讳把恒山改为常山,宋朝为避宋太宗赵光义讳把义兴改成宜兴,清朝为避康熙皇帝玄烨讳把北京紫禁城北门玄武门改称神武门。汉朝为避汉武帝刘彻讳把蒯彻改名蒯通,唐朝为避唐太宗李世民讳把李世勣改称李勣。东汉为避光武帝刘秀讳把秀才改称茂才,晋朝为避司马师讳把太师改称太宰,唐朝为避唐太宗李世民讳把民部尚书改称户部尚书。就是神仙也难逃避皇帝讳而改名的厄运,汉朝为避汉文帝刘恒讳,姮娥改称嫦娥,唐朝为避唐太宗讳,观世音改称为观音。

由于避讳而改称,涉及语言中的许多领域,自然,给语言文字的运用和变化带来一定的影响。要研究语言文字发展变化,研究我国封建社会历史,不能不注意历史上避讳的现象。

后　　记

呈现在读者面前的是《新编语言的故事》。

1978年，我还在语言研究所。那时候语言研究所在现在的四道口中国地质大学的主楼。我们许多人坐班车来回。坐班车从永安里到所里一次全程大概一个小时。我们好几个人坐在班车的后面，经常聊天。有几次，我和张朝炳、韩敬体、杨耐思聊到：青少年朋友很爱听故事，那时候物理学、数学方面有讲故事普及相关知识的书，我们何不也约请一批语言学研究者做这方面的工作？目的是想通过有血有肉、喜闻乐见的故事形式普及语言知识，激发青年学生对语言学的兴趣，使我国语言学事业后继有人，或者即使这些人将来不从事语言学研究，也会由此重视并且努力学习语言。我们说做就做。这项工作的成果是，1980年1月河南信阳出版铅印内部本《语言的故事》，并配有曲翰章画的20多幅很好的插图。1981年7月，上海教育出版社根据信阳本略作删改，撤掉插图，改名《语言漫话》正式出版。改名，大概是为了淡化普及的味儿。因为比较受欢迎,1994 年抽删旧稿 10 篇、增补新稿 20 篇、重补信阳本插图,由东方出版社重新出版,书名为《语言的故事》,这是信阳本《语言的故事》的新本,是上海本《语言漫话》的修订本。

《语言漫话》作者们编辑这本书的初衷是想在特别缺少这一类普及读物的时候做一些补缺的工作,以应一时之需。不曾想却产生了比较大的影响。这本书第一次就印了 12 万册,不少国内外的杂志也转登了这本书里的一些文章。有一次我手里的样书送人送完了,我需要去书店买一些。我去了那时候北京最大的王府井新华书店。我一看,《语言漫话》摆满了好几个书架,买这个书的人多极了,几乎什么样的人都有,有许多是战士。这说明当时社会很需要这样的普及性读物,也说明当时社会读书的空气很浓。后来过了许多年,有一次我听到语言学方面的一些硕士研究生说:他们那时候是受了《语言漫话》的影响走入语言学的。我听了很感动。当然,这本书也有一定的深度,而且是一批治学比较严谨、后来知名度很高的学者写的。今天看来,这一支作者队伍的阵容就很可观。普及工作、应一时之需的工作,只要认真,不完全就事论事,就会有一定的普遍意义和学术价值,也会有一定的长远意义。一些专业语言学者需要经常参加和提升这样的工作。

提高和普及都是分层次的,主要看内容。普及跟普及不完全一样,有的普及不是炒冷饭,形式上很好读,内容上是很高的。要做到那样,不是放下架子就行的,而是要提高许多方面的水平。复刊到 1984 年的《中国语文》上的补白文章几乎都是吕叔湘先生写的,比许多大论文强多了。说“深入深出”和“深入浅出”，那个“深入”肯定是不一样的，“深入浅出”的文章对那个“深”的认识和表达总要比那个“深入深出”的“深”好一些甚至好很多。

《语言漫话》出版至今30年多了。即使从《语言的故事》出版算起，至今也有16年多了。这些年来，我们的语言生活、关注语言生活的情况和很多方面有了很大变化。拿我们关注语言生活来说，面宽多了，也深多了。拿作者队伍来说，也有了许多变化。今天的青少年和此外的读者群跟许多年以前也不一样。这要求我们再做这样的工作需要有许多发展。

我们又新编了这本类似的书。新编，是指原来出过那样的书。大家看到，内容跟过去那本书也有了很多不同。

稿子差不多合乎要求了就行，我们不做很大的改动，尤其是观点、行文风格和标题，大概编辑也不需要在这些方面花费很多力气。《语言漫话·编后》分别在开头和靠近末尾的两段话我觉得很有意思，抄录在下面：

> 这本书编辑的目的，是普及语言学知识，希望能引起读者对语言学的兴趣，讲故事只是一种手段。有一些文章写了语言学中一个方面的内容，又比较生动有趣，虽然故事性不强，我们也收入了。
>
> 这本书收入的文章中，一种是我们赞同它的观点的，这占大多数；另有一些我们认为对读者会有启发的。无论是哪一种，都

是文责自负。我们的思想水平和知识都很有限,对所有文章的每一观点和每条材料妄置可否都是不适宜的,而且也是没有必要的。

谢谢作者、读者、责任编辑和出版社。

于根元

2011 年 10 月 28 日